U0906317

江西科技师范大学2016年度著作出版资助基金项目

The Funder Project of Jiangxi Science & Technology Normal University Published in 2016

仲裁员责任制度比较研究

A Comparative Study on Arbitrator's Liability Institution

彭丽明 著

序

关于仲裁的各种研究一直在进行,但对于仲裁存亡系之的仲裁员问题,虽然学界和实务界也有不少关注,总体来看,仍欠缺一定的系统性和靶向性。个中原因,如同实践哲学的口头禅"吃梨方知梨味甜",槛外人固然难于体验描摹,门内的却不免深陷此山。从这个角度来讲,彭丽明博士在攻读博士学位期间,勇于选择仲裁员责任为研究主题,不惧挑战自我,值得点赞。读者现在看到的这本书,正是其初步研究心得。

本书基于比较法的视角,实证性分析了关于仲裁员责任的理论探讨与仲裁员责任的制度性问题。作者从仲裁员的资格入手,由点及面,逐次展开,分析了仲裁员责任制度的基本问题,如仲裁员责任的内涵和形式、仲裁员责任制度与法官责任制度的关系,并阐述了仲裁员责任制度的基础问题,即仲裁员与当事人、仲裁机构之间的关系、仲裁员的独立性与公正性、仲裁员的权力和义务,继之再剖析仲裁员的民事责任、刑事责任、纪律责任问题。

在论述仲裁员的民事责任时,作者提出引入仲裁员职业责任保险制度。在现代开放性社会,商事交往及财产性纷争的复杂程度,与作为商人团体自治的近代仲裁所面对的情形,大不相同。当代仲裁员在仲裁的过程中不可避免地面临较大的执业风险,虽然大多数国家均对仲裁员实行不同程度的责任豁免,但豁免既不意味着仲裁员可以获得绝对免责,也不意味着仲裁及仲裁员在法律上、道德上是可靠的。仲裁员在仲裁时难免会有疏忽或过失等不当行为,甚至在特殊情况下不排除其出于故意或恶意,从而给当事人造成实际损失。化解此类因仲裁员不当行为引起的民事责任,不仅有利于从根本上保护当事人的合法权益,保护和促进公众对仲裁的信赖,而且是给予仲裁员免除后顾之忧进行公正裁决的保障,因而有必要将职业责任保险制度引入仲裁制度之中。在论述仲裁员刑事责任制度时,作者批判性地分析了我国2006年《刑法修正案(六)》第20条规定的“枉法仲裁罪”,认为与国外关于仲裁员刑事责任的立法规定相比较,我国这一规定会给仲裁的发展带来消极影响,并对仲裁员的刑事责任建构提出了一些具有可操作性的建议。在论述仲裁员纪律责任制度时,作者重点结合2014年国际律师协会(IBA)《国际仲裁中的利益冲突指南》的相关规定,分析了仲裁员披露问题,阐述如何对仲裁员的行为进行规范。这一点,对尚缺乏利益冲突概念的国内业界有重要参考价值。

基于以上简介不难看出,本书以翔实的资料为依据,运用实证方法,并结合我国仲裁员问题的实践进行针对性研究,所得出的观点与建议,显然具有较高的现实与理论意义。能够让吃梨的人感觉到之所以甜,又可让未吃梨的人感觉到之何以甜,作者的研究目的初步达成。当然,仲裁取决于仲裁员(Arbitration is only as good as its arbitrators),仲裁员是仲裁制度的核心,值得研究的问题比已经研究过的问题还要多,在此也期盼作者继续潜心钻研,奉献更多更优的成果。

作者在攻读博士学位期间,本人有幸担任其指导老师。值本书付梓之时,谨以以上数语为序,一为祝贺,一为加油。仲裁与仲裁研究在中国尚如朝阳,值得我们继续为之努力。

宋连斌

2017 年 3 月 14 日于北京

前 言

民商事争议能否顺利解决与进行裁判的仲裁员的知识储备、裁判能力、道德素养等因素息息相关，可以说仲裁员是仲裁的核心人物，是仲裁制度赖以生存和发展的关键。而目前国内外仲裁立法、仲裁规则的相关规定以及实践，对仲裁员的责任没有完善的规范，有的国家甚至忽略了这一问题。随着我国与世界各国的贸易联系日益紧密，越来越多的当事人倾向于选择仲裁的方式快速高效地解决其民商事纠纷，因此，只有对我国的仲裁员制度进行规范和完善才能促进我国仲裁事业的发展。对此，关键就是我国要有一批公正、独立进行裁判的仲裁员。只有拥有健全的法律规定和富有责任感的专业仲裁员才能让我国成为国际商事仲裁中心，而能够吸引优秀人士担任仲裁员的关键是有一个比较合理的责任制度规定，既能对仲裁员行使仲裁权的行为提供保障，又能适度予以约束。但是，目前我国立法只有两个条文对仲裁员法律责任进行了规定，即《仲裁法》第 38 条和 2006 年 6 月发布的《刑法修正案(六)》对“枉法仲裁罪”的规定。鉴于这两条规定内容较简略,在司法实践中可操作性不强,而且,学术界针对“枉法仲裁罪”的规定颇有异议,因此,我们有必要在借鉴国外相对成熟的立法规定和司法实践的基础上,构建一个多层次的仲裁员法律责任体系,从民事责任承担与豁免、刑事责任、纪律责任3大方面进行规定,保障仲裁员正当权利的行使,并对违反法律规定的仲裁员进行适当的规制,推动我国早日成为国际商事仲裁的中心。

本书共分为5章,第一章阐述了仲裁员责任制度的基本问题,即仲裁员的资格、仲裁员的内涵与形式,以及仲裁员责任与法官责任的共通性和差异。通过分析主要国家仲裁员的资格条件规定,即主要存在的严格资格条件形式和普通资格条件形式,以及允许当事人在不违反法律关于仲裁员资格一般规定的前提下,对仲裁员的资格条件进行的特别约定,比较仲裁员责任与法官责任。虽然仲裁员的豁免是以司法豁免为基础,但仲裁员的责任承担与法官存在一些不同,即仲裁员应当对其以仲裁员身份而为的故意或重大过失行为所造成的损失承担责任,不能享受豁免。

第二章分析了仲裁员责任的基础,即仲裁员与当事人的关系、仲裁员与仲裁机构的关系。目前,在理解仲裁员与当事人之间的关系时,存有3种观点:准合同关系说、合同关系说、特定身份关系说。大多数学者认可的观点是仲裁员与当事人之间存有合同关系,他们彼此都享有一定的权利和承担一定的义务。对于仲裁员与仲裁机构之间的关系,目前主流的观点是他们之间形成了一种默示的合同关系,但这一合同关系具有一定的特殊性。仲裁员和仲裁机构履行该合同的目的带有一定的公益性,即为了公平、公正解决当事人之间的争议。并进一步分析了贯穿仲裁始终的仲裁员独立性和公正性原则,对独立和公正的内涵展开讨论,并针对仲裁员责任承担来源——仲裁员的权力和义务予以阐述。

第三章分析了仲裁员民事责任问题。仲裁员在仲裁纠纷的过程中可能存在疏忽等不当行为,使当事人针对该不当行为提起民事诉讼。仲裁员是否应对其不当行为承担民事责任,综观各国制度,无统一做法,主要制度可概分为3类:绝对豁免、限制豁免及无豁免。从发展趋势上来看,仲裁员对其一定范围内的不当行为承担相应的民事责任,将成为各国的共识。仲裁员民事责任存在两种类型:一类是侵权责任;另一类是违约责任。不管是追究哪一种责任,责任存在的事实本身将对仲裁员职业带来较高的职业风险,并对仲裁员造成相应的职业压力。仲裁制度应如何变革以对此种风险进行分散,也就成为一个相当重要的课题。职业责任保险制度是分散职业风险的有效手段,推行仲裁员职业责任保险制度有助于分散仲裁员在仲裁过程中面临的职业风险。仲裁员仲裁案件应有相应的制度保障,完善我国仲裁员民事责任制度,引入仲裁员职业责任保险制度,对于调节仲裁员职业风险、促进仲裁业进一步发展均有重要意义。

第四章分析了仲裁员刑事责任问题。通过对大多数国家或地区的相关仲裁立法进行考察,只有为数不多的国家的法律提及了仲裁员刑事责任问题,而且一般都规定仲裁员可能在特定的情形中承担刑事责任。通过分析这些国家的法律规定可以看出,追究仲裁员的刑事责任是基于其身份与审判人员和公务员相类似,可能会因其所拥有的职权而作出违法行为,所以主要是对仲裁员的索贿、受贿不法行为进行追究,也存在对“枉法”裁判行为的追究。此外,重点分析了我国《刑法修正案(六)》规定的枉法仲裁罪,虽然该罪的设立弥补了我国的立法缺陷,但我国现处于仲裁发展的关键时期,为鼓励仲裁的发展须审慎调整和规范相应的仲裁制度,尤其是在刑法立法的层面,仲裁员承担刑事责任的范围应是有限的、明确的。

第五章分析了仲裁员纪律责任问题。通过具体分析大多数国际仲裁机构的仲裁规则,可发现国际上一些比较知名的仲裁机构并未明确规定仲裁员的纪律责任问题,而是借助于市场的力量对仲裁员进行筛选。不过,有些仲裁机构的仲裁规则规定了仲裁员面临纪律处分的具体情形。而我国目前在法律中没有明确规定仲裁员的纪律责任,也不存在全国性的仲裁协会对仲裁员的行为进行监督,只有一些仲裁机构颁布了仲裁员行为规范、道德守则或纪律处分办法等文件对仲裁员的行为进行规制。另外,该章结合分析当前我国仲裁实践中出现的涉及仲裁员职业纪律方面的案例,提出完善我国仲裁员纪律责任的相关思路,即明确仲裁员行为的监督机构、仲裁员选聘的优胜劣汰,明确仲裁员行为规范的内涵、规范异议处理的程序。

目录

导　言

一、选题意义

（一）理论意义

民商事争议能否顺利解决与进行裁判的仲裁员的知识储备、裁判能力、道德素养息息相关，可以说仲裁员是公平解决争议的核心，是仲裁制度赖以生存和发展的关键。而综观目前国内外仲裁立法、仲裁规则的相关规定，对于仲裁员的责任问题没有进行比较完善的规定，有的国家甚至忽略了这一问题。当前对于仲裁员行为进行规范的相关文件，具有代表性的属国际律师协会（International Bar Association，IBA）于2004年颁布并于2014年修订的《国际仲裁中利益冲突指南》[1]

---

〔1〕 2014年年底，IBA批准了其2004年《利益冲突指南》修订版。与最初编制该指南时情形相同，由一流仲裁员与仲裁从业者组成的委员会参与起草2014年修订版。委员会从包括从业者及仲裁机构在内的众多利害关系人中征询内容。该指南意在体现大陆法与普通法传统的平衡，并对商事及投资协定仲裁均适用，该修订版反映了在过去10年实践中遇到的某些利益冲突问题，其中，大多数明显与第三方出资人参与的增加以及仲裁员与法律顾问数量的增多相关。资料来源金杜律师事务所：http://www.kwm.com/~/media/SjBerwin/Files/Knowledge/Downloads/uk/2015/05/21/kwm-crossing-borders-cn-issue-3-web2.ashx，最后访问日期：2016年8月1日。

(IBA Guidelines on Conflict of Interest in International Arbitration，以下简称《指南》)。《指南》对影响仲裁员公正性与独立性的利益冲突问题进行了分类规定，目的是确保仲裁员能公正和独立地进行仲裁程序。不过，IBA《指南》局限于探讨仲裁员公正性与独立性问题，没有对仲裁员责任问题进行明确规定，因此，并不能作为判断仲裁员是否承担责任的依据。

仲裁员责任问题是一个古老而又常新的问题，众多学者和研究人员都对此问题进行了探讨，但目前还没有全面、深入研究仲裁员责任问题的论文和著作，大多侧重于对仲裁员责任问题的某一方面或几个方面进行讨论，没有全面涵括仲裁员的民事责任、刑事责任、纪律责任3大方面的问题。目前，大多数国家的法律和一些知名机构仲裁规则的规定大都只涉及仲裁员民事责任问题，并且规定的内容比较粗略。例如，英美法系的一些国家主要侧重于规定仲裁员民事责任豁免问题，英国《1996年仲裁法》第29条[2]规定了仲裁员对其仲裁过程中的任何作为或不作为的免责问题，2000年美国《统一仲裁法》[3]第14条[4]也规定了仲裁员行使仲裁职责时享有与法官相同的豁免。在司

---

〔2〕 英国《1996年仲裁法》第29条规定：(仲裁员免责)：(1)仲裁员不对其在履行或试图履行其职权过程中的任何作为或不作为承担责任，除非该作为或不作为表明其违反了诚信原则；(2)本条第1款之规定如同适用于仲裁员本人一样适用于其雇员或代理人；(3)本条不影响因仲裁员辞职而产生的责任(除外情况参见第25条)。

〔3〕 美国《统一仲裁法》由统一州法委员会于1955年通过，1956年修订过一次，2000年再修订。迄今为止，美国共有以下州采用了该法：阿拉斯加州、亚利桑那州、阿肯色州、加利福尼亚州、科罗拉多州、康涅狄格州、艾奥瓦州、哥伦比亚特区州、佛罗里达州、夏威夷州、爱达荷州、伊利诺伊州、印第安纳州、衣阿华州、堪萨斯州、肯塔基州、路易斯安那州、缅因州、马里兰州、马萨诸塞州、密歇根州、明尼苏达州、密西西比州、密苏里州、蒙大拿州、内布拉斯加州、内华达州、新罕布什尔州、新泽西州、新墨西哥州、纽约州、北卡罗来纳州、北达科他州、俄亥俄州、俄克拉荷马州、俄勒冈州、佛蒙特州、弗吉尼亚州、华盛顿州、威斯康星州、怀俄明州。2000年8月3日，统一州法委员会全国代表大会在圣奥古斯丁(St. Augustine)年会上通过了《统一仲裁法2000年修订本》。资料来源中国国际法学会：http://www.csil.cn/bdfb_csoil_projects/fulltext_form.aspx? Gid=67110021&Db=iel，最后访问日期：2016年10月5日。

〔4〕 美国《统一仲裁法》(2000年)第14条规定：仲裁员在履行其职能时，如同本州法院法官行使其司法职能时一样享有相同的豁免，不负民事责任。

法实践中,英国法院和美国法院审判时也贯彻了法律中的规定。英国法院在《1996 年仲裁法》颁布之后倾向于认定仲裁员一般享有豁免,但对其故意或重大过失的行为不能免责;美国法院在审判时倾向于认定仲裁员享有与法官同样的豁免,即仲裁员享有绝对豁免权。

关于仲裁机构的仲裁规则方面,2012 年的《国际商会仲裁规则》(以下简称 ICC《仲裁规则》)专门对仲裁员免责问题进行了规定,这一规定具有一定的代表性。ICC《仲裁规则》第 40 条重申了 ICC(The International Charnber of Commerce)《仲裁规则》(1998 年)第 34 条[5]的规定,即仲裁员不对仲裁中的任何行为负责。该规定对仲裁员免责范围的界定非常广泛,但规定得比较简单,没有考虑到在仲裁进行中可能会存在的特殊情形——如贿赂、腐败等行为。学界一般认为,该规定是绝对豁免理论在仲裁员责任问题上的体现。不过,如果对仲裁员推行绝对的豁免,会使当事人质疑仲裁员能否公平、公正地裁判争议,绝对豁免完全偏向仲裁员,不利于提升仲裁的公信力。相比之下,在仲裁实践中,仲裁员有限豁免论是当前大多数学者予以认可的观点,可适度平衡仲裁员与当事人之间的关系,即不仅能切实维护当事人的合法权益,也能保证仲裁员公平独立地裁判争议。这一理论目前在有些国家和地区的立法中得以体现。

研究仲裁员的责任问题非常具有理论价值,目前,对该问题的探讨不深入、不全面,研究的侧重点在于仲裁员的民事责任与豁免问题,还没有形成一致的看法。一些国家的国内立法、仲裁机构的仲裁规则虽然规定了仲裁员的民事责任问题,但大都是进行原则性的规定,即仲裁员一般享有民事责任豁免,只在一定范围内承担民事责任,都还停留在比较简略的层面。随着当前商事仲裁的迅猛发展,仲裁已经成为当事人青睐的解决争议的方式,为维护商事仲裁的公信力和影响

---

〔5〕 ICC《仲裁规则》(1998 年)第 34 条规定:仲裁员、仲裁院及其成员、国际商会及其职员和国际商会国家委员会不因与仲裁有关的任何作为或疏忽对任何人承担责任。

力,关键之处在于仲裁员公平、公正裁判争议,而这最终依赖于建构一个合理的仲裁员责任制度。

(二)实践意义

我国《仲裁法》颁布至今已 20 余年,根据国务院法制办的统计数据,2015 年全国 244 家仲裁委员会共受理案件 136,924 件,比 2014 年增加 23,264 件,增长率为 20%;案件标的总额 4112 亿元,比 2014 年增加 1456 亿元,增长率为 55%。全国各仲裁委员会平均受案数 561 件,比 2014 年增加 78 件,增长率为 16%;平均受案标的额为 17 亿元,比 2014 年增加 6 亿元,增长率为 55%。仲裁案件仍以国内争议为主,全年共有 62 家仲裁委员会受理涉港澳台案件和其他涉外案件共计 2085 件,占案件总数的 1.5%,与 2014 年基本持平。[6] 与此同时,仲裁裁决的质量一直维持在较高水平。以 2014 年为例,被人民法院裁定撤销仲裁裁决的有 203 件,仅占全国仲裁案件总数的 0.18%;被裁定不予执行仲裁裁决 106 件,仅占案件总数的 0.09%。[7]

随着越来越多的当事人倾向于选择仲裁方式快速高效地解决其民商事纠纷,如何在仲裁迅猛发展的态势下维护仲裁的公信力显得越来越重要,而其中的关键就是我国要有一批公正、独立地进行裁判的仲裁员。只有拥有健全的法律规定和富有责任感的仲裁员才能让我国成为国际商事仲裁中心,而能够吸引优秀人士担任仲裁员的关键是有一个比较合理的责任制度规定,既能对仲裁员行使仲裁权的行为提供保障,又能适度予以约束。但是,通过我国现行的法律规定进行考察,发现只有两个与仲裁员法律责任问题相关的法律条文,即 1994 年

[6] 参见《2015 年全国受理仲裁案件 136924 件增 20%》,载法制网:http://www.legaldaily.com.cn/Arbitration/content/201603/29/content_6545612.htm? node = 79488,最后访问日期:2016 年 10 月 15 日。

[7] 参见万学忠:《仲裁法实施 20 年的理论与实践》,载《法制日报》2015 年 9 月 2 日,第 6 版。

《仲裁法》第38条[8]和2006年6月发布的《刑法修正案(六)》对“枉法裁决罪”[9]的规定。鉴于这两条规定内容较简略,在司法实践中可操作性不强,且学术界针对“枉法仲裁罪”的规定颇有异议,因此,我们有必要在借鉴国外相当成熟的立法规定和司法实践的基础上,从民事责任承担与豁免、刑事责任、纪律责任3大方面构建一个有层级性的仲裁员的责任承担体系,保障仲裁员正当权利的行使,并对违反法律规定的仲裁员进行适当的规制,推动我国早日成为国际商事仲裁体系的中心。

二、国内外研究现状

(一)国内研究现状

国内目前还没有关于仲裁员责任问题的专著,在图书馆中文数据库(中国知网、万方等)搜索到57篇直接与仲裁员责任相关的期刊论文,在图书馆数据库资源中的中国知网博硕数据库输入仲裁员和责任并含出现的检索条件,筛选后发现有1篇博士学位论文和22篇硕士学位论文专门探讨仲裁员责任问题。

1. 仲裁员民事责任

学术著作和仲裁法教材主要在某一章节探讨仲裁员责任问题,例如,石现明所著的《国际商事仲裁当事人权利救济制度研究》[10]一书在第四章分析了仲裁员和仲裁机构民事责任追究救济制度。该章首先对仲裁员和仲裁机构的责任制度进行了概述,其次对仲裁员和仲裁

---

[8] 根据中国1994年《仲裁法》第38条的规定,仲裁员私自会见当事人、代理人或接受其请客送礼,情节严重,或者索贿受贿、徇私舞弊、枉法裁决,应依法承担法律责任,仲裁委员会应当将其除名。

[9] 2006年《刑法修正案(六)》第20条规定:“在刑法第三百九十九条后增加一条,作为第三百九十九条之一:‘依法承担仲裁职责的人员,在仲裁活动中故意违背事实和法律作枉法裁决,情节严重的,处三年以下有期徒刑或者拘役;情节特别严重的,处三年以上七年以下有期徒刑。’”

[10] 参见石现明:《国际商事仲裁当事人权利救济制度研究》,人民出版社2011年版,第87~177页。

机构民事责任制度的理论与实践进行了评述,再次结合一些国家的立法和实践对仲裁员民事责任及其豁免的相关内容进行了分析,最后探讨了追究仲裁员和仲裁机构民事责任的程序问题,即管辖权与法律选择问题、法律适用问题。该章对仲裁责任的概念只是列举了几种观点,没有进行深入分析,并且该章限于题目的视角仅对仲裁员民事责任的性质和豁免理论进行分析,没有深入分析国际商事仲裁员责任的程序性问题,而是用较小的篇幅讨论了管辖权问题和法律适用问题。另外,基于研究视角,该章没有对中国仲裁员刑事责任、纪律责任等相关问题进行探讨。此外,还有一些仲裁法的教材中设置了仲裁员的责任一章,对仲裁员的责任问题进行了较为简略的概述。[11]

期刊论文和学位论文对仲裁员责任问题分析的视角集中在仲裁员民事责任的绝对豁免论和有限豁免论,通过研读相关资料,学者们研究仲裁员责任问题的特点大致归纳为以下几种:

第一,对于仲裁员的民事责任问题主要侧重于探讨国际上的立法规定、通行的理论学说。对于仲裁员的民事责任问题,大多数论文分析了各国立法或各仲裁机构仲裁规则所采用的3类做法:(1)绝对豁免论;(2)有限豁免论;(3)完全责任论。目前,学界对仲裁员享有豁免的范围还颇具争议,主要是因为各国的学者对于仲裁员承担责任的法律基础、仲裁员享有豁免的依据、仲裁员承担责任的诉因等问题存在不同的认识。[12] 通过对一些主要国家的立法和仲裁实践进行考察,发现支持仲裁员绝对豁免的国家主要是美国一个国家,多数国家

---

〔11〕 参见宋连斌主编:《仲裁法》,武汉大学出版社2010年版。该书第四章为仲裁责任,对仲裁责任进了概述,分析了仲裁责任的立法和司法实践,并对中国立法的有关规定进行了评析。另外,可参见黄进、宋连斌、徐前权:《仲裁法学》,中国政法大学出版社2007年版。该书第四章第四节谈到了仲裁员责任的问题。

〔12〕 参见邓瑞平、易艳:《商事仲裁责任制度简论》,载《重庆大学学报》(社会科学版)2005年第1期;石先明:《仲裁员民事责任绝对豁免批判》,载《仲裁研究》2008年第3期。

的立法支持仲裁员有限豁免的理论。[13]

第二,对仲裁员的民事责任问题进行分析时,主要探讨了两对关系,即仲裁员与当事人之间的关系、仲裁员与仲裁机构之间的关系。[14] 有的学者不仅分析了仲裁员的民事责任问题,还进一步探讨了仲裁机构的民事责任问题。[15] 目前,在具体追究仲裁员民事责任时存在两种情形,即仲裁员的违约责任、仲裁员的侵权责任,而且这两种责任在实践中出现竞合的情形。当前,追究仲裁员责任的案例并不多见,责任追究有的涉及违约责任,有的涉及侵权责任。[16]

第三,通过分析一些国家的法律规定和判例可知,仲裁员在仲裁过程中若存有故意或重大过失的不当行为,就要承担相应的民事责任。有些学者还指出,从国外的既有判例来看,一旦仲裁员被判定承担赔偿责任,其赔偿的限额一般限于其获得的仲裁员报酬及利息。目前,这方面的案例为数不多,法院在认定仲裁员是否承担民事责任上非常谨慎。此外,英国《1996 年仲裁法》规定了对追诉仲裁员责任的担保问题,即当事人起诉仲裁员应该要求当事人先提供担保。这一规定可以避免或减少当事人对仲裁员提出欺骗性或报复性的起诉,值得加以借鉴。[17]

第四,学者们分析中国当前的仲裁实践时,着眼于天津仲裁委员

---

〔13〕 参见刘晓红:《确定仲裁员责任制度的法理思考——兼评述中国仲裁员责任制度》,载《华东政法大学学报》2007 年第 5 期;尹灿:《论仲裁员责任》,华东政法大学 2007 年硕士学位论文,第 23 页;张圣翠:《仲裁民事责任制度探析》,载《上海财经大学学报》2009 年第 1 期。

〔14〕 参见范铭超:《仲裁员责任制度研究——兼及我国仲裁员责任制度的反思与构建》,华东政法大学法律学院 2012 年博士学位论文,第 34 ~ 45 页。

〔15〕 参见石现明:《仲裁机构的民事责任与豁免问题研究》,载《河北法学》2011 年第 3 期;石现明:《略论我国仲裁员和仲裁机构民事责任制度的构建》,载《理论与改革》2011 年第 4 期;李风琴:《我国仲裁机构民事责任制度探析》,载《法治研究》2011 年第 11 期;涂卫、王晓川:《我国仲裁机构的法律定位——以仲裁管理体制改革为背景的考察》,载《中国青年政治学院学报》2012 年第 2 期。

〔16〕 参见韩平:《论仲裁员的民事责任》,载《武汉大学学报》(哲学社会科学版)2011 年第 3 期。

〔17〕 同上。

会对该会仲裁员戚某的处理一案(以下简称“富士施乐案”)。该案是自1994年我国颁布并实施《仲裁法》以来出现的首例涉及对仲裁员处理的案件,学者们主要探讨由该案折射出来的与仲裁有关的问题,例如,仲裁员的角色如何界定?是否存在适用于仲裁员独立性和公正性的标准?仲裁员是否也像法官一样需要遵守道德规范?仲裁员是否承担披露相关与案件的利益冲突或与当事人存在利益关系的义务?如果没有遵守该义务,仲裁员是否需要承担相应的责任?从“富士施乐案”可以发现,我国目前与仲裁相关的立法不是很完善,对仲裁员的管理欠缺规范化。因而,应结合中国当前立法和实践的背景,从制度上规范和保障仲裁员保持独立和公正的要求。[18]

第五,在借鉴国际商事仲裁实践的基础上,针对我国的具体国情,学者们对于如何完善我国的仲裁员民事责任问题提出一些建议。例如,未来修订我国《仲裁法》时,可以明确采纳仲裁员的有限豁免制度,即仲裁员在仲裁过程中若存有故意或重大过失行为,且该行为对当事人造成了一定的损失,其应承担一定的民事责任,并具体界定民事责任的承担方式。[19] 有学者进一步提出了在商事仲裁领域引入职业责任保险制度,[20]以适度分散仲裁员在仲裁过程中面临的职业风险,促进我国仲裁事业的健康发展。

---

〔18〕 参见萧凯:《从富士施乐仲裁案看仲裁员的操守与责任》,载《法学》2006年第10期。

〔19〕 参见刘晓红、李超、范銘超:《国际商事与贸易仲裁员(公断人)责任制度比较——兼评中国商事贸易仲裁员责任制度》,载《世界贸易组织动态与研究》2012年第3期;罗国强:《中国仲裁责任制度的发展与完善》,载《中国发展》2010年第6期;刘晓红:《确定仲裁员责任制度的法理思考——兼评述中国仲裁员责任制度》,载《华东政法大学学报》2007年第5期;文芳:《论仲裁员民事责任——试构建我国仲裁员责任体系》,载《黑龙江省政法管理干部学院学报》2010年第6期;王小红:《论我国商事仲裁责任制度》,中国政法大学2007年硕士学位论文,第28~29页;向琼芳:《完善我国仲裁员的民事责任制度》,华东政法大学2007年硕士学位论文,第34页。

〔20〕 参见范铭超、李超:《商事仲裁员职业责任保险:制度思考、方式选择与现实困境》,载《企业经济》2011年第7期。

2. 仲裁员刑事责任

学者们对于仲裁员刑事责任问题的探讨着眼于仲裁员刑事责任的必要性与刑事责任种类两方面,[21] 重点是对我国《刑法修正案(六)》规定的对仲裁员适用"枉法裁决罪"的批判,并没有与其他国家的立法规定进行全面的比较分析。学者们在对我国法律规定的枉法裁决罪进行分析时,不仅指出该罪在法律条文设计方面存在缺陷,[22] 而且进一步指出该罪的内涵界定不清,适用范围模糊不清,缺乏可操作性。有学者进而提出枉法裁决罪是立法过剩的产物,"枉法"一词不应作为法律用语在法律条文中出现,该规定不合时宜,必将成为"一纸空文"。国家立法设立枉法裁决罪,归根结底是仲裁观的问题,是对仲裁不信任的体现,抹杀了仲裁的特性,对国际仲裁损害尤大,应予取消。[23] 大多数学者对该罪进行分析的同时,探讨了当前我国仲裁刑事立法存在的缺陷和不足,提出一些完善我国仲裁员刑事责任规定的立法建议。即一方面,仲裁员对其违法犯罪行为须承担刑事责任;另一方面,又要限定仲裁员承担刑事责任的范围和方式,不能抹杀仲裁所具有的优势,在这两方面之间形成一个有效的契合。[24]

3. 仲裁员纪律责任

当前查找的资料中探讨仲裁员纪律责任问题的论文不多,并且分析的视角是基于仲裁员须遵守的职业道德或职业纪律方面。大多数仲裁机构都颁布有仲裁员守则、仲裁员行为规范等文件,虽然名称各

---

〔21〕 参见赵维加:《商事仲裁员刑事责任研究》,载《上海财经大学学报》2010 年第 6 期。

〔22〕 参见刘晓红:《确定仲裁员责任制度的法理思考——兼评述中国仲裁员责任制度》,载《华东政法大学学报》2007 年第 5 期。

〔23〕 参见宋连斌:《枉法仲裁罪批判》,载《北京仲裁》2007 年第 2 期;类似的观点可参见黄晖:《论枉法仲裁罪之"枉法"性》,载《四川大学学报》(哲学社会科学版)2010 年第 4 期。

〔24〕 参见陆静:《仲裁有限刑事责任承担——枉法仲裁入罪后的现实思考》,载《仲裁研究》2010 年第 4 期;陈伟:《枉法仲裁罪追诉方式之变更及其提倡——兼论仲裁责任的流转与刑事责任的确立》,载《中国刑事法杂志》2008 年第 4 期。

不相同,但大都体现了仲裁员职业道德方面的内容。仲裁员职业道德的内容主要体现在仲裁实践中仲裁员通常应具备的职业素养、行为规范,以及由这些职业素养、行为规范逐渐演化而来的仲裁职业所具有的基本道德规范和伦理要求。[25] 讨论较多的是仲裁员行为规范方面的问题,指出虽然大多数仲裁机构制定有仲裁员行为规范,但大多数规范内容与形式方面不完全符合仲裁员行为规范的内在要求,并且仲裁员行为规范在实践中并没有发挥实际效用或者发挥的作用非常有限。[26]

综上所述,目前国内对仲裁员责任制度的研究现状主要存在以下两个方面的不足:(1)仲裁员责任制度的理论基础没有形成统一看法,缺乏对该问题进行专门和深入研究的著作,虽然有些相关的硕士学位、博士学位论文已经对仲裁员责任问题进行专门研究,但这些研究尚不深入系统,对仲裁员与仲裁机构之间存在的关系没有进行深入研究,也没有探讨临时仲裁员的责任问题。(2)对于仲裁员是否应当承担民事责任以及如何承担的问题,研究人员没有达成共识,而且对于如何规定仲裁员的刑事责任也没有形成一致的意见。对于仲裁员的纪律责任只有一些仲裁机构的《仲裁员守则》中作了简单的规定,还不够详细,可操作性不强。

(二)国外研究现状

国外目前没有关于仲裁员责任问题研究的专著,一些期刊论文就此问题进行了专门论述,有些学者们在其国际商事仲裁的著作中将这一问题列为一章或其中一点加以提及。在国外的司法实践中,有一些案例涉及仲裁员民事责任豁免问题。

---

〔25〕 参见张利兆:《仲裁员职业道德探讨》,载《北京仲裁》2012 年第 4 期;张立平:《论首席仲裁员之职业道德》,载《北京仲裁》2006 年第 4 期。

〔26〕 参见姜秋菊:《仲裁员行为规范的比较研究——以机构仲裁为中心》,武汉大学法学院 2004 年硕士学位论文,第 15 ~ 17 页;王琼妮:《关于仲裁员行为规范的探讨》,载《仲裁研究》2005 年第 2 期。

1. 仲裁员民事责任

(1)绝对豁免论

美国是一个推行判例法制度的国家,仲裁员的民事责任豁免问题可从其一些司法判例中发现答案。学者们通过分析一些涉及仲裁员民事责任方面的案例可知,美国对于仲裁员的民事责任承担问题是持绝对豁免论的,仲裁员享有豁免的范围非常广泛。即若对仲裁员职责范围内的事项提起诉讼,仲裁员可以享受最大程度的豁免。换言之,仲裁员就其行使权限范围内的仲裁职责的行为,豁免于民事起诉。美国的仲裁员豁免被认为是绝对的。〔27〕

美国早在 19 世纪下半叶就出现了关于仲裁员豁免的判例,在那一时期最典型的两个案例是 1871 年的 Bradley v. Fisher〔28〕案和 1884 年的 Hoosac Tunnel Dock & Elevator Co. v. O'Brien〔29〕案。前一个案例最先确立了司法豁免原则,并主张该原则可扩展适用于仲裁员,基于仲裁员具有"准司法人员"身份,应当享受与法官一样的司法豁免权。至此,该案初步形成了仲裁员民事责任豁免理论,即仲裁员行使仲裁职责的行为豁免于诉讼。〔30〕 在后一个案例中,原告向法院起诉在仲裁过程中仲裁员存有合谋欺诈的行为以损害其利益,终审法院马萨诸塞州最高法院法官驳回了原告的起诉。审判案件的首席大法官 Morton C. J. 认为,仲裁员是准司法官员,根据法律行使裁判职责,应当享受与法官或陪审员相类似的政策保护,保障仲裁员能公正、独立地履行其职责,免受来自当事人或其他方的不正当的影响,基于公共

---

〔27〕 See Redfern, Hunter et al., *Redfern and Hunter on International Arbitration*, Oxford University Press, 2009, p. 330.

〔28〕 Bradley v. Fisher, 80 U. S. 335, 1871 WL 14737(U. S. 1871).

〔29〕 Hoosac Tunnel Dock & Elevator Co. v. O'Brien, 137 Mass. 424, 1884 WL 13922 (Mass.), 50 Am. Rep. 323.

〔30〕 See Cameron L. Sabin, "The Adjudicatory Boat without a Keel: Private Arbitration and the Need for Public Oversight of Arbitrators", *Iowa Law Review*, Vol. 87, 2002, p. 1337.

政策方面的考虑,应给予仲裁员豁免权。[31] 2000年美国对其《统一仲裁法》进行了修订,该法修订后的第14条前3款[32]规定了仲裁员的豁免问题,明确了仲裁员对于任何民事诉讼、民商事仲裁都可以获得豁免权。

(2)有限豁免论

基于绝对豁免论授予仲裁员过于广泛的权力,不能对仲裁员的行为进行有效的规制,存有一定的弊端,学者们开始提出仲裁员民事责任的有限豁免论,主张应当在一定条件下承认仲裁员享有一定范围内的民事责任豁免。[33]

目前,有一些国家立法就规定仲裁员对于其出于恶意或重大过失的行为不能享有豁免。例如,英国《1996年仲裁法》第29条第1款[34]的规定将违反诚信原则作为仲裁员享有豁免的例外。此外,仲裁员的责任豁免还有一个例外情况,即因仲裁员辞职而产生的责任。根据该法第29条第3款[35]及第25条[36]的规定,如果仲裁员与当事人之间

---

〔31〕 See Hong-Lin Yu, "Laurence Shore, Independence, Impartiality, and Immunity of Arbitrators—US and English Perspectives", *The International and Comparative Law Quarterly*, Vol. 52, No. 4, 2003, p. 937.

〔32〕 参见美国《统一仲裁法》(2000年)第14条规定:(a)仲裁员或仲裁机构在履行其职能时,如同本州法院的法官行使其司法职能时一样享有相同的豁免,不负民事责任;(b)本条规定之豁免补充其他法律项下的豁免规定;(c)仲裁员未依据本法第12条(仲裁员的披露)进行披露,并不影响其按照本条享有的豁免。

〔33〕 See Christian Hausmaninger, "Civil Liability of Arbitrators-Comparative Analysis and Proposals for Reform", *Journal of International Arbitration*, Vol. 7, Issue 4, 1990, p. 7.

〔34〕 英国《1996年仲裁法》第29条第1款规定:仲裁员不对其在履行或试图履行其职权过程中的任何作为或不作为承担责任,除非该作为或不作为表明其违反了诚信原则。

〔35〕 英国《1996年仲裁法》第29条第3款规定:本条不影响因仲裁员辞职而产生的责任(除外情况见第25条)。

〔36〕 英国《1996年仲裁法》第25条(仲裁员辞职)规定:(1)当事人可与仲裁员自由约定其辞职后的下列有关事项:(a)获取报酬或开支的权利(如有);(b)由其因此所引致的任何责任。(2)在且仅在无此约定的情况下,适用下列规定。(3)辞职之仲裁员(经通知所有当事人后)可向法院申请:(a)免除其由此所引致的责任;(b)作出法院认为合适的关于其对报酬或开支的请求权(如有)或偿还已支付的报酬或开支的命令。(4)如法院认为关于该仲裁员辞职的所有事由均是合理的,则其可根据第3款第(a)项以其认为合适的条件免除该仲裁员的责任。(5)针对本条项下法院决定的上诉应取得法院的准许。

约定了仲裁员辞职引发的责任问题,就要按照约定进行处理;如果仲裁员与当事人之间就这个问题没有进行约定,辞职的仲裁员可以向法院申请免除相关责任,但前提是该仲裁员要通知所有当事人,法院对辞职理由经过审查,认为其具备合理性才会认定免除该仲裁员的责任。另外,加拿大、新西兰和澳大利亚也采取同样的立场。例如,新西兰《1996 年仲裁法》第 13 条规定,仲裁员在仲裁过程中出现过失行为,不对该行为承担责任;澳大利亚于 2006 年 9 月 29 日生效的《商事仲裁法》规定了仲裁员对于其仲裁过程中的过失行为或不作为享有豁免,但须对欺诈行为承担责任。[37]

瑞典的法律既没有规定仲裁员承担民事责任的问题,也没有规定仲裁员是否享有司法豁免,但在司法实践中,一般认为仲裁员承担责任的原因包括妨碍程序、未能遵守程序所适用的法律等。[38]

学者们赞同豁免的理由如下:通过阻止败诉方当事人起诉仲裁员可以确保仲裁裁决的终局性,如果让仲裁员承担引起实质责任的风险,那么,具备仲裁员资格的人很少愿意成为仲裁员。[39] 适当的豁免和适当的责任相结合才能既保障仲裁的质量,又鼓励仲裁的发展。

2. 刑事责任

学界对于仲裁员的刑事责任问题(以及由刑事诉讼而带来的豁免问题)都还没有进行广泛研究。一般而言,刑事责任问题很少与仲裁员相关联,几乎没有这方面的案例或评论,只有少数国家的仲裁法提及了这一问题,一般都规定仲裁员可能在特定的情形中承担刑事责任。[40]

---

〔37〕 See Gary B. Born, *International Arbitration: Law and Practice*, Kluwer Law International, 2012, p. 145.

〔38〕 See Susan D. Franck, "The Liability of International Arbitrators: A Comparative Analysis and Proposal for Qualified Immunity", *New York Law School Journal of International and Comparative Law*, Vol. 20, 2000, p. 46.

〔39〕 See Yat-Sen Li, "Arbitral Immunity: A Profession Comes of Age", *Arbitration*, Vol. 64(1), 1998, p. 53.

〔40〕 See Gary B. Born, *International Commercial Arbitration*, Kluwer Law International, 2009, p. 1645.

在美国,虽然给予仲裁员绝对的豁免权,但仅限于仲裁员民事方面的行为。如果仲裁员的欺诈或腐败行为构成了刑事违法行为,并不排除仲裁员对此应承担的刑事责任。[41]

虽然日本法律没有规定仲裁员是否须对其不当行为承担民事责任的问题,也不涉及仲裁员是否享有豁免的问题,但详细规定了仲裁员在仲裁过程中若存在腐败行为,则仲裁员须承担相应的刑事责任。日本《2004 年仲裁法》第 50 ~ 55 条规定了仲裁员若在仲裁过程中存有受贿、索贿以及按贿赂者的要求或与其的约定向第三者提供贿赂的行为等,并因此而进行或曾经进行过不正当的行为或没有按职责行事,仲裁员应承担相应的刑事责任。[42] 德国 2002 年《刑法典》[43] 就规定了对仲裁员受贿和索贿行为追究相应的刑事责任。

可以说,对于仲裁员是否应承担刑事责任的问题目前还没有形成统一的看法,尽管有些国家主张仲裁员应对违法犯罪行为承担相应的刑事责任,但大都限定在仲裁员在仲裁过程中存有受贿、索贿或枉法进行裁判的行为。[44]

综上所述,目前国外大多数学者主要探讨仲裁员的民事责任与豁免问题,较少涉及仲裁员刑事责任问题,而对于仲裁员的纪律责任问题大都与仲裁员的行为规范联系起来进行较为简略的探讨,且对于仲裁员责任各个方面的问题还没有形成一致的观点。

---

〔41〕 L & H Airco, Inc. v. Rapistan Corp., 446 N. W. 2d 372, Minn., 1989.

〔42〕 参见日本《2004 年仲裁法》第 50 ~ 55 条,规定了仲裁员收受、要求或索取贿赂行为的刑罚制裁。

〔43〕 德国 2002 年《刑法典》第 331 条第 2 款规定:对现在或将来的职务,而为自己或他人索要、让他人允诺或收受他人利益的,处 5 年以下自由刑或罚金;同时,该法第 332 条规定,法官或仲裁人,对现在或将来的职务索要、让他人允诺或收受他人利益的,因而可能违反其裁判义务的,处 1 年以上 10 年以下自由刑;情节较轻的,处 6 个月以上 5 年以下自由刑。

〔44〕 See Gary B. Born, *International* Commercial *Arbitration*, Kluwer Law International, 2009, p. 1645.

三、研究范围和方法

本书对仲裁员责任进行研究的范围主要限于机构仲裁下仲裁员的责任问题。对于临时仲裁的仲裁员责任问题,因为临时仲裁不公开,没有统一做法,难以找到相关的佐证材料。一般而言,大部分临时仲裁员都归入行业协会,受到行业协会相关规则的约束,即使仲裁实践中存在一些没有加入行业协会的临时仲裁员,一般也会受到仲裁行业中通行的职业伦理的约束。如果临时仲裁员自己都不受职业伦理的约束,当事人也不会对其产生信赖。本书的研究方法如下:

(一)比较研究方法

本书主要采用比较研究方法,围绕仲裁员责任的主题,对目前有关国际仲裁的国际条约、大多数国家国内制定的仲裁相关立法、仲裁机构仲裁规则的规定进行比较研究。书中从国际层面和国内层面两个方面探讨各类法律文件或准法律文件对国际商事仲裁中仲裁员责任的确立标准,考察一些具有代表性的法律规定或仲裁规则规定,分析这些规定存在的共通性与差异。并进一步分析仲裁实践中对仲裁员责任进行认定的理由,权衡利弊,探讨如何结合我国的具体国情来构建合乎理性的仲裁员责任制度。

(二)实证分析法

本书着重分析一些国家在仲裁员民事责任及豁免方面、仲裁员刑事责任方面的典型案例,结合案例分析仲裁员承担民事责任的范围和享有豁免的范围。通过研究仲裁员如何分散仲裁过程中存在的职业风险,探讨职业责任保险制度引入的可行性和必要性。书中具体分析仲裁员承担刑事责任的情形,并结合我国最近发生的仲裁员枉法裁判案件进行探析。对于仲裁员的纪律责任则结合各大仲裁机构制定的仲裁员行为规范进行分析,并以我国首例追究仲裁员纪律责任的案例为视角探讨如何对仲裁员的行为进行规范,以及如何完善相关的仲裁员责任制度。

（三）历史研究方法

在仲裁员责任制度中属民事责任制度的历史最为久远，而民事责任中最引人注目的部分是民事责任的豁免。该豁免最初是以法官的司法豁免为基础，而后通过司法判例逐渐扩展至仲裁员的豁免，最终形成仲裁豁免论。本书对这一过程的发展运用历史研究方法，对相关的案例进行梳理、提炼，进而结合相关国家或地区的立法进行分析，为我国的民事责任的构建提供一个思路。

第一章　仲裁员责任制度的基本问题

第一节　仲裁员的资格

一、概述

仲裁并非新生事物，从其萌芽开始考算，距今大致有 4000 多年的历史。追溯到公元前 800 ~ 前 700 年的希腊荷马时代，实际上，最早提及仲裁的经典著述是荷马史诗《奥德赛》。该书中提及的埃里费勒的丈夫和儿子发誓遵从她就争议做出的裁决，故埃里费勒成为在世界上第一位为人所知的女性仲裁员。并且，据传亚历山大大帝经常被邻国要求在其国内争议中担任仲裁员。[1] 由此可知，仲裁员是决定存在仲裁协议的争议当事人之间标的之争的人，仲裁员的自身素质和专业水平是合理解决争议和决定仲裁质量的关键因素。争议当事人作为争

---

〔1〕 参见罗巴克(Roebuck)所著《争议杂记》第 55 页及 Roebuck 所著《古希腊史》第 70 页等。转引自费恩·迈德森：《瑞典商事仲裁》(第 3 版)，李虎、顾华宁译，法律出版社 2008 年版，第 7 页。

议的主人,可以自由地在合同中规定获委任的仲裁员应具备的任何个人要求或专业水平,只要这些要求不违背法律的规定或仲裁规则的规定,合同的规定就会对仲裁员具有约束力。

仲裁员是仲裁程序得以顺利进行的必备条件,如果没有合格的仲裁员,仲裁程序将无法进行,仲裁庭是由仲裁员组成的,仲裁员是否具备相应的资格直接影响到仲裁庭能否顺利行使仲裁权。〔2〕 综观各国的法律规定可以发现,大多数国家的法律都规定了仲裁员应具备的资格和条件,并且,大多数仲裁机构制定的仲裁规则中也会规定仲裁员应具备的任职资格。一致认可的是,仲裁员是具有普通民事行为能力的自然人,几乎没有国家的法律允许机构担任仲裁员。虽然大多数国家法律的规定中不包含仲裁员国籍的要求,然而在有些案件中,为了保证仲裁员具备一定的独立性和公正性,在某些情况下指定他们不能与争议当事人具有相同的国籍也可能是合法的。〔3〕 1985 年联合国国际贸易法委员会制定了《国际商事仲裁示范法》〔4〕(以下简称《示范法》),明确规定了仲裁员国籍的要求,〔5〕即不能以国籍作为排除担任仲裁员资格的标准,除非当事人对此专门作出了不同规定。仲裁员在仲裁案件过程中必须保持独立和公正,即使他或她与当事人一方具有相同国籍,并不意味着他或她可能对当事人存有偏袒,公正裁判案件是仲裁员行使仲裁职责的宗旨,因此,目前很多国家的法律规定与《示范法》的规定相类似。

---

〔2〕 参见马占军:《我国商事仲裁员任职资格制度的修改与完善》,载《河北法学》2015 年第 7 期。

〔3〕 See Emmanuel Gaillard, John Savage eds., *Fouchard Gaillard Goldman on International Commercial Arbitration*, Kluwer Law International, 1999, p. 558.

〔4〕 1985 年 6 月 21 日,联合国国际贸易法委员会通过《联合国国际贸易法委员会国际商事仲裁示范法》,(联合国第 A/40/17 号文件,附件一),载联合国国际贸易法委员会:https://www.uncitral.org/pdf/chinese/texts/Arbitration/ml-arb/ml-arb-c.pdf,最后访问日期:2016 年 11 月 16 日。

〔5〕《示范法》第 11 条第 1 款规定:任何人不能因他的国籍而被排除担任仲裁员,除非当事人另有约定。

二、仲裁员资格条件的主要国家或地区实践

通过考察仲裁的立法和实践,对仲裁员资格条件进行的规定主要表现为两种形式:严格资格条件形式和普通资格条件形式。

其一,严格资格条件形式。即对于担任仲裁员的资格进行详细且严格的规定,典型代表是我国 1994 年《仲裁法》和我国台湾地区 2015 年"仲裁法"规定。我国《仲裁法》对仲裁员的任职资格进行了详细的规定,[6] 即在符合职业道德的概括性标准之下,对具体从相关行业的任职年限、职称要求或专业水平这几个方面进行限定。实践中,我国大多数仲裁委员会都备有仲裁员名册,一般会在仲裁员名字后面注明其专业特长,使当事人选任仲裁员时少些盲目性。我国台湾地区于 2015 年又对其"仲裁法"进行了修订,[7] 但还是保留了仲裁员任职资格的规定,具体条件体现在其第 6 条[8] 和第 7 条[9] 的规定之中。其规定的条件虽然在相关行业的任职年限起始点上比我国《仲裁法》规定的时间要短一些,但其他条件较为严格。担任仲裁员不仅需要具备相关的法律或专业知识、专业经验,还须具有一定的社会声望,具备一

---

〔6〕 我国《仲裁法》第 13 条规定:仲裁委员会应当从公道正派的人员中聘任仲裁员。仲裁员应当符合下列条件之一:(1)从事仲裁工作满 8 年的;(2)从事律师工作满 8 年的;(3)曾任审判员满 8 年的;(4)从事法律研究、教学工作并具有高级职称的;(5)具有法律知识、从事经济贸易等专业工作并具有高级职称或者具有同等专业水平的。

〔7〕 2015 年,我国台湾地区又对其现行的"仲裁法"进行了修订,载维基文库:https://zh.wikisource.org/wiki/;《我国台湾地区修正"仲裁法"条文》,载找法网:http://china.findlaw,最后访问日期:2016 年 10 月 17 日。

〔8〕 我国台湾地区"仲裁法"(2015 年)第 6 条规定:具有"法律"或其他各业专门知识或经验,信望素孚之公正人士,具备下列资格之一者,得为仲裁人:(1)曾任实任推事、法官或检察官者。(2)曾执行律师、会计师、建筑师、技师或其他与商务有关之专门职业人员业务五年以上者。(3)曾任境内、外仲裁机构仲裁事件之仲裁人者。(4)曾任台湾地区教育机构认可之境内、外大专院校助理教授以上职务 5 年以上者。(5)具有特殊领域之专门知识或技术,并在该特殊领域服务 5 年以上者。

〔9〕 我国台湾地区"仲裁法"(2015 年)第 7 条规定:有下列各款情形之一者,不得为仲裁人:(1)犯贪污、渎职之罪,经判刑确定。(2)犯前款以外之罪,经判处有期徒刑 1 年以上之刑确定。(3)经褫夺公权宣告尚未复权。(4)破产宣告尚未复权。(5)受监护或辅助宣告尚未撤销。(6)未成年人。

定的仲裁纠纷的经验、技巧。此外,还规定担任仲裁员需要经过一定的训练或讲习。[10] 这些条件在其他国家或地区的立法中并不常见,不过这些规定有一定的创新性,可以从整体上提高仲裁员的素质,具有一定的合理性。

其二,普通资格条件形式。这一形式没有对仲裁员的资格进行严格的规定,而是给予其比较宽松的条件。例如,在欧洲,意大利《民事诉讼法典》、[11] 法国《民事诉讼法典》、[12] 德国《民事诉讼法典》[13] 对仲裁员的任职资格只是笼统地进行规定,要求具备完全民事行为能力的自然人就能担任仲裁员。这些国家法律规定的立足点各有差异,意大利和法国法律强调的是民事行为能力方面的要求,其中,法国法律还特别指出机构或组织这些法律实体不能担任仲裁员,只能对仲裁进行组织或管理。英国《1996 年仲裁法》对仲裁员的任职资格没有进行特别的限定,只要是具有完全民事行为能力的自然人都有担任仲裁员的资格,没有特别的国籍限制。[14] 欧洲大陆大多数国家的法律都采取了类似的规定,对仲裁员的资格没有进行严格的限定。

另外,在亚洲,有些国家或地区的法律对仲裁员的任职资格也没有规定十分严格的限定条件。例如,日本《民事诉讼法典》第 792 条第

---

〔10〕 我国台湾地区“仲裁法”(2015 年)第 8 条第 2 项规定:仲裁人未依第 1 项规定向仲裁机构申请登记者,亦适用本“法”训练之规定。仲裁人已向仲裁机构申请登记者,应参加仲裁机构每年定期举办之讲习;未定期参加者,仲裁机构得注销其登记。仲裁人之训练及讲习办法,由台湾地区“行政院”会同“司法院”定之。

〔11〕 意大利《民事诉讼法典》第 812 条规定:仲裁员可以是意大利公民或他国公民。未成年人、无民事行为能力人和限制民事行为能力人、破产者以及被开除公职的人不能担任仲裁员。

〔12〕 法国《民事诉讼法典》(2011 年)第 1450 条规定:对行使权利享有完全行为能力的自然人才能担任仲裁员。当仲裁协议指定某一法人时,该法人只能拥有管理仲裁的权力。

〔13〕 德国《民事诉讼法典》第 1035 条第 5 款规定:法院在指定仲裁员时,应适当考虑当事人的协议对仲裁员的资格要求,以及其他确保指定独立公正的仲裁员的因素。在指定独任仲裁员或首席仲裁员的情形下,法院应当同时考虑指定当事人国籍以外其他国籍的仲裁员的适当性。

〔14〕 关于仲裁员资格的比较研究,参见宋连斌:《中国仲裁员制度改革初探》,载韩德培等主编:《中国国际私法与比较法年刊》(第 4 卷),法律出版社 2001 年版,第 579 ~ 583 页。

3款规定：如遇仲裁员为无能力人，或聋哑人，或被剥夺或停止政治权利的人时，当事人可以请求其回避。韩国1966年颁布的《仲裁法》中规定了不得担任仲裁员的具体情形，[15]但后来于1999年进行了修改，只在法律中规定当事人委任或仲裁机构指定仲裁员的程序、仲裁庭的组成等程序性事项，并特别明确了不得因仲裁员的国籍而排除其担任仲裁员的因素。[16] 我国澳门特别行政区的《核准仲裁制度》(1996年)对仲裁员任职资格，仅明确仲裁员应是具有完全民事行为能力的自然人。[17]

国际上大多数国家或地区的法律规定仲裁员的资格条件时，采取的是普通资格条件形式。一般认为，除非当事人另有约定，担任仲裁员只需具备最基本的条件，即具有法律上认可的完全民事行为能力，享有相应的民事权利并能承担相应的民事义务，[18]并不要求仲裁员具备特别的任职资格。虽然普通的资格条件形式没有对仲裁员的资格进行直接的限定，但这并不代表仲裁员无须具备基本的专业素养，因为大多数国家的法律和仲裁机构的仲裁规则中对仲裁员的权力和义务及仲裁员的回避、替换进行了规定，从而间接要求仲裁员要具备一般的裁判能力。

此外，对于仲裁员的资格条件的规定还存在一种特别的方式，一

---

〔15〕 韩国1966年《仲裁法》第5条规定："具有下列情形之一的人没有资格担任仲裁员：1. 无行为能力或限制行为能力的人；2. 尚未复权的破产人；3. 被处以监禁以上的刑罚且该处罚执行完毕或不执行该刑罚的决定作出后不满三年的人；4. 任何被处以监禁以上刑罚且刑期未满的人；5. 任何被处以监禁以上刑罚而缓刑的人，其缓刑期未满的人；6. 任何被限制民事权利或停止其资格的人。"载 http://www. fsou. com/html/text/iel/671091/67109133.html，最后访问日期：2016年10月20日。

〔16〕 韩国1999年《仲裁法》第12条第1款规定："除非当事人另有约定，任何人均不得因国籍而被排斥担任仲裁员。"参见宋连斌、林一飞译编：《国际商事仲裁资料精选》，知识产权出版社2004年版，第424页。

〔17〕 我国澳门地区《核准仲裁制度》(澳门政府法令第29/96/M号)第12条。参见宋连斌、林一飞译编：《国际商事仲裁资料精选》，知识产权出版社2004年版，第255页。

〔18〕 See Alan Redfern, Martin Hunter, *Law and Practice of International Commercial Arbitration*, 3rd Edition, Sweet & Maxwell, 1999, p. 204.

些国家仲裁立法和仲裁机构仲裁规则规定,在不违反该国法律和仲裁规则关于仲裁员资格条件一般规定的前提下,允许当事人对仲裁员的资格条件进行特别的约定。当事人的这项权利通常是由当事人意思自治原则衍生而来的,在仲裁协议中比较常见的是对仲裁员的国籍、专业资格进行特别的限定。[19] 如果当事人双方合意约定仲裁员应具备哪国国籍、具备何种专业知识,那么,在纠纷发生后,当事人选择仲裁员时就得遵守这些约定。但如果当事人未能在规定的期限内选定仲裁员,若由仲裁机构或法院确定仲裁员时,这些指定机构也需遵守当事人之间约定的这些限定条件。

值得注意的是,目前,国际上大多数仲裁机构都备有仲裁员名册,在机构仲裁的模式下,当事人可以从名册中选取自己认为合适的人士担任仲裁员。不过,为了吸引更多的当事人到该机构进行仲裁,很多仲裁机构都表示其仲裁员名册只是推荐性的,当事人有权另行选择自己认可的人士担任仲裁员,而不必受名册的约束。因此,这两种仲裁员的选任方式并不构成实质性的冲突。即使目前有少数仲裁机构还是坚持实行强制名册制,但其名册涵盖的专业人士范围非常广泛。例如,美国仲裁协会(American Arbitration Association,AAA)纳入的仲裁员就有上万人之多,当事人有非常大的选择余地。大多数仲裁机构仲裁规则的规定本身比较灵活,为当事人选任仲裁员的自由给予了足够的尊重,一般在仲裁实践中都会优先考虑当事人的约定,除非该约定违反了一些强制性规定。[20]

---

〔19〕 例如,要求首席仲裁员应当具备第三国国籍;建筑争议中要求仲裁员具有建筑行业工作经历等;一些国际合同(尤其是在船运、商品交易以及保险和再保险行业中使用的合同)的标准格式中,也会明确约定纠纷发生时将会选择的仲裁员的类型。

〔20〕 参见侯登华:《仲裁协议制度研究》,中国政法大学国际法学院2004年博士学位论文,第68～69页。

第二节 仲裁员责任的内涵和形式

一、仲裁员责任的内涵

责任是行为人违反其所承担的义务或职责而应承担的后果,法律上的责任是指行为人不履行合同义务或违反法律上规定的义务而应承担的法律后果。对于责任,还存在一种纪律上的责任,即违反了行业的行为规范要承担纪律上的处分,这一类型的责任跟行为人的道德自律相关联。学者凯尔森认为,法律责任的内涵与法律义务的内涵相互关联,一个人在法律上要对一定行为负责,即他要承担相应的法律责任。如果行为人作出了违反相应规定的行为,就应受到制裁。[21] 仲裁员若无权行使权力、越权行使权力、怠于行使权力都属于不当行使权力的行为,并且,仲裁员的权力和义务有部分内容存在重叠,适当进行仲裁程序和作出裁决既是权力又是义务。仲裁员不当行使权力和不当履行义务就要为此承担相应的责任,因此,仲裁员承担责任的基础源于仲裁员享有的权力和负担的义务。

仲裁员的责任涉及仲裁的核心问题,即涉及当事人和仲裁员之间的内在关系,对仲裁员责任问题的考虑要思考一些基本的潜在问题,如仲裁员义务的性质是什么?为什么这些义务是强制性的?仲裁员会在多大程度上受制于他的义务?对这些问题的阐释需要考虑仲裁的特性。[22] 仲裁是一种独特的争议解决方式,与调解、诉讼不同。调解中的第三者只是起着居中调和的作用,以双方当事人的意愿摆在首位,若一方当事人不同意继续调解,则调解立即终止;若双方当事人对

---

〔21〕 参见[奥]凯尔森:《法与国家的一般理论》,沈宗灵译,中国大百科全书出版社1995年版,第73页。

〔22〕 See Dario Alessi, "Enforcing Arbitrator's Obligations: Rethinking International Commercial Arbitrators' Liability", *Journal of International Arbitration*, Vol. 31, 2014, p. 738.

争议解决形成合意,可以以此合意为基础作出调解协议,但该协议仅约束双方当事人,并不具有强制执行力;若一方当事人事后反悔不予执行调解协议,调解协议效力即终止,另一方当事人不能向法院申请强制执行。仲裁,是以双方当事人之间存在的仲裁协议为基础,通过当事人委任或相关指定机构指定独任仲裁员或3名仲裁员组成仲裁庭审理当事人之间的争议,独任仲裁员或仲裁庭有权作出具有法律约束力的仲裁裁决。如果有一方当事人拒不执行仲裁裁决,那么,对方当事人有权向法院申请强制执行。仲裁这一方式具有一定的契约性(以当事人的合意为基础),又体现了一定的准司法性(仲裁裁决具有强制执行力)。

仲裁也不同于诉讼,因为在诉讼中,审理案件的法院是国家成立的审判机关,代表国家行使公权力,对争议案件具有法定的管辖权。法院受理案件之后,审理案件的法官一般都是指定的,不存在当事人协议选择法官的情形;而在机构仲裁中,仲裁机构一般都被认定为民间性组织,并且,很多仲裁机构都备有由各行各业专业人士组成的仲裁员名册,仲裁员的指定大都在名册的范围之内。仲裁实行一裁终局制,不仅审案期限较诉讼短,而且费用也比诉讼低廉。因此,同诉讼相比,仲裁具有更多灵活性。对于仲裁员责任承担问题,需要面临个人遵从法律的问题,当个人面对法律规定、法律要求时,是否会遵守法律规定,取决于一系列之因素:(1)法律要求人民如何行为之规定,必须明确到人民能理解、能依循;(2)人民已被告知该法律之存在与内容;(3)人民有遵守该法律之机会;(4)人民有遵守该法律之能力;(5)遵守法律符合人民之利益;(6)人民具有遵守法律符合其利益之意识形态、价值观或其他主观认知之因素。[23] 简言之,即法律的规定要明确,义务人了解法律的确切意涵,义务人有服从法律规定的机会,义务人充分了解违反法律规定的后果等。

---

〔23〕 参见陈铭祥:《法政策学》,台北,元照出版公司2011年版,第159页。

综观目前的法律规定，还没有涉及对仲裁员不当使用权力或不当履行义务的行为进行监督的机制。虽然仲裁不受管制的理念一直为效率和公众的愿望所捍卫，但随着实践中不断增加对仲裁员公正性的担忧以及仲裁受案量的暴涨，导致问题频出。第一个问题，即我们是否应该继续保持仲裁不受监管的性质；第二个问题，即不受监管的仲裁价值是否超过了它所引发的问题。对此，笔者认为，这两个问题的答案是否定的。如有学者认为，增加仲裁员的责任程度会使社会得到最佳的利益。当前的体制允许仲裁员作出严重错误的决定而不加解释，忽视对仲裁程序的保护；或仲裁员从事假公济私、不披露利益冲突，甚至实施不公平行为，甚少或根本不对来自行业或法律的指责产生恐惧。如果不对仲裁进行更多的监督，那么，这一现状会反过来阻碍当事人对仲裁的使用。〔24〕 在仲裁实践中，如果仲裁员无正当理由辞职，或未能遵守裁决案件的最后期限，或未能在适当的时候延长最后期限，违反及时作出裁决的义务，那么，他们应对由此产生的所有损失承担责任。

二、仲裁员责任的形式

仲裁员的不当行为可能会引起各种类型的责任：

（一）民事责任

仲裁员的民事责任，是指仲裁员对于仲裁过程中的不当行为（不当行使权力或不当履行义务）承担的法律上的责任。大多数国家的立法和仲裁实践对于仲裁员民事责任是持肯定态度的，只是责任的范围有大小之分，主要存在3种理论。

1. 仲裁员绝对豁免论

仲裁员绝对豁免论认为，仲裁员行使仲裁职责的行为是一种替代

〔24〕 See Cameron L. Sabin, "The Adjudicatory Boat without a Keel: Private Arbitration and the Need for Public Oversight of Arbitrators", *Iowa Law Review*, Vol. 87, 2001, p. 1382.

法院解决争议的准司法行为,那么,仲裁员就应与法官一样,对其在仲裁过程中的任何作为或不作为而给当事人带来的损失不承担任何个人民事责任。目前,主要是美国的学者持这一观点。仲裁员责任绝对豁免论的基础是仲裁豁免论,该论是法官所享有的司法豁免论在仲裁领域的延伸。仲裁员在裁判案件时具有"准司法人员"的身份,对仲裁员实行责任豁免,一方面,可以适度维护仲裁员的公正性和独立性,免受心存不满的当事人的干扰;另一方面,可以吸引优秀的专业人士进入仲裁领域,担任仲裁员,促进仲裁制度的发展。〔25〕

2. 仲裁员有限豁免论

仲裁员有限豁免论,是指仲裁员只在一定范围和一定条件内对其不当行为享有豁免,超出一定范围和一定条件须承担责任。目前,大多数国家持这一观点。仲裁员可以享受豁免的范围和条件主要包括:其一,仲裁员依据有效的仲裁协议进行仲裁,并且当事人或仲裁机构对仲裁员的指定是有效的,只要其是以仲裁员的身份(而不是以调解者的身份)进行仲裁,就能享有豁免。但如果仲裁员依据的是无效的仲裁协议进行仲裁,或者采用欺骗的方式进行仲裁,就不能享有豁免。〔26〕其二,仲裁员违反与当事人之间的法律或合同上的义务、未能披露对案件裁判产生影响的利益冲突、对参与仲裁程序中的人(包括律师、专家、证人)违反了保密义务,并且,由于仲裁员的上述不当行为导致当事人或第三人遭受损害。〔27〕其三,仲裁员无正当理由拒绝进行仲裁程序,未能按照当事人约定的期限或法律规定的期限作出公正的裁决。

3. 仲裁员承担完全责任论

仲裁员承担完全责任论主张,仲裁员承担责任的范围是广泛的,

〔25〕 参见黄进主编:《国际私法与国际商事仲裁》,武汉大学出版社 1994 年版,第 108 页。

〔26〕 参见宋连斌主编:《仲裁理论与实务》,湖南大学出版社 2005 年版,第 108 页。

〔27〕 Ramón Mullerat, The liability of Arbitrators: a survey of current practice, in International Bar Association Commission on Arbitration, 2006, pp. 7 – 8.

只要仲裁员未能履行其所承担的义务，就应当承担相应的法律责任。一些大陆法系国家的立法主张这一观点。一般认为，仲裁员作为专业服务人员，应与律师、医生、审计师、建筑师等专业人员一样承担专业注意责任。即仲裁员提供仲裁服务时，负有勤勉、小心、公平行事的义务，若在仲裁过程中故意作出不当行为或因过失作出不当行为，且该行为给当事人造成一定的经济损失，则仲裁员须承担一定的法律责任。仲裁员在仲裁过程中须始终保持公正性和独立性，平等对待双方当事人，不得存在欺诈行为、收受贿赂行为或滥用职权行为，否则，仲裁当事人可以以此为据对裁决提出异议并申请撤销裁决，还可以要求仲裁员承担个人责任。

(二)刑事责任

就社会正义的维护而言，刑法是最后的底线，只有当不当行为冲破底线对社会产生了极大的危害性时，国家才会启动刑事责任的追究程序。仲裁员在仲裁过程中的不当行为若触犯了仲裁地国的刑事法律规定，就应当承担刑事责任。断言仲裁员没有刑事责任是言过其实的，他们须对犯罪行为负责。仲裁员在行使准司法职能时，通常也会犯与法官类似的违法行为，一些国家的法律在贿赂犯罪或枉法裁判罪中也规定了仲裁员的刑事责任。例如，德国《刑法典》〔28〕规定的受贿罪中就包括仲裁员，日本、韩国《刑法》规定的受贿罪中也把仲裁员涵盖在内。有的国家在规定法官枉法裁判的刑法条文中，同时规定了仲裁员承担刑事责任的情形，如菲律宾、新加坡的刑法规定。〔29〕 目前，在单行立法中详细明确规定仲裁员刑事责任的只有日本《仲裁法》。〔30〕

---

〔28〕 德国《刑法典》的规定，受贿罪是指公务员、从事特别公务之人员、法官、仲裁人，对现在或将来职务上之行为或者对现在或将来违反职务之行为要求，期约或收受利益的行为。

〔29〕 参见菲律宾《刑法》第204～206条、新加坡《刑法》第219条。

〔30〕 日本《2004年仲裁法》第50～55条对仲裁员的受贿和行贿所应当承担的刑事责任作出了具体而细致的规定。

(三)纪律责任

仲裁机构或仲裁协会通常会颁布一些规范仲裁员行为的文件,如仲裁规则、仲裁员守则、仲裁员道德准则、仲裁员行为规范等。如果仲裁员在仲裁过程中作出严重违背职业道德或行为规范的行为,就要根据相关规定对其进行相应的纪律处分,如通报批评、减少办案报酬、撤销委任、停止执业、除名。除名通常发生在采用仲裁员名册制的机构仲裁中,是最严厉的一种纪律处分,针对的是仲裁员在仲裁过程中存在极其严重的故意不当行为。

仲裁员的纪律责任承担主要是以仲裁员违背了其应承担的道义和严格的自律性。仲裁员的自我约束与行业的监督规范从内外两个方面有效保证仲裁的高质量。一方面,仲裁机构通常会对仲裁员在仲裁过程中的行为进行必要的监督,具体表现为:仲裁机构制定各类与仲裁员的行为规范相关联的文件,并且仲裁员在办案前必须签署声明书。这些举措促使仲裁员在仲裁活动中必须遵守相应的纪律,而且也针对可能出现的违纪行为规定了相应的处理措施。另一方面,通过国家仲裁法律的规定,严格规范仲裁员的职业纪律和守法意识,对违纪、违法者予以除名并承担相关的纪律责任。[31]

第三节　仲裁员责任制度与法官责任制度的关系

一、仲裁员责任制度与法官责任制度的共通性

(一)法官责任追究制度概述

通过考察世界上大多数国家的法律规定,大都针对预防或处罚法官的违法或犯罪行为建立了法官弹劾或惩戒制度。在英美法系国家中,法官是一项崇高的职业,具有很高的社会声望,对于法官的惩戒事

[31] 参见樊成玮:《民商法律责任通论》,中国法制出版社2005年版,第526页。

由限于法官的违法犯罪行为，不包括其过失行为或其他不当失职行为。因此，弹劾法官是一项极其慎重的行为，必须经过复杂的程序，方可启动。例如，在美国，虽然在联邦和各个州有独立的法官责任追究制度，但大体采取相类似的惩戒措施，并都设有法官行为调查委员会或类似的机构，负责处理法官的不当行为，主要采取的方式包括：私下训诫、斥责、公开警告、短期停职和撤销法官资格等。

而在大陆法系国家，对法官进行弹劾也得经过专门的调查委员会的调查或专门的追诉程序，只有在全面查清相关事实之后，才能决定是否要对涉事法官进行处理。[32] 根据德国《法官法》的规定，对于违纪的法官，法官所属的法院院长只能作出警告处分，对法官的监督主要是由法官纪律法院来进行，由纪律法院来决定对违纪法官具体采取什么样的处分方式。意大利制定的与法官相关的法律规定了法官应对其所实施的违法行为承担相应的责任，若涉及赔偿损失，法官负责赔偿的限额为其年薪的 1/3，但如果法官是故意违法，则不会受到该限额的限制。[33] 法官违法行为主要包括：主观恶意、严重失误、[34] 拒绝司法[35] 等。日本的法律规定罢免法官必须按照宪法规定的程序，不能随意对法官进行免职或停职。如果要对法官的违法行为施加惩戒，主要包括告诫和施加 1 万日元以下罚款。

在国际条约中，1985 年第七届联合国预防犯罪和罪犯待遇大会通过了《关于司法机关独立的基本原则》，专门规定了法官的纪律处分、

---

〔32〕 一般情况下，法官所属法院的院长和法官纪律法院行使职务监督权，对法官的违纪行为采取相应的惩戒措施，具体包括警告、罚款、减薪或降薪、降职、开除等方式。如果法官的行为触犯刑律，可能要追究其刑事责任，则由相关法院依法进行申请。

〔33〕 参见宋雷：《意大利司法官责任法简介》，载《现代法学》1991 年第 1 期。

〔34〕 严重失误是指一些产生严重后果的司法行为，如导致严重违法而不可宽恕的过失、在诉讼活动中对法律事实作了完全相反的正误判断、违法行为导致他人人身自由受到侵犯。

〔35〕 拒绝司法在司法实践中主要表现为：法官因主观上的懈怠、拖延等不在法定期限内履行法定的职务行为，并超过 30 日或者涉及人身自由的超过 5 日。

停职和撤职问题，[36]要求公平迅速地处理针对法官提出的控诉，任何作出的有关法官的纪律处分决定须接受独立的审查。

法官对于其在审判中的言行和“无过错审判”导致的错案，一般应享有不受民事起诉、不受错案责任追究的豁免权。当然，豁免权是有一定条件的。这个条件就是法官作出这种言行时并不存在主观上的故意，而是由其知识能力所限导致。对于属于职业道德问题引发的错案或其他不当行为，不能享有责任豁免。如此，适当的豁免不仅可以维护法官的独立审判权，而且有利于提高法官裁判案件的责任心。对于有轻微违法的法官，应通过法官的纪律检查条例进行处理；对于有贪赃枉法、失职渎职行为的法官，则应按照法官的弹劾、撤职、罢免程序，提交有关的管理监督机构进行处理；触犯刑事法律的，则要追究有关法官的刑事责任。[37] 并且，大多数国家的法律规定，法官一般享有民事责任豁免权，关于其所作出的裁决，为维护法官在司法活动中拥有的自由裁量权，法官一般不对裁决的实体内容部分承担责任，除非当事人能够提出足够的证据证明法官作出该裁决是出于故意或明显的过失。

（二）仲裁员责任制度与法官责任制度的共通性

1. 仲裁员与法官存在职能上的相似性

比较分析仲裁员责任制度和法官责任制度，立足点在于仲裁本身具有何种性质。目前，对于仲裁的性质判断，主要有 4 种观点：其一，司法权理论。该理论认为，仲裁属于国家法律授权的司法行为。在仲裁的实务过程中，除仲裁协议是由当事人合意而形成外，仲裁内容的

---

〔36〕 该原则规定：……17. 对法官作为司法和专业人员提出的指控或控诉应按照适当的程序迅速而公平的处理。法官应有权利获得公正的申诉的机会。在最初阶段所进行的调查应当保密，除非法官要求不予保密。18. 除非法官因不称职或行为不端使其不适于继续任职，否则不得予以停职或撤职。19. 一切纪律处分、停职或撤职程序均应根据业已确立的司法人员行为标准予以实行。20. 有关纪律处分、停职或撤职的程序的决定须接受独立审查。此项原则不适用于最高法院的裁决和那些有关弹劾或类似程序法律的决定。

〔37〕 参见王潇：《走向司法公正的制度选择》，中国法制出版社 2005 年版，第 138 页。

判断和仲裁结果的执行都是基于国家司法权,仲裁员在审理案件的过程中要与法官一样依据法律和良知。因此,为维护仲裁的公正性,仲裁必须接受国家的管理和监督。目前,主要是一些大陆法系国家(德国、奥地利、意大利等国)的法律支持这一观点。其二,契约理论。该理论认为,仲裁协议是当事人自主原则下的私法契约,仲裁员不是基于法律规定取得权力,而是基于当事人之间存在的仲裁协议获得裁判案件的权力。当事人选择仲裁员裁判争议,是希望仲裁员能够以公断人的身份作出裁决,当事人和仲裁员之间形成一种委托关系,成立私法上的契约关系。法国、荷兰、斯堪的纳维亚半岛国家的法律对仲裁的性质持有这一观点。[38] 其三,混合理论。该理论认为,仲裁具有司法和契约二者的性质,即仲裁虽是当事人基于自主意愿而进行的,但仲裁程序的进行和仲裁裁判的效力都须依仲裁法律的规定进行,仲裁裁决的执行须得到国家法院的支持,因此,仲裁的效力是源自国家的司法权,而非仅来自当事人的同意或"契约必须遵守"的原则。[39] 目前,这一学说在国际商事仲裁理论中获得多数支持。其四,自治理论。该理论是20世纪新发展起来的,其认为对于仲裁性质,只有通过考察仲裁制度所具有的作用和目的之后,才能予以确定。仲裁虽以当事人意思自治原则为基础,但也需要国家对其裁判效力的支持,这既顺应了国际民商事交往中商人们的实际要求,又体现了仲裁制度本身的需要。因此,仲裁不受限于当事人之间的仲裁协议和国家的司法权,具有一定的自治性。[40]

仲裁员和法官在履行职能上具有较相似的特点,例如,他们审理案件都是根据当事人提交的证据居中进行裁判,作出的裁决或判决都对双方当事人具有约束力;从仲裁过程的性质进行判断,该过程相当

---

〔38〕 参见詹礼愿:《中国内地与中国港澳台地区仲裁制度比较研究》,武汉大学出版社2006年版,第41页。

〔39〕 参见尹章华、黄达元:《仲裁法概要》,台北,文笙书局2001年版,第418页。

〔40〕 参见李旺:《国际民事诉讼法》,清华大学出版社2003年版,第168页。

于司法裁判过程,具有准司法性;作为一种替代性争议解决方式而言,其是诉讼方式的有益补充。[41] 有人认为,仲裁员似外交代表或谈判人员,对于事实和法律问题不像法官那么严谨,常易倾向妥协,充当调停角色,以致其裁定少具国际法渊源的价值。但在事实上,这种情况固然偶尔有之,裁定和判决无任何拘束力上的区别,纵使仲裁员经授权依公允及善良原则论断,他们的绝大多数裁定,在形式上和实质上仍是严格的法律性决定。所以,莫尔法官(Judge John B. Moore)曾说:国际仲裁员具有妥协的特殊倾向,或说他们不适用法律原则或不重视法律先例,我未见有支持这种说法的。在我1895年出版的《国际仲裁史》一书中,我已摘述许多裁定。在那些裁定中,最明显的是确定并适用经最大权威者认可的原则,而且一贯地努力遵循适切的先例。[42] 英国法官唐纳德森(John Donnaldson)甚至认为,仲裁员行使的职能与法官行使的职能是完全相同的,即"法院(法官)与仲裁员的业务活动是相同的,裁判案件都依法进行。两者之间要是存有区别,那就只有一个,即法官在公共领域执法,而仲裁员则在私营工业领域执法"。[43]

因此,仲裁员也应与法官一样享有豁免,但具体享有豁免的范围和程度稍有差异。例如,大陆法系国家的立法对法官的责任侧重于从责任追究方面进行规定,即法官并不对其行使司法职能的行为享有绝对豁免,如果法官在裁判过程中存在故意不当行为或违法犯罪行为而给当事人造成损失的,法官需对此承担相应民事责任。既然法官对其行使司法职能的行为须承担民事责任,而仲裁员承担的职能具有一定的准司法性,那么,仲裁员在行使仲裁职能的过程中存有故意不当行

---

〔41〕 See Mark A. Sponseller, "Redefining Arbitral Immunity: A Proposed Qualified Immunity Statute for Arbitrators", *Hastings Law Journal*, Vol. 44, 1993, p. 428.

〔42〕 John B. Moore, International Adjudication, Ancient and Modern (1929 - 1936), I, xxxxix - xc. 转引自陈治世:《国际法》,台北,"商务印书馆"1990年版,第53页。

〔43〕 [英]施米托夫:《国际贸易法文选》,赵秀文译,中国大百科全书出版社1993年版,第667页。

为或违法犯罪行为给当事人造成损失的,则其就不能享有豁免。[44] 英美法系中英国法院、美国法院在一些判例中认定法官享有豁免,基于仲裁行为具有一定的准司法性,通过案例将司法豁免的理论扩展适用至仲裁员,因而形成仲裁豁免论。具体内容为:仲裁员行使仲裁职能的任何行为享有一定豁免,但如果其在仲裁过程中存在故意、过失或其他不当行为而导致作出不公正的裁决,并且给当事人带来损失,须承担相应责任。[45]

2. 司法豁免权是仲裁员豁免权的基础

仲裁员豁免于诉讼主要基于司法豁免权的理论在仲裁领域的延伸,往往取决于仲裁员的职责是否在职能上与法官的职责具有可比性。司法豁免论主要围绕法官的职务行为,即法官行使司法权限的行为享有豁免,法官无须对其司法不当行为承担任何责任。如果允许当事人针对法官的司法行为提起诉讼,不仅会拖延诉讼程序,而且会形成滥讼现象,从而会对法官裁判案件造成不当影响。因此,基于保护法官公正和独立裁判案件的需要,维护司法权威,应赋予法官享有豁免的权利。[46] 基于仲裁员责任与法官责任的共同性在于豁免基础上的类似,英美法系国家一般侧重点在于仲裁员责任的豁免,而大陆法系国家一般侧重点在于仲裁员承担责任。

(1)英美法系主要国家的做法

在英国,司法豁免论最初源于两个案例,即 Floyd v. Barker 案[47] 和 The Marshalsea 案[48]。法院认为法官无须为其司法行为承担任何

---

[44] 参见詹礼愿:《中国内地与中国港澳台地区仲裁制度比较研究》,武汉大学出版社 2006 年版,第 34 页。

[45] 参见黄进主编:《国际私法与国际商事仲裁》,武汉大学出版社 1994 年版,第 108 页。

[46] 参见杨良宜:《国际商务仲裁》,中国政法大学出版社 1997 年版,第 249 页。

[47] See Floyd v. Barker, in 12 Coke's Kings Bench Reports 23, 77 Eng. Rep. 1305 (K. B. 1307).

[48] See The Marshalsea case, in 10 Coke's Kings Bench Reports 68, 77 Eng. Rep. 1027 (K. B. 1612).

民事责任,但有两个例外:①法官若对案件无管辖权而擅自进行裁判,就要承担个人责任;②法官若实施行政管理行为、个人民商事行为等不具有司法性的行为,则要承担个人责任。后来,法院审判涉及法官的案例时就将这两个案例作为先例予以遵循。近现代的英国法律[49]规定,法官若其行为良好,就应被留任,只有根据议会规定的合法理由才能免除法官的职权。司法实践也坚决捍卫司法独立原则,法官在行使司法职能时所使用的语言或所进行的行为,甚至是恶意的行为,均享有豁免。另外,如果是对生效的刑事判决存有异议,会由专门机构的复查委员会进行调查,经过审查确认该判决存有错误,则由刑事上诉法院对该案进行再次审理。即使通过审理改变了案件的结果或进行了相应的赔偿,但这些都不会对作出原生效判决的法官的业绩产生影响,也不会作为对其进行奖惩的因素,更不会对其追究相应的民事或刑事责任。[50] 英国最高法院在审理 Sutcliffe v. Thackrah 案[51]和 Arenson v. Arenson[52]案中认为,一直以来,法官、大律师、律师、陪审

---

〔49〕 参见 1876 年的《上诉管辖法》和 1981 年的《最高法院法》的相关规定。

〔50〕 参见郭宁:《法官豁免权的存在空间及其限度——基于两大法系的比较视角》,载《山东师范大学学报》(人文社会科学版)2013 年第 6 期。

〔51〕 [1974] AC 727. at pp. 737 - 738, 757, 758. 该案讨论了当事人所任命的建筑师及工程评量师是否必须为其在价钱评量上所犯的疏忽负责的问题。身为被告的建筑师以及工程评量师在第一审被判须负损害赔偿责任。但是,一审判决被上诉法院驳回,并认为被告其实是准仲裁员,因此享有豁免权。当案子被上诉到最高法院,法官认为,被告所为之价钱评量只是在一个评量师的权限内所为,而不是所谓准仲裁员的行为。评量师的权限内所为价钱评量的行为并没有司法功能。这是和仲裁员所做的仲裁判断不一样的地方。因此,被告不应该享有司法上的豁免权。虽然如此,法院判决中也强调了仲裁员豁免权的必要性:仲裁员免于因疏忽而享有豁免权的立论基础是假设仲裁员很有可能被仲裁中输的一方提起诉讼,同时,为了避免仲裁员担心被起诉而作出不当的决定,因此,仲裁员的豁免权会保证仲裁员和法官一样享有独立的思考并作出对的决定。参见吴光明、俞鸿玲:《国际商务仲裁理论与发展》,台北,翰芦图书出版有限公司 2013 年版,第 139 页。

〔52〕 [1977] AC 405. 该案是有关于原告因所雇佣的精算师在计算是否抛售股票时的疏忽而使原告蒙受极大的损失。原告对精算师提起因疏忽的损害赔偿诉讼。精算师依据 Sutcliff 判决主张豁免权,但是,法院不认为精算师计算股票价值的行为属于司法行为,因此,被告并不享有豁免权。在讨论是否赋予精算师豁免权时,最高法院再一次确立仲裁员在仲裁程序所为的司法功能是受到豁免权的保护。参见吴光明、俞鸿玲:《国际商务仲裁理论与发展》,台北,翰芦图书出版有限公司 2013 年版,第 139 页。

团员以及证人在法庭上的所言所行都享有民事上绝对的豁免权。这并不是因为法律认为他们有着特殊的地位，而是法律认知到在方便性的衡量及公序良俗的需要上，这些人最好应被赋予民法上的豁免权。这种豁免权是有极大公共利益的象征并且能使这些人独立行事，以及避免受到败诉一方无谓的骚扰。既然仲裁员与法官有着大同小异的功能，那么，他们应该是在同一个位阶上并享有相同的豁免权。因此，仲裁员享有豁免的范围应与法官类似，但不完全相同，即仲裁员对其行使仲裁职权过程中的任何行为享有豁免，若在仲裁过程中存在恶意或欺诈的行为，造成当事人一定的经济损失，仲裁员可能会承担相应的赔偿责任。〔53〕

美国的做法与英国相类似，美国法院在审判过程中也适当借鉴了英国判例中形成的司法豁免论。最早的例子是美国联邦最高法院于1872 年审理的 Bradley v. Fisher 一案。〔54〕 审理案件的 Mr. Justice Field 法官明确指出，要求法官在法庭上对每一个败诉的当事人负责的说法完全不符合法官的自由以及独立性，法官判断的动机不能成为法律探讨的主题。如果强迫法官对败诉的当事人负责，那将会是司法界的丑闻。法院明确表明支持司法豁免原则，即法官在行使司法职能时，即使他存有与一方当事人串通行事的行为或有其他恶意、蓄意或故意不

---

〔53〕 See Michael J., Mustill, Stewart C. Boyd, *Law and Practice of Commercial Arbitration in England*, 2nd edition., Lexis Law Publishing, 1989, p. 232.

〔54〕 See Bradley v. Fisher, 80 U. S. (13 Wall) 335, 20 L. E. 646 (1872), at 346 - 349. 该案中，原告 Joseph H. Bradley 在华盛顿最高法院提起损害赔偿诉讼，并且，主张被告 George Fisher 以法官的权力恶意剥夺他在法院担任律师的权利。审理此案的法官 Mr. Justice Field 指出，Fisher 所作出的剥夺原告在法院担任律师权利的命令是属于法官行使权利的合法范围，既然是在合法范围内作出的命令，那就没有不合法的疑虑。法院指出，在英国法理学的影响下，法官是享有绝对的豁免权的。Mr. Justice Field 法官还引用了 Mr. Justice Compton 在审理 Fray v. Blackburn 一案中表述的观点，即依照我们的法律，即使原告主张法官的行为是基于恶意，法官仍然享有豁免权。社会大众对此原则非常有兴趣，认为此原则的存在是为了大众的利益以及确保法官独立审判的空间，并且防止败诉的一方任意地对法官提起恶意的诉讼。此豁免权的立法原因是法官常常被要求决定有关于利益、自由以及其他对当事人个人有关的争点。在这种情况下，法院的判决便不可避免会影响到败诉的一方。参见吴光明、俞鸿玲：《国际商务仲裁理论与发展》，台北，翰芦图书出版有限公司 2013 年版，第 143 页。

当行为,也不管这些行为会对当事人造成多大的损害后果,他均不对此承担个人赔偿责任。

该案中所确立的法官绝对豁免权的观念早在1880年艾奥瓦州的Jones v. Brown 案[55]中扩展适用于仲裁员。该案是由一名仲裁员O. C. L. 琼斯提起,要求当事人支付报酬,但仲裁当事人提出反诉,称仲裁员在裁判过程中存有欺诈行为,并延期进行程序,要赔偿其1000美元。审理该案的法院认为,仲裁员有着法官类似的作用,主要看仲裁员的行为是否具有司法性。因而,法院认定,仲裁员延期进行程序的行为和作出裁决的行为类似于法官进行司法裁判的行为。鉴于法官不对民事诉讼的司法行为负责,故仲裁员也是如此。后来,这一观点也体现在1884年美国麻省最高法院审理的Hoosac Tunnel Dock & Elevator Co. v. O'Brien 一案,[56]法院作出了不予受理原告主张仲裁员密谋诈骗原告从中获利的决定。审理该案的Justice Morton C. J. 明确表示:法官以及其他拥有司法权的人的独立性及公正性是极为重要的。他们应该依他们的自由理念、不偏颇的概念及不受可能的结果所影响而做出仲裁的结果。在我们的法律下,仲裁员是准司法人员并行使司法功能。这种角色和法院的法官一样都必须有独立性,并且,在公共利益的考量下豁免权必须扩及至仲裁员。[57] 法院认定,仲裁豁免的基础基于仲裁员服务的准司法职能,仲裁员对履行自己的职责采取的所有行动享有豁免。美国法院授予仲裁员豁免权,因为,他们关注保护他们所作的裁决的效力,并且基于仲裁员行使仲裁权的职能与法官的审判职能相类似,如果豁免可对法官的裁决予以必要的保护,使法官不过分关注自己是否有责,那么,同样的逻辑也适用于仲裁员

---

〔55〕 Jones v. Brown, 6 N. W. 140, 142 - 143 (Iowa 1880). 该案是美国第一个授予仲裁员绝对豁免的案例。

〔56〕 See Hoosac Tunnel Dock & Elevator Co. v. O'Brien, 137 Mass. 424 (1884).

〔57〕 See Hoosac Tunnel Dock & Elevator Co. v. O'Brien, 137 Mass. 424, 426 (1884).

的决定。[58]

英美法系主要国家对于法官的职务行为赋予绝对的民事责任豁免权,主要基于3点:一是诉讼制度中有很重要的救济途径——上诉。不服判决的当事人可以很方便地表达自己的反对意见,很容易地启动上诉程序,而且只要能举出充分的证据最终都能获得胜诉判决。另外,如果法官在司法活动中有贪污受贿等极其严重的犯罪行为,他将承担刑事责任或被弹劾。二是出于公共政策之考虑。如果允许诉讼当事人对法官的职务行为提起诉讼,法官在审理案件时会因为担心败诉方对自己的细微失误起诉而忧心忡忡、畏首畏尾,这必然影响司法的独立性和公正性。即使在法官没有失误的情况下,败诉方也可能假借法官的职务行为有瑕疵之名提起诉讼,以拖延正常的诉讼程序,不利于司法公正。法律明确赋予法官司法行为豁免权的目的就在于让法官审理案件时没有后顾之忧。三是如果让法官为自己的职务行为承担个人责任,可能会使一些厌恶风险、有责任心和经验丰富的人拒绝担任法官,这不利于司法事业的长期发展。[59] 英美法系主要国家主要是通过比较仲裁员所具有的裁判职能与法官所具有的司法职能具有的相似性,从而使仲裁员的豁免类比于法官的豁免。一般而言,司法职能的界定标准主要取决于4个因素:第一,当事人之间的争议是否存在;第二,能否对当事人的争议作出最终有约束力的决定;第三,作出决定的人是否向法官那样履行了正当程序,如调取证据和举行听审;第四,对当事人之间的争议进行公正裁判,作出不偏不倚的决定。[60]

---

〔58〕 See Matthew Rasmussen, "Overextending Immunity: Arbitral Institutional Liability in the United States, England, and France", *Fordham International Law Journal*, Vol. 26, 2003, p. 1844.

〔59〕 参见石现明:《国际商事仲裁当事人权利救济制度研究》,人民出版社2011年版,第96~97页。

〔60〕 See Jason Yat-Sen Li, "Arbitral immunity: A Profession Comes of AGE", *Arbitration*, Vol. 64, 1998, p. 54.

英美法系主要国家从司法豁免论出发形成仲裁豁免论,主要基于4点理由:一是仲裁员对案件进行裁判的过程相当于法官裁判案件的过程,具有一定的司法性。二是国家为了减轻诉累,鼓励仲裁的发展。三是赋予仲裁员享有类似于法官的豁免,有利于保证仲裁过程不间断地进行,维护仲裁裁决的权威性。否则,心存不满的当事人会恶意针对仲裁员提起诉讼,阻碍仲裁程序的进行,拖延仲裁过程,从而破坏仲裁高效、经济裁判争议的优势。四是若让仲裁员对其行使仲裁职责的行为承担责任,则会使仲裁员过分拘泥于其行为的适当与否,而忽视对案件的把握,甚至会导致一些优秀专业人士拒绝担任仲裁员,不利于仲裁事业的发展。〔61〕 因此,将仲裁员的职能与法官的职能进行类比,发现两者之间存在的相似性是将司法豁免延伸扩展适用于仲裁员的主要根据,仲裁员以其在裁判案件时具有准司法人员身份而享有民事责任豁免。由于仲裁员的豁免权是由法院依国家和民意授予的,基于公共利益和维护仲裁员的利益之考量,仲裁员的豁免权是不能由当事人以仲裁协议排除之。〔62〕

(2)大陆法系主要国家的做法

在大陆法系国家,“人们没有司法行为的绝对豁免概念”。〔63〕 在一般情况下,法官可以对所有不当行为承担法律责任,以及司法程序的当事人可以获得因司法不当行为造成损害的赔偿。例如,在阿根廷,法官对因在行使其司法职能过程中发生的侵权行为造成的破坏和损失承担责任。同样,在西班牙,法官在职务行为过程中的行为不享有绝对豁免权,而且西班牙法律明文规定法官对“不可原谅的疏忽或

---

〔61〕 参见詹礼愿:《中国内地与中国港澳台地区仲裁制度比较研究》,武汉大学出版社2006年版,第160页。

〔62〕 参见吴光明、俞鸿玲:《国际商务仲裁理论与发展》,台北,翰芦图书出版有限公司2013年版,第41页。

〔63〕 See Christian Hausmaninger, “Civil Liability of Arbitrators—Comparative Analysis and Proposals for Reform”, *Journal of International Arbitration*, Vol. 7, 1990, p. 13,文中建议仲裁员责任承担的标准,但未能对国家立法提出法律规定的建议。

无知”可能承担法律责任。在荷兰,法官的责任仅发生在法官的行为涉及“疏忽了基本法律原则”的情形,一方当事人被剥夺了公平和公正待遇的情形,以及没有其他补救措施可以纠正所导致的损害的情形。不过,虽然法律作了这些规定,但是,在司法实践中从未实际运用这些规定。[64]

值得一提的是,意大利在20世纪90年代修订民事法律的过程中,围绕是否可以追究法官的民事责任议题,在政治层面和学术层面展开了一场非常激烈的讨论和争论。[65] 最后确定法官在两种情形下须承担民事责任:其一,法官在履行司法职能进行裁判案件时,若违背公平、公正裁判案件的义务构成犯罪的,受害方当事人针对国家或法官既可以提起损害赔偿民事诉讼,也可以选择提起刑事附带民事诉讼。其二,如果法官履行司法职能过程中所做的违法行为不构成犯罪,那么,受害方当事人只能向国家提起损害赔偿之诉,而不能起诉法官。因而,对于法官的违法非犯罪的行为,受害人只能启动国家赔偿程序。[66]

在德国,法官是属于公务员序列的国家公职人员,适用与公务员相关的法律规范。德国《民法典》[67]具体规定了如何对公务员履行职

---

〔64〕 See Susan D. Franck, "The Liability of International Arbitrators: a Comparative Analysis and Proposal for Qualified Immunity", *New York Law School Journal of International and Comparative Law*, Vol. 20, 2000, pp. 17 – 18.

〔65〕 最终结局是,追究法官民事责任的法律于1988年4月正式生效,主要适用于在普通法院和专门法院从事司法工作的所有法官,但是,该法的实施却不可避免地存在种种阻碍。一年后,该法律的合宪性遭到一些法院的质疑,意大利宪法法院应要求进行审查,并作出肯定其合法性的决定。意大利确定取消法官豁免权后,以法律条文的形式规定了法官承担民事责任的两种形式,这就从消极的层面反映了法官民事豁免的范围。

〔66〕 参见郭宁:《法官豁免权的存在空间及其限度——基于两大法系的比较视角》,载《山东师范大学学报》(人文社会科学版)2013年第6期。

〔67〕 例如,德国《民法典》第839条第1款规定,公务员在主观过错如故意或过失的支配下,存在未尽到或者违背其职务义务情形的,应承担补偿第三人因此所遭受的损失的责任。需要注意的是,在过失职务行为造成损失的场合,公务员的赔偿责任具有最后性:受害人只有在用尽其他赔偿方式仍未能获得救济的情况下,方可要求公务员承担责任。第2款则具体规定了特定的公务员类型法官的责任承担:法官在履行作出司法判决的义务时,只有违背义务的行为严重到以犯罪进行评价之时,方对损失承担赔偿责任。即如果法官履行职务的行为不构成犯罪,就享有民事责任豁免权。

务过程中违反义务的行为进行追责。在司法实践中，德国最高法院主张，仲裁员免除责任的程度相当于州法院法官被授予豁免的程度，即在某种程度上，法官或仲裁员的不当行为并不构成犯罪。然而，仲裁员排除责任的范围是有限的，在某种程度上是德国合同法允许的范围，这意味着对于故意不当行为的责任可能不会排除在外。[68] 即仲裁员和州法院法官一样，其故意不当行为可能会导致承担个人责任。[69]

不管是在大陆法系国家还是在英美法系国家，为了维护法官独立裁判权，实现司法公正，法官均享有一定的民事责任豁免，不会对其司法裁判行为向任何当事人承担赔偿责任。而基于仲裁员行使仲裁职权的行为具有一定的准司法性，为了保证仲裁员公正裁判案件，对于仲裁员的准司法性行为都应当赋予与法官一样的保护，即仲裁员正当履行仲裁职责的行为享有豁免，对案件的裁判不存在故意或重大过失行为时，仲裁员应免受当事人因对仲裁裁决的不满而追究其个人责任。[70]

在现代法治社会中，仲裁员与法官一样享有充分的职务和身份保障权，但这种保障并不是无原则的，而是建立在仲裁员和法官的行为端正的前提下。如果仲裁员和法官的行为不当，作出受贿、索贿、枉法裁判等违法犯罪行为，则会造成较大的社会危害性，因此在某种程度上，仲裁员的责任追究与法官的责任追究具有一定的相似性。

二、仲裁员责任制度与法官责任制度的差异

仲裁员责任制度与法官责任制度存在差异，主要是因为仲裁与诉

---

〔68〕 德国《民法典》第 276 条规定：(1)除另有其他规定外，债务人应对其故意或者过失行为负责。在交易中未尽必要注意的，为过失行为。于此适用第 827 条、第 828 条的规定。(2)债务人因故意行为而应负的责任，不得事先免除。

〔69〕 See Karl Pörnbacher, Inken Knief, *Liability of Arbitrators—Judicial Immunity versus Contractual Liability*, Juris Publishing, Inc., 2012, p. 220.

〔70〕 参见石现明：《国际商事仲裁当事人权利救济制度研究》，人民出版社 2011 年版，第 139 ~ 140 页。

讼存在不同,以及仲裁员与法官亦存在诸多的不同点。

其一,仲裁是在双方自愿的基础上交给由双方当事人选定或同意的第三者(独任仲裁员或仲裁庭)进行审理,仲裁庭有权作出裁决,仲裁裁决对双方都有约束力。如果败诉一方不自动执行仲裁裁决,胜诉一方有权向法院或其他执行机构提出申请,要求强制执行。可见,仲裁既具有一定的自治性,又具有一定的准司法性。仲裁方式与诉讼方式存在的主要区别在于:主持诉讼程序的法院是国家的审判机关,属于国家机器的重要组成部分,对案件具有的管辖权是法律明确规定的。并且,法院的法官是通过国家任命或选举产生的,法院一旦受理当事人的争议,就指定法官进行审理,当事人不能自主选择解决争议的法官;而管理仲裁的仲裁机构一般是民间性组织,仲裁员也不是通过国家任命或选举产生,仲裁员大都是兼职的专业人士,各个仲裁机构都会备有仲裁员名册,由双方当事人在仲裁员名册中指定,有些仲裁机构还规定当事人可以在名册[71]之外选定仲裁员。因此,仲裁在解决争议上比诉讼方式更具灵活性。而且,由于各国的仲裁员一般都是精通业务的专家和知名人士,对争议的审理比诉讼更及时,费用也更低廉。更重要的是,大多数国家的仲裁法律都规定仲裁实行一裁终局制,审理期限比诉讼方式要短一些。因此,仲裁裁决和司法判决,同是依据法律,其不同之处是法院的法官有任期保障,审判独立,并且,审判时受既定程序限制;而仲裁庭的仲裁员则为临时选任、无任期保障,有些仲裁案可有临时的程序规则。但这些不同并不减损裁决的影响作用。[72]

---

〔71〕 许多仲裁机构不再推行强制名册制,而是实行推荐名册制。例如,2005 年 CIETAC《仲裁规则》第 21 条第 2 款规定,当事人约定在仲裁员名册之外选定仲裁员的,当事人选定的或根据当事人之间的协议指定的人士经仲裁委员会主任确认后可以担任仲裁员、首席仲裁员或独任仲裁员。这一规定显然改变了以往的强制名册制,并被一些仲裁机构借鉴。这一规定在 2015 年版的 CIETAC《仲裁规则》中予以保留,即第 26 条规定:……②当事人约定在仲裁委员会仲裁员名册之外选定仲裁员的,当事人选定的或根据当事人约定指定的人士经仲裁委员会主任确认后可以担任仲裁员。意思虽然作了精简,但本意不变。

〔72〕 参见陈治世:《国际法》,台北,"商务印书馆"1990 年版,第 54 页。

其二,法官作为代表国家的司法机关,而仲裁员接受委任后是作为当事人的代表解决当事人之间的纠纷,因而,仲裁员和法官有着质的区别。仲裁员由当事人直接或间接指定产生,仲裁员的权力主要源于当事人的协议和授权,而法官由国家直接任命,他的权力直接来源于国家体制和法律规定,当事人不得选择或指定法官办案,法官代表国家法律行使审判权,本身就象征着权利、权柄。法院的判决、裁定等法律文书是国家审判机关的法权行为。与法官不同,仲裁员仲裁权的行使乃因案件当事人的指定或仲裁机构的指定而产生,来源于当事人之间达成的仲裁合意。仲裁员在法律规定的范围内行使权利的结果虽然也具有同判决书一样的法律强制力,但仲裁裁决从其历史渊源和国际惯例来看,严格讲是在法律认可并保护下的仲裁员的个人行为。[73]

其三,法官一经任用,便不得随意更换。如果法官在裁判案件过程中存有不当行为或违法犯罪行为,符合对其进行追究相应责任规定的,必须按照法定程序予以处理。例如,美国《宪法》第3条第1款规定:"最高法院与下级法院的法官忠于职守者,得终身任职。"日本《宪法》第78条规定:"法官除依审判决定因身心故障不能执行职务外,非正式弹劾不得罢免。"[74]并且,法官的审判任务是通过法院分派的,通常不能予以拒绝,除非该法官与当事人或案件存在利益冲突而要求其进行回避,其在任何时候都不能与当事人就是否参与审理案件进行事先约定。担任法官通常要求具备专业法律素养,然而,与此不同的是,仲裁员并不都是法律专业人士,有的甚至没有受过法律专业教育,大都来自各行各业的专家,如航海、工程技术、金融、证券等领域。并且,仲裁员的选任具有临时性质,对争议案件裁判完毕,就不具备仲裁员的职能,仅是享有仲裁员候选人的资格。此外,仲裁员在接受指定之

---

〔73〕 参见樊成玮:《民商法律责任通论》,中国法制出版社2005年版,第524页。

〔74〕 王潇:《走向司法公正的制度选择》,中国法制出版社2005年版,第137页。

后还可以与当事人就指定的条件进行讨价还价,并仍保有拒绝接受担任仲裁员的权利。

其四,与法官不同,仲裁员不受先例约束。相反,仲裁员有权基于一般法律原则或公平和正义的要求解决通常的纠纷。[75] 仲裁员解决争议的过程往往是保密的,这与普通的法院诉讼程序形成鲜明对比,后者通常对公众开放。[76] 在仲裁程序中,不同于法庭诉讼中的法官,仲裁员不能决定非仲裁合同当事方的权利和义务,不能决定任何不是由当事人提交的问题。仲裁员反而非常有义务尊重当事人作出的选择,[77] 而法院的法官在庭审过程中,如果发现案件需要追加当事人或第三人,可依职权进行追加。仲裁员存有偏袒或偏见的表象并不总会导致仲裁员的资格被取消。[78] 在某些情况下(如在3人仲裁庭下),由当事人一方指定的仲裁员允许对该方当事人持有同情或倾向的立场。法官与此不同,法官的回避事由必须是法律明文规定的。

其五,法官从国家那里获得他们的权力和报酬,仲裁员没有从国家那里获得他们的权力,也不是政府雇员。相反,仲裁员得到他们的权力来自私人合同,并接收当事人付款以换取专业服务,是私人合意选择的结果。正是由于这个原因,当事人很大程度上可按照自己的意

---

〔75〕 See Soia Mentschikoff, "Commercial Arbitration", *Columbia Law Review*, Vol. 61, 1961, pp. 846, 861. 文中分析了针对商业仲裁员的一项调查,这项调查显示,近90%的人认为,他们可自由地忽视实质性法律规定的原则,每当他们认为通过这样做将会达成更公正的决定时。

〔76〕 See, e. g., Richmond Newspapers, Inc. v. Virginia, 448 U. S. 555, 580 & n. 17 (1980),该案审判法官认为,公众参加刑事审判的权力是隐含在美国《联邦宪法》第一修正案中,并在其中注解到历史上民事和刑事审判一直被推定为公开。

〔77〕 See Matthew Bricker, "The Arbitral Judgment Rule: Using the Business Judgment Rule to Redefine Arbitral Immunity", *Texas Law Review*, Vol. 92, 2013, p. 201.

〔78〕 E. g., Delta Mine Holding Co. v. AFC Coal Props., Inc., 280 F. 3d 815, 818, 823 - 24 (8th Cir. 2001). 在3人仲裁庭中,仲裁员的偏见经常被容忍,因为,人们认为2名当事人任命的仲裁员的偏见会彼此抵消,因此,由第三名"中立"的仲裁员作出决定。

愿自由设计仲裁程序。仲裁裁决只受有限的司法审查,[79]目前,世界上100多个国家的法律根据1958年《承认及执行外国仲裁裁决公约》(以下简称《纽约公约》)的规定[80]仅对仲裁裁决进行程序事项的审查。并且,仲裁员几乎从不被迫解释他们作出裁决的推理过程。[81]

鉴于法官和仲裁员之间存在许多差异,尽管英美法系主要国家的法院经常以仲裁员职能和法官职能的可比性来努力支持司法豁免的延伸,[82]但这个类比因两者之间具有的差异而趋于淡化。由于确保

---

〔79〕 参见美国《联邦仲裁法》第10条,其规定了撤销裁决的几种情形,即对于到下列任何情形,仲裁裁决地所属区的美国法院根据任何当事人的请求,可以用命令将仲裁裁决撤销:(1)裁决以贿赂、欺诈或者不正当方法取得;(2)仲裁员全体或者任何一人显然有偏袒或者贪污情形;(3)仲裁员有拒绝合理的展期审问的请求的错误行为,有拒绝审问适当和实质的证据的错误行为或者有损害当事人的权利的其他错误行为;(4)仲裁员超越权力或者没有充分运用权力,以致对仲裁事件没有作成共同的、终局的、确定的裁决;(5)裁决已经撤销,但仲裁协议规定的裁决的期限尚未终了,法院可以斟酌指示仲裁员重新审问。

〔80〕 参见《纽约公约》第5条规定:一、裁决唯有于受裁决援用之一造向声请承认及执行地之主管机关提具证据证明有下列情形之一时,始得依该造之请求,拒予承认及执行:(甲)第2条所称协定之当事人依对其适用之法律有某种无行为能力情形者,或该项协定依当事人作为协定准据之法律系属无效,或未指明以何法律为准时,依裁决地所在国法律系属无效者;(乙)受裁决援用之一造未接获关于指派仲裁员或仲裁程序之适当通知,或因他故,致未能申辩者;(丙)裁决所处理之争议非为交付仲裁之标的或不在其条款之列,或裁决载有关于交付仲裁范围以外事项之决定者,但交付仲裁事项之决定可与未交付仲裁之事项划分时,裁决中关于交付仲裁事项之决定部分得予承认及执行;(丁)仲裁机关之组成或仲裁程序与各造间之协议不符,或无协议而与仲裁地所在国法律不符者;(戊)裁决对各造尚无拘束力,或业经裁决地所在国或裁决所依据法律之国家之主管机关撤销或停止执行者。二、倘声请承认及执行地所在国之主管机关认定有下列情形之一,亦得拒不承认及执行仲裁裁决:(甲)依该国法律,争议事项系不能以仲裁解决者;(乙)承认或执行裁决有违该国公共政策者。

〔81〕 See Alan Scott Rau, "The Culture of American Arbitration and the Lessons of ADR", *Texas International Law Journal*, Vol. 40, 2005, pp. 512 - 513.

〔82〕 See, e. g., Austern v. Chi. Bd. Options Exch., Inc., 898 F. 2d 882, 886 (2d Cir. 1990). 其认为我们同意仲裁员履行职责的性质类似于传统上赋予法官的职责,使仲裁员的保护成为必需。因此,我们认为,仲裁员按合同约定进行仲裁程序的行为是绝对免责的。Wasyl, Inc. v. First Bos. Corp., 813 F. 2d 1579, 1582 (9th Cir. 1987). 其认为仲裁员豁免于诉讼是因为仲裁员的决策过程与法官的裁判过程具有功能上的可比性,因此,为了保护独立裁判,仲裁员同样需要免于诉讼的威胁。Int'l Union, United Auto., Aerospace & Agric. Implement Workers v. Greyhound Lines, Inc., 701 F. 2d 1181, 1185 (6th Cir. 1983). 其认为仲裁员的目的在功能上类似于法官,因此,他被赋予类似于司法豁免的豁免。

仲裁员的问责和监督机制相对较少，仲裁员在很多方面与公众的法官相比，更类似于其他根据合同提供服务的专业人士。因此，有必要对仲裁员授予比法官更窄的豁免范围。[83] 即使在美国这样的通常将仲裁员与法官完全等同并赋予其绝对豁免权的国家，也确立了故意不当行为例外之规则。[84] 英国《1996 年仲裁法》第 29 条也规定仲裁员的恶意行为是不享有豁免的。澳大利亚 1974 年《国际仲裁法》第 28 条规定仲裁员对仲裁过程中的过失行为无须承担责任，但若存在欺诈（不管是作为还是不作为），则应承担责任。[85] 其他国家的法律也对仲裁员的责任承担或豁免问题作了类似的规定，司法实践中也持有类似的立场，大都认为仲裁员若在仲裁过程中行使仲裁职责时存有故意或重大过失行为，对当事人造成一定损失的，仲裁员就应承担相应责任，不能享有豁免。

本章小结

对于权力的行使，不管处在什么职位上，都是个体自我表现的形式之一，是个人产生快感的一个丰富源泉。对权力的控制不能奢谈对人性的信任。[86] 任何权力都是一柄“双刃剑”，因此，在赋予仲裁员独立裁决权的同时，还必须加强对仲裁员行使权力的管理与监督。对于仲裁员而言，在行使权力的过程中其不可避免地会受到权力的诱惑，故在仲裁过程中可能出现不当行使权力的行为。如何在规制仲裁员

---

〔83〕 See Matthew Bricker, “The Arbitral Judgment Rule: Using the Business Judgment Rule to Redefine Arbitral Immunity”, *Texas Law Review*, Vol. 92, 2013, p. 201.

〔84〕 See Lundgren v. Freeman, 307 F. 2d 104 (9th Cir. 1962).

〔85〕 See Clyde Croft, “Australia Adopts the UNCITRAL Model Law”, *Arbitration International*, Vol. 5, 1989, p. 198.

〔86〕 参见[美]托马斯·内格尔：《人的问题》，万以译，上海译文出版社 2004 年版，第 84 页。

权力与保障仲裁员正当行使权力之间构建一个平衡,即一方面,为维护仲裁正义,对于他们在仲裁中的故意或过失不当行为导致当事人的损失,仲裁员应当被要求承担责任;另一方面,为实现仲裁高效的价值,对仲裁员履行其职责的行为应给予一定的豁免保证,使他们免受不当干预和攻击。如何保持平衡不仅取决于如何理解仲裁的性质和仲裁员的角色,而且取决于特定的社会条件下仲裁发展的现状,如仲裁的社会认同和仲裁员的整体素质。

大多数国家的立法和判例认为仲裁员在进行仲裁过程中行使仲裁职责的行为享有一定程度的豁免,该豁免是建立在司法豁免的基础上,是为了保护仲裁员能公正、独立地行使仲裁职能,维护仲裁裁决的终局性,并鼓励优秀人士担任仲裁员。但基于仲裁员与法官毕竟存在一定的差异,仲裁员在一定范围内承担适度的责任有利于促进公众信赖仲裁,即仲裁员如果在行使仲裁职责的过程中存有故意或重大过失行为,造成当事人一定的经济损失,其就不能享受豁免,这可以适度减轻当事人对仲裁不公的担忧。

第二章　仲裁员责任基础论

第一节　仲裁员与当事人之间的关系

一、仲裁员与当事人之间关系的理论

仲裁员与当事人之间存在什么样的关系决定了两者的权利和义务关系。目前，对于仲裁员与当事人之间的关系理论，主要有3种：准合同关系说、合同关系说、特定身份关系说。

（一）准合同关系说

这一学说认为，仲裁员与当事人之间虽然不存在要约和承诺来缔结合同的过程，但当事人在选定仲裁员时，通常会期望仲裁员具有某种资格和达到某种条件，能够提供专业的仲裁服务。并且，一旦仲裁员接受当事人的指定担任仲裁员之后，仲裁员就开始对当事人之间的争议进行裁决，并期望以其提供的仲裁服务获取相应的报酬。在英美法系一些国家，学者们就认为，当事人指定仲裁员和仲裁员提供仲裁服务这一过程使当事人和仲裁员之间形成了一种服务合同，不过只是一种推定的服务合同关

系。在英美法系国家中,存在一个准契约[1]概念,该概念是依法拟制当事人的意思,推定与当事人之间有默示之意思表示。

（二）合同关系说

仲裁员与当事人之间存在合同关系的观点是大多数学者所持的观点。一旦仲裁员接受当事人的指定同意担任裁判案件的仲裁员时,其就依据一定的专业知识裁判当事人之间的争议,并因此获得相应的报酬。这一过程被大多数国家认可为一种合同关系,但具体是一种什么类型的合同关系,[2]不同学者意见不同。例如,德国、意大利国家的学者认为,仲裁员接受当事人指定之后,仲裁员就要提供裁判争议的仲裁服务,以此换取一定的报酬,因而,在仲裁员与当事人之间形成服务合同关系。在法国,有学者认为,仲裁员解决争议的过程是履行其合同义务的行为;还有的学者认为,仲裁员接受当事人的委任担任裁判当事人之间争议的仲裁员,其与当事人之间形成了委任关系。[3]此外,还有一些学者基于仲裁员与当事人之间的关系比较特殊,将这

---

〔1〕 准契约是指在无协议的情况下,基于公平和正义所产生的法律义务。通常是为了防止发生不当得利而由法律设定的合同义务。有时指法律上默许的契约,成为法律上的拟制。法律拟制即在无真正契约存在的情况下,采用契约诉讼的手段,以取得公平和法律义务的履行。准契约义务类似于契约上规定的义务,但它并非基于当事人的合意产生,而是基于当事人之间的某种关系,或从一方的自发行为来产生。或者说是双方在无协议时,由自发和合法的行为所发生的义务。参见薛波主编:《元照英美法词典》,北京大学出版社 2013 年版,第 1131 页。

〔2〕 合同关系说或称为契约关系说,具体又可以分为:委托契约、承揽契约、雇佣契约以及特殊类型契约等几种类型。委任契约说把仲裁员与当事人的关系作为一种委托合同,仲裁员受当事人委托,就争议事项提供纠纷解决的劳务服务。承揽契约认为仲裁员是承揽人,当事人为定作人,通过仲裁员公正独立的审理、裁决,完成纠纷解决的工作。雇佣契约则认为仲裁员与当事人之间的关系是一种雇佣关系,仲裁员提供服务,当事人提供报酬。特殊类型契约说认为,现有的契约类型都难以准确反映仲裁员与当事人之间的这种契约关系,因此,他们之间是一种特殊的契约类型。参见侯登华:《当事人合意对仲裁机构的效力分析》,载法律博客:http://www.bloglegal.com/blog/cac/350002143.htm,最后访问日期:2016 年 11 月 5 日。

〔3〕 李旺:《国际民事诉讼法》,清华大学出版社 2003 年版,第 242 页。

一关系界定为“特殊的合同”或“自成一格的合同”,[4]该合同由适用它的规则所支配,并应同时考虑合同的原则和仲裁员行使职责的性质。

当事人通过指定相应的仲裁员来解决他们之间的争议,在指定和接受指定的过程中,仲裁员与当事人形成了合同关系。但具体在仲裁实践中,可能会出现当事人不能及时指定仲裁员的情形,为了防止因此陷入僵局,大部分的仲裁法和仲裁规则规定,双方当事人必须借助第三者完成仲裁员之指定。所谓的第三者可能是特定的仲裁员指定人或仲裁机构。[5] 虽然裁判案件的仲裁员并不经由当事人直接指定,但一般需要经过当事人明示的或默示的同意,而且任命仲裁员的原因就是要解决当事人之间的争议,这也是仲裁员的主要职责。仲裁员与当事人形成合同关系之后,双方一旦违反了合同义务就会承担相应的责任,一旦仲裁员在裁判案件的过程中出现不当行为,导致当事人遭受一定的损失,仲裁员就要对此承担相应的责任。反之,一旦当事人拒付或拖延支付仲裁员报酬,仲裁员可依法请求当事人及时支付。大多数学者认可仲裁协议是当事人与仲裁员之间存在合同关系的基础,该协议是仲裁员权力的来源,贯穿仲裁始终,对仲裁的方方面面产生影响。

(三)特殊身份关系说

这一学说从仲裁员接受仲裁职权的角度出发阐述仲裁员与当事人之间的关系。一旦仲裁员接受委任裁判案件,就具有类似于法官的“准司法人员”身份,有权对争议案件进行裁判,公正行使其职责作出

---

〔4〕 See Ramón Mullerat, “The liability of Arbitrators: a survey of current practice”, in *International Bar Association Commission on Arbitration*, Chicago, 21 September 2006, p. 6.

〔5〕 例如,依苏格兰《仲裁法》规定,如果当事人因故无法完成仲裁员之指定,仲裁员人选则须由特设的仲裁员指定人代为指定。第 24 条对特设之仲裁员之指定人定义为由相关部会负责人命令授权为任命仲裁员之人。英国《1996 年仲裁法》第 18 条规定,由法院协助当事人完成指定的步骤。参见吴光明、俞鸿玲:《国际商务仲裁理论与发展》,台北,翰芦图书出版有限公司 2013 年版,第 113 页。

对案件有约束力的裁决。这种关系的存在具有一定的特殊性,仲裁员接收指定到其作出仲裁裁决的期间不能随意辞去职务,除非有特殊事由,不能让其他人代其行使职权,当事人如无达成合意不得随意撤换仲裁员。仲裁员所具有的裁判案件的身份具有不可替代性、持续性和期限性。特定身份关系说认为,一旦仲裁员接受当事人的选任,就享有裁判当事人之间争议的职权,如无特殊理由,该项职权一直持续到作出仲裁裁决之日。因此,仲裁员之地位似具有某种程度之"持续性身份"(permanent status)。由于仲裁员的身份,且基于公序良俗之理由,应将某些权利赋予仲裁员,并对之课以某种义务。[6] 这一学说主张仲裁员的特殊身份,但不能明确仲裁员与当事人之间的权利义务关系。

分析上述3种学说,准合同说认为,仲裁员与当事人之间不存在真正形式的合同的说法并不能成立。有些国家相关仲裁法律或机构的仲裁规则规定,当事人可以就仲裁员的指定方式进行约定,如法国《民事诉讼法典》[7]明确规定仲裁协议中应包含仲裁员的指定方式。准合同说主要是为了说明当事人向仲裁员支付费用的关系,并不能说明其他关系。并且,在英美法上准合同的产生条件是基于一方明知可以获得对方给予的某种利益之时,期望可以在不提供对方相应偿付的前提下获得该利益。因此,该关系实际上等同于不当得利这一制度的不同表述,而不是对合同形式问题的阐明。[8] 特殊身份关系说不能说明仲裁员的权力来源,不能阐明仲裁员与当事人之间存在何种法律关系。这两种学说都不能明确仲裁员与当事人之间存在的关系,相比之下,合同关系说比较符合实际的情况。仲裁既具有契约性,又具有

---

〔6〕 参见吴光明:《商事争议之仲裁》,台北,五南图书出版股份有限公司2005年版,第21页。

〔7〕 法国《民事诉讼法典》(2011年)第1443条规定:仲裁协议应当指定,包括通过援引仲裁规则的方式,仲裁员或规定仲裁员的指定程序。否则,应适用第1451~1454条。

〔8〕 参见郭寿康、赵秀文主编:《国际经济贸易仲裁法》,中国法制出版社1995年版,第88页。

准司法性,仲裁员与当事人之间的关系虽可界定为合同关系,但这一关系比较特殊,毕竟仲裁员裁判案件的目的具有一定的公益性。因此,这类合同是一种自成一格的合同,这一主张具有一定的合理性。

二、仲裁员与当事人之间合同关系内涵界定

大多数学者认为,仲裁员和争议当事人之间的关系具有合同性质。〔9〕

其一,仲裁员与当事人之间存在合同关系,这一关系明确了双方具有的权利和承担的义务。通过当事人对仲裁员进行直接指定,或者通过其他方法对仲裁员进行间接指定,不管是哪种方法,都取得了当事人明示或默示的同意。当事人将争议提交仲裁的意愿就已同意授权仲裁员裁判争议,仲裁员候选人一旦接受委任担任仲裁员,就缔结了合同,在仲裁员和当事人之间产生了权利和义务关系。〔10〕这一权利和义务关系贯穿于整个仲裁程序,通常结束于仲裁裁决作出之时。裁决作出之后,仲裁员完成了仲裁职责。该合同的期限在特殊情况下可以延长,以使仲裁员有时间解释或更正裁决中的笔误;该合同期限也可以被缩短,或者是因为双方决定不再继续仲裁程序(如通过达成和解),或者是有关仲裁员自身的原因(如死亡、丧失行为能力、辞职、异议或移除)。〔11〕瑞典等国家的法律认可仲裁员与当事人之间以默示方式成立合同。另外,独任仲裁员或首席仲裁员的选定也体现了当事人的合意——直接或间接。还有些国家法律规定仲裁员要明确表明其接受任命的意思表示,如荷兰《民事诉讼法典》(仲裁编)第1029

---

〔9〕 See Murray L. Smith, "Contractual Obligations Owed by and to Arbitrators: Model Terms of Appointment", *Arbitration International*, Vol. 8, 1992, p. 17.

〔10〕 See Matthew Rasmussen, "Overextending Immunity: Arbitral Institutional Liability in the United States, England, and France", *Fordham International Law Journal*, Vol. 26, 2003, p. 1867.

〔11〕 See Emmanuel Gaillard, John Savage eds., *Fouchard Gaillard Goldman on International Commercial Arbitration*, Kluwer Law International, 1999, p. 601.

条第1款规定仲裁员应以书面接受委任，即仲裁候选人接受仲裁员任命时须提交书面形式的文件。法国《民事诉讼法典》[12]也规定：仲裁庭直到仲裁员接受任命之后才组成。阿根廷《民事诉讼法典》规定[13]仲裁员接受任命之后需作出承诺。

其二，仲裁员裁判案件时确实具有作为"私人法官"的地位，因为为了使法院承认他们拥有司法权并执行他们作出的决定，仲裁员必须具备这种"地位"，但这并不排除仲裁员与当事人之间关系的契约性质。不过，这种契约关系具有一定的特殊性，因为基于仲裁的准司法性，仲裁员为当事人服务的内容是公平仲裁案件并有权收取仲裁费用，仲裁员行使仲裁职责时还须遵守仲裁地法的强行规则。当事人一旦同意支付仲裁员的费用，就对仲裁员施加了按照约定履行职责的义务，可以说仲裁员与当事人之间的合同涉及一种互惠的行为，当事人期望仲裁员适当履行其承担的职责，仲裁员期望履行完毕之后获取其应得的报酬。[14]

其三，仲裁员的权力源自当事人之间存在的仲裁协议。这意味着，如果仲裁员存有违约行为，当事人可提起相应的救济，即针对仲裁员的轻微违约行为，当事人可以共同商议撤换该仲裁员。[15] 如果仲裁员存有严重违约行为，当事人可以解除合同，终止仲裁，但如果当事人在仲裁裁决作出之后发现仲裁员存有重大违约行为，那么，当事人可以行使向法院申请撤销仲裁裁决。仲裁员在裁判当事人之间的争议时，既具有"法官"的准司法身份，又需根据约定提供相应的法律服务，一旦存有不当行为，当事人为维护其合法权益提起相应的法律救

---

〔12〕 参见法国《民事诉讼法典》第1456条规定：仲裁庭的组成在仲裁员接受委任时完成。自该日期始，仲裁庭受理争议。

〔13〕 参见阿根廷《民事诉讼法典》第744条规定：就仲裁条款达成协议后，应将协议通知仲裁员，仲裁员应在法院书记官前接受指定，并宣誓忠诚履行职责。

〔14〕 See J. Gordley, *The Foundations of Private Law*, Oxford University Press, 2006, p. 368.

〔15〕 See Dario Alessi, "Enforcing Arbitrator's Obligations: Rethinking International Commercial Arbitrators' Liability", *Journal of International Arbitration*, Vol. 31, 2014, p. 778.

济。一般而言,仲裁员与当事人之间存在的这一特殊合同关系不仅受到当事人之间约定的约束,而且受相关国际条约、仲裁地法律、仲裁机构仲裁规则的调整。

第二节　仲裁员与仲裁机构的关系

一、仲裁机构的职能

目前,仲裁机构的设立范围比较广泛,至今已有 100 多个国家和地区设立了商事仲裁机构,既有国际性、区域性的仲裁机构,也有国别性、行业性的仲裁机构。各个仲裁机构都有自己固定的办公场所,有一批固定的行政管理人员,有自己的名称,制定自己的仲裁规则,并聘任一批有资质的仲裁员。仲裁机构本身并不具体负责处理某一仲裁案件,主要对提交仲裁的案件实施行政管理,并对仲裁员在行使仲裁权的过程中提供程序性的服务,如送达相关文件、保存证据资料。仲裁机构一般都会颁布与该机构有关的一些规范性文件,如章程、仲裁规则、仲裁员行为守则,主要保障其制定的仲裁规则能得以遵守和实施,不能对争议进行审理,更不能裁决争议。一般而言,大多数国家法律都赋予仲裁机构法人资格,其能以自己的名义提起诉讼和被诉。比较著名的仲裁机构有:巴黎国际商会仲裁院(International Court of Arbitration,ICC)、斯德哥尔摩商会仲裁院(Arbitration Institute of Stockholm Chamber of Commerce,SCC)、伦敦国际仲裁院(London Court of International Arbitration,LCIA)、新加坡国际仲裁中心(Singapore International Arbitration Centre,SIAC)、中国国际经济贸易仲裁委员会(China International Economic and Trade Arbitration Commission,CIETAC)等。虽然各个仲裁机构承担的具体职责方面稍有差别,但一般都需具有以下几个方面的职能:

(一)制定机构的仲裁规则

仲裁机构既可以专门制定一套该机构适用的仲裁规则,也可以采取国际上比较知名的仲裁规则。[16] 仲裁规则一般规定仲裁程序性问题，包括申请仲裁的条件、仲裁庭的组成方式、仲裁开庭审理的流程、案件审理时限。一般而言，当事人选择在哪个仲裁机构进行仲裁，如无特别约定，通常会适用该机构的仲裁规则。[17]

近十几年来，国际上一些比较知名的仲裁机构根据国际仲裁实践的发展，积极修订该机构的仲裁规则，并且，一些主要的仲裁机构之间相互借鉴比较先进的规定，力争提高该机构的国际知名度。最具代表性的属联合国国际贸易法委员会（United Nations Commission on International Trade Law，UNCITRAL）《仲裁规则》，该规则在当时比较具有吸引力，曾为许多仲裁机构所借鉴。但随着国际仲裁实践的发展，1976 年 UNCITRAL《仲裁规则》中的有些规定明显落伍，为了与时俱进，联合国国际贸易法委员会于 2010 年对该规则进行了修订，此次修订考虑了国际仲裁实践中出现的一些新问题，[18] 再次提升该规则的国际影响力。因此，要成为国际上知名的仲裁机构需要不断地跟进国际仲裁实践的发展，否则，可能会错过发展时机。[19] 仲裁机构应跟随国际仲裁实践的发展不断修订其仲裁规则，吸引更多的案件在其处

---

〔16〕 具有参考性的仲裁规则属《联合国国际贸易法委员会制定的仲裁规则》，它是各国仲裁机构可以直接选用的仲裁规则，该规则于 1976 年由第 31 届联合国大会正式通过，2010 年进行了修订。

〔17〕 参见逯宇铎、张建东、周会斌、孙开功编著：《国际贸易》，清华大学出版社、北京交通大学出版社 2006 年版，第 358 页。

〔18〕 1976 年《联合国国际贸易法委员会仲裁规则》（以下简称 UNCITRAL《仲裁规则》）历经 4 年的修订，其新规则于 2010 年 8 月 15 日生效。《仲裁规则》在 2010 年进行修订的主要事项集中在两个方面：其一，是对过去几十年仲裁制度的发展和仲裁实践的总结，所涉及的背景就是科学技术的发展，网络技术的广泛运用。例如，关于电子通信问题，2010 年 UNCITRAL《仲裁规则》规定，通知可通过任何能够提供或容许传输记录的通信手段进行传输，使用传真或电子邮件等电子方式的，只能将通知递送到一方当事人为通知的目的专门指定或者仲裁庭已为通知的目的同意指定的地址。其二，是为提高效率所作出的修订，主要包括要求申请人早期提交书状、限定提出回避的时间、限定当事人在替代仲裁员中的权利滥用以及明确将效率作为指导仲裁程序的原则等。参见余诚：《〈联合国贸易法委员会仲裁规则〉背景与探析——兼及对贸仲规则的启示》，载《中国仲裁暨 2011 年年会论文集》，第 232～241 页。

〔19〕 参见宋连斌：《中国仲裁的国际化、本土化与民间化——基于 2004 年〈北京仲裁委员会仲裁规则〉的个案研究》，载《暨南学报》（哲学社会科学版）2006 年第 5 期。

受理,力争稳固其仲裁地位。

(二)决定是否接受当事人提出的仲裁申请

各仲裁机构都设有专门的办事机构,如ICC的秘书处、LCIA的登记处、AAA的秘书处、CIETAC秘书局,这些办事机构负责受理当事人向各有关仲裁机构提交的仲裁申请,大多数仲裁机构的仲裁规则规定,仲裁机构可以对仲裁协议的范围或有效性进行初步评估。[20] 在仲裁实践中,仲裁机构一般会例行审查争议双方是否达成用仲裁解决其争议的意愿,这样做的目的是仲裁机构可以以此来判断是否可以组建仲裁庭来审理案件。一般而言,大多数仲裁机构通常在受理仲裁请求之前确信当事人之间存在一个初步的仲裁协议,对仲裁管辖进行初步审查。若仲裁机构经审查认为对争议有管辖权,就予以受理,向当事人收取相关的仲裁费用;若该机构初步审查没有发现仲裁协议,就可能拒绝受理当事人申请仲裁的请求。

仲裁机构对当事人之间仲裁协议的初步判断和审查也会影响仲裁庭的管辖权。如果仲裁机构受理了仲裁请求,但一方当事人在仲裁过程中提出管辖权异议,对此,大多数仲裁机构的仲裁规则规定,仲裁庭有对管辖权异议的自裁管辖权。[21] 不过,一旦仲裁机构决定拒绝受理当事人的仲裁申请,那么,它将不会为当事人组建仲裁庭对争议

---

〔20〕 例如,参见ICC《仲裁规则》(2012年)第6条第4款规定:对于根据第6条第3款提交仲裁院决定的所有案件,仲裁院应就仲裁是否继续进行以及应在何等范围内继续进行作出决定。如果仲裁院基于表面所见,认为一个仲裁规则要求的仲裁协议可能存在,则仲裁应继续进行。SCC《仲裁规则》(2010年)第9条规定:如有必要,理事会应当:(i)根据第10(i)条决定仲裁院是否对争议显然缺乏管辖权;(ii)根据第11条决定是否合并审理;(iii)根据第12条决定仲裁员人数;(iv)根据第13条指定仲裁员;(v)根据第20条决定仲裁地;(vi)根据第45条确定预付费用。

〔21〕 20世纪80年代以后,仲裁庭自裁管辖权原则已经得到许多国家的立法与学说的接受,例如,法国、德国、英国、希腊、意大利等国家的仲裁立法正式接受了这一理念,《示范法》第16条第1款在规定仲裁庭的管辖权问题时,也明确授予仲裁庭可以对其自己的管辖权包括对仲裁协议的存在或效力的任何意义作出裁定的权力。该原则目前被大多数国家所接受。参见彭丽明:《仲裁庭自裁管辖权原则及其在我国的确立》,载《人民法院报》2004年9月29日,理论版。

问题进行仲裁。因此,仲裁机构对仲裁庭管辖权的初步审查对决定是否启动仲裁程序存在一定的影响。

(三)协助当事人组成仲裁庭

仲裁机构重要的职能是协助当事人组成裁判争议的仲裁庭。如果当事人在仲裁规则规定的期限内未能指定仲裁员,那么,按照大多数仲裁机构仲裁规则的规定,此时应由仲裁机构进行指定。例如,ICC《仲裁规则》(2012 年)、[22] 香港国际仲裁中心(HongKong International Arbitration Center,HKIAC)《仲裁规则》(2013 年)[23] 就对仲裁庭的组成作出了详细的规定。

有些仲裁机构备有仲裁员名单或名册,[24] 一般会在仲裁员的名字后面备注该名仲裁员的专业特长,方便当事人根据争议的性质和特点进行指定。仲裁机构通常会将各领域的相关专家、学者纳入仲裁员名单中,并涵盖不同国家,可以为当事人提供比较广泛的选择。例如,CIETAC 提供的仲裁员名册涵盖的范围很广,包括相关领域的中外专

---

〔22〕 ICC《仲裁规则》(2012 年)第 12 条第 2 款规定:当事人没有约定仲裁员人数的,仲裁院应任命 1 名独任仲裁员,除非仲裁院认为案件争议需要指定 3 名仲裁员。在后一种情况下,申请人应在收到仲裁院上述决定的通知之日起 15 日内提名 1 名仲裁员,被申请人应在收到申请人提名仲裁员的通知之日起 15 日内提名另 1 名仲裁员。当事人未提名仲裁员的,由仲裁院任命。第 3 款规定:如果当事人约定由 1 名独任仲裁员解决争议,他们可以协议提名独任仲裁员供仲裁院确认。如果他们在申请人的仲裁申请书为对方当事人收到之日起 30 日内,或在秘书处许可的延长期内,未能提名 1 名独任仲裁员,仲裁院将任命 1 名独任仲裁员处理案件。

〔23〕 HKIAC《仲裁规则》(2013 年)第 7 条第 2 款规定:若当事人未在适用的期限内提名独任仲裁员,则由中国香港国际仲裁中心指定。第 8 条第 1 款规定:若两个当事人间的争议提交 3 位仲裁员,则除非当事人另有约定,仲裁庭应按以下方式组成:(a)若当事人约定将争议提交 3 位仲裁员,则双方当事人应各自在仲裁通知和对仲裁通知的答复中提名 1 名仲裁员。若一方未提名,则由中国香港国际仲裁中心指定;(b)若当事人未约定仲裁员人数,而中国香港国际仲裁中心决定争议应提交 3 位仲裁员,则申请人应在收到中国香港国际仲裁中心的决定后 15 日内提名 1 位仲裁员,被申请人应在收到申请人提名仲裁员的通知后 15 日内提名 1 位仲裁员。若一方未提名,则由中国香港国际仲裁中心指定;(c)按上述方式产生的 2 位仲裁员应提名第三位仲裁员出任仲裁庭的首席仲裁员。若未能在第二位仲裁员被确认后 30 日内提名,则由中国香港国际仲裁中心指定。

〔24〕 例如,AAA、CIETAC、LICA、SIAC、SCC 等仲裁机构都备有供当事人选择的仲裁员名册。

业人士;[25]LCIA 设立了“伦敦国际仲裁员名单”,包括来自 30 多个国家相关领域的专业人士并且仲裁经验丰富;AAA 提供的仲裁员和调解员名单均为有关国家的知名学者和专家,人数有数万人之多。

(四)决定对仲裁员的异议和指定替代仲裁员

大多数仲裁规则规定,仲裁机构有权依据其仲裁规则对仲裁程序中针对仲裁员的异议申请作出决定。有些仲裁规则规定,仲裁机构作出的异议决定是终局的。[26] 当仲裁机构对当事人提起的关于仲裁员的异议进行审查时,仲裁程序继续进行。如果有异议的当事人不服该机构的决定,其不能因为仲裁机构未能支持其提出的对仲裁员的异议请求而起诉该机构,因为该机构的职能主要是行政性的。如果仲裁机构支持当事人提起的针对仲裁员的一项异议时,就会撤销该名仲裁员的委任,进而指定一名替代的仲裁员或重复之前的指定程序。当仲裁员辞职时,或者当他已不能继续完成其仲裁职责或死亡时,仲裁机构也会指定替代的仲裁员。例如,LCIA《仲裁规则》(2014 年)第 10 条[27]、ICC《仲裁规则》(2012 年)第 15 条、AAA《仲裁规则》(2000 年)第 10 条和第 11 条、CIETAC《仲裁规则》(2015 年)第 33 条均有类似的规定。

而有一些仲裁机构的仲裁规则规定,缺员仲裁庭可以以其缺员的形式继续进行仲裁程序并作出最后的裁决。例如,ICC《仲裁规则》(2012 年)第 15 条第 5 款[28]和 UNCITRAL《仲裁规则》(2010 年)第

---

〔25〕 其中,外籍仲裁员分别来自英国、德国、荷兰、意大利、美国、加拿大、埃及、西班牙、马来西亚、泰国、新加坡、尼日利亚、日本和我国香港地区等 30 个国家和地区。

〔26〕 例如,ICC《仲裁规则》(2012 年)第 11 条第 4 款规定:仲裁院关于仲裁员任命、确认、回避或替换的决定均为终局决定并不须披露理由。

〔27〕 LCIA《仲裁规则》(2014 年)第 10 条规定:如果仲裁员故意违背仲裁协议或应当适用的仲裁规则,无故拖延仲裁程序,或者存在对某一仲裁员的公正性和独立性产生正当怀疑的情况,仲裁院有权作出撤回对该仲裁员的指定或要求其回避的规定。

〔28〕 ICC《仲裁规则》(2012 年)第 15 条第 5 款规定:程序终结后,仲裁院在其认为适当的情形下可以决定对死亡的仲裁员或根据第 15 条第 1 款或第 15 条第 2 款免职的仲裁员不进行替换,而由余下的仲裁员继续仲裁。作出该决定时,仲裁院应考虑余下的仲裁员和各当事人的意见以及其认为适当的其他因素。

14 条第 2 款[29]就对缺员仲裁庭的适用持有谨慎态度,并对缺员仲裁庭的适用附加了较为苛刻的条件。ICC《仲裁规则》被认为是严格条件的主要代表,而有些仲裁机构的规则对缺员仲裁庭的适用持较为开放和乐观的态度,仅对缺员仲裁庭的适用规定了有限条件。[30] 例如,AAA《仲裁规则》(2000 年修订)第 19 条第 2 款[31]和 LCIA《仲裁规则》(2014 年)第 12 条第 1 款[32]的规定。

(五)收取费用和保存裁决

仲裁机构大都以自己认可的适当方式向当事人收取仲裁费用,收取的费用包括支付给仲裁员的费用和自己提供服务的费用,仲裁机构会将这两者的费用比率进行固定。[33] 基于仲裁机构是民间性机构,向当事人收取仲裁费用是维护机构管理工作正常运转的需要。各机构一般会在网站上公布仲裁的成本,并且,现在大多数仲裁机构会在其网站上提供一个电子计算器,指导当事人如何计算仲裁成本。[34] 具体而言,仲裁机构的收费方式有两种:集中收费方式,和分项收费方式。集中收费方式,是指仲裁机构向当事人收取的仲裁费用中包括了仲裁机构案件管理费、仲裁进行过程中存在的开支、仲裁员应获的报

---

〔29〕 UNCITRAL《仲裁规则》(2010 年)第 14 条第 2 款定:经一方当事人请求,如果指定机构确定,鉴于案情特殊,有理由取消一方当事人指定替代仲裁员的权利,在给予各方当事人和其余仲裁员发表意见的机会之后,指定机构可以:(a)指定替代仲裁员;(b)在审理终结后,授权其他仲裁员继续进行仲裁并作出决定或裁决。

〔30〕 参见马占军:《缺员仲裁法律制度的修改与完善》,载《法学论坛》2015 年第 4 期。

〔31〕 例如,AAA《仲裁规则》(2000 年修订)第 19 条第 2 款规定:如果仲裁庭的一名中立仲裁员在庭审开始以后缺席,则另外两名仲裁员应有权自行继续仲裁和作出决定、裁定或者裁决。

〔32〕 LCIA《仲裁规则》(2014 年)第 12 条第 1 款规定:如果三人仲裁庭中的某一仲裁员拒绝或一直未能参与合议,另外两名仲裁员在书面通知仲裁院、当事人和该仲裁员此种情形之后,有权在该仲裁员缺席的情况下继续进行仲裁(包括作出决定、裁定或裁决)。

〔33〕 例如,ICC《仲裁规则》(2012 年)第 36 条规定;SIAC《仲裁规则》(2013 年)第 31 条规定;CIETAC《仲裁规则》(2015 年)第 82 条规定。

〔34〕 例如,ICC 就在其网站上提供了仲裁费用的计算工具,载 http://www.iccwbo.org/products-and-services/arbitration-and-adr/arbitration/cost-and-payment/cost-calculator/, 最后访问日期:2016 年 11 月 6 日。

酬。采取这种方式收费的有俄罗斯、蒙古、中国等国家的仲裁机构。分项收费方式,是指仲裁机构针对不同的开支向当事人收取仲裁费用,包括机构的管理费、仲裁员报酬。当前多数仲裁机构采取这种方式向当事人收取费用,如ICC、LCIA、SCC、AAA。

在仲裁员作出仲裁裁决之后,仲裁机构须负责通知当事人仲裁裁决已经作出的事实,当事人或其代理人负责把裁决书领走,各机构还负有将各案件的仲裁裁决予以保管的职能。目前,有两种仲裁裁决的生效方式:一是自作出仲裁裁决之日起生效,如法国法律规定,即仲裁裁决一经作出,就对所裁决的请求有既判效力;二是自仲裁裁决书通知当事人之日起生效,如瑞士法律就规定仲裁裁决自通知当事人之日起生效。〔35〕 我国法律规定仲裁裁决书自作出之日起发生法律效力。有些国家采用第二种方式,那么,仲裁机构就要承担及时通知当事人仲裁裁决书已经作出的事实。仲裁裁决书的一旦生效就对当事人产生影响,大多数国家的法律规定仲裁裁决的效力是终局的。还有一些机构规定若取得争议当事人的同意将公布仲裁裁决。

仲裁机构除了以上几项基本职能之外,有些仲裁机构的仲裁规则还规定了一些其他职能。例如,对当事人针对仲裁员的异议进行审理、决定仲裁员是否回避、对仲裁员作出的仲裁裁决书草案进行审查。

二、仲裁员与仲裁机构关系的理论

在机构仲裁中,仲裁机构一般会对仲裁程序进行组织、管理和监督。当前,学者们对仲裁员与仲裁机构之间的关系界定上存在

〔35〕 参见王玲、郑敏编著:《国际商法》,清华大学出版社、北京交通大学出版社2004年版,第197页。

分歧,[36]主要有两种观点:一种观点认为,仲裁机构与仲裁员之间不存在合同关系,类似于代理人与第三人之间的关系;另一种观点认为,仲裁机构与仲裁员在仲裁过程中存在合同关系。

(一)仲裁机构与仲裁员为代理人与第三人的关系

将仲裁机构与仲裁员的关系认为是代理人与第三人的观点仅将仲裁机构作为当事人的代理人,主要是从仲裁机构与当事人之间存在代理关系这一视角出发的。例如,根据法国法律,当事人与仲裁机构之间的关系类似于代理,该机构负责代表各方当事人执行各种行为。然而,它也相当于一个提供服务的合同,因为该机构还承诺履行在其规则中列举的各种任务和当事人约定的任务。例如,法国巴黎一审法院审判一起案件时认为,既然当事人选择巴黎的仲裁机构解决他们之间的争议,并同意按照该机构的仲裁规则进行仲裁程序,从而赋予该机构按照这些规则组织仲裁程序,以及解决任何可能出现的困难,但并没有授权该机构单独干涉仲裁员的司法功能。为此,法院认为,仲裁机构与仲裁员之间类似于代理关系。[37] 在当事人未能在既定期限内选定仲裁员时,仲裁机构可代当事人选任仲裁员,并且,当事人在仲裁过程中针对仲裁员提出异议,若仲裁机构审查异议成立,还是由当事人来更换仲裁员继续进行仲裁程序,因此,仲裁机构与仲裁员之间不存在直接的合同关系。对于仲裁机构而言,仲裁员仅是第三人而已。目前,随着机构仲裁不断地发展,世界各地大都设立了仲裁机构,

---

〔36〕 仲裁员是由仲裁机构选聘的,参与仲裁时,能否视为仲裁机构的工作人员呢?仲裁机构选聘了仲裁员,是否意味着二者存在某种委托或劳务关系呢?对于这些分歧,绝大多数的仲裁员是能够作出正确判断的,仲裁员不是仲裁机构工作人员。但是,无论何种身份(有的是学者专家、有的是离退的法官检察官、有的是执业律师、有的是一般的公务人员)的仲裁员,一旦参与案件的仲裁,就必须受仲裁机构仲裁规则和针对仲裁员所制定的特定的行为规范约束。仲裁员违反了仲裁规则和特定的行为规范,就有可能遭到解聘,情节严重的,需要承担相应的法律责任。参见马启贵:《仲裁员参与仲裁需要把握的几个关系》,载 http://stzc.shantou.gov.cn/html/theory/184.html,最后访问日期:2016 年 12 月 6 日。

〔37〕 See Emmanuel Gaillard, John Savage eds., *Fouchard Gaillard Goldman on International Commercial Arbitration*, Kluwer Law International, 1999, p. 602.

处理绝大多数的商事纠纷。并且,仲裁机构在整个仲裁程序的进行过程中,不仅涉及仲裁员的相关任命、确认等事项,还享有对仲裁程序的组织、管理和监督的权力,而当事人是无权行使这些权力的。例如,法国法院认为仲裁机构监督仲裁程序,瑞士法院认为他们管理程序,那么,在此过程中,它必然与当事人、仲裁员发生一系列的联系,而且在仲裁实践中,仲裁机构也享有类似于法官的司法豁免权。

(二)合同关系

有些人将仲裁机构确认当事人对仲裁员的指定或直接指定仲裁员的行为视为一项要约,仲裁员接受指定的行为构成承诺,因而,认为仲裁员与仲裁机构之间形成了合同关系。

首先,仲裁机构一般都会备有一份与当事人和仲裁员签订的格式合同,一旦仲裁机构确认受理当事人的仲裁请求,仲裁机构和当事人之间形成一个初始合同。由此,仲裁机构发出组建仲裁庭的通知。当仲裁机构确认当事人对仲裁员的指定或直接指定仲裁员时,会对该名仲裁员送达确认任命或任命的通知,并附上该机构的仲裁规则、仲裁员守则等资料,告知该仲裁员进行仲裁程序时享有的权力和承担的义务,从合同形成的角度来讲,这是要约;当仲裁员收到仲裁机构寄送的任命通知和资料时,通过查看里面的内容而未对此表示异议,这时应认定仲裁员对仲裁机构发出的要约默示作出了承诺。因此,仲裁机构和仲裁员之间的合同成立。

其次,仲裁员和仲裁机构之间的合同涉及仲裁员承诺按照该机构的仲裁规则或接受机构的管理进行仲裁。机构承诺按照其规则的规定监督当事人支付相应的费用和开支,如果当事人选用该机构的仲裁规则进行仲裁程序,则机构还须对仲裁员进行仲裁程序的活动进行监督。[38] 机构仲裁规则一旦纳入当事人的仲裁协议之中,这些规则便

---

〔38〕 See ICC, "Final Report on the Status of the Arbitrator", *ICC Ct. Bull.* Vol. 7(1), 1996, pp. 27, 29.

会影响仲裁员的权利(如仲裁员的报酬和仲裁的时间表)与一定的权力(如命令申请人提供仲裁费用担保),并规定仲裁员的义务(如向仲裁机构提出裁决书草案进行审议或披露影响仲裁员独立性和公平性的利益冲突)。大多数机构仲裁规则专门规定了该机构的权利、义务和保护当事人的条款,特别是详细说明了其有权对其提供的行政服务收取一定的费用,[39] 以及在某些情况下享有豁免。[40] 一般而言,仲裁机构根据其机构仲裁规则行使其管理职能,如任命、替换或撤除仲裁员,处理当事人提出的针对仲裁员的异议,处理仲裁费,审查裁决书草案,以及监督和管理各种与仲裁程序相关的问题,如提供听力设备、延长仲裁程序进行的时间、协助沟通。[41]

最后,仲裁机构的介入不会引起当事人和仲裁员之间合同关系的消失,整体上的仲裁员和当事人之间的合同关系保持不变。仲裁员在仲裁案件过程中虽然具有一定的"司法人员"身份,但他们行使权利和履行义务的方式受到仲裁机构和其仲裁规则的影响。[42]

分析上述两种学说,大多数学者都认为,仲裁机构与仲裁员之间存在合同关系。不过,这种合同关系具有一定的特殊性,是以默示方式形成的合同。合同的目的也具有一定的特殊性,是基于仲裁的公益性,仲裁员和仲裁机构都不是为了自身利益来履行合同,他们履行合同的目的是期望能用仲裁这一方式公平、公正地解决当事人的争议。仲裁机构、仲裁员可能对未能履行自己的合同义务承担责任,但大多数的法律制度给予他们准司法豁免权,并且,有些仲裁机构通过在自

---

[39] ICC《仲裁规则》(2012 年)第 36 条;LCIA《仲裁规则》(2014 年)第 28 条;SCC《仲裁规则》(2010 年)附录 III;SIAC《仲裁规则》(2013 年)第 30(1)条。

[40] ICC《仲裁规则》(2012 年)第 40 条;ICDR《仲裁规则》第 35 条;LCIA《仲裁规则》第 31 条;DIS 规则第 44(2)条;SCC《仲裁规则》(2010 年)第 48 条;VIAC 仲裁规则(2013 年)第 46 条。

[41] See Gary B. Born, *International Commercial Arbitration*, 2nd edition, Kluwer Law International, 2014, p. 1984.

[42] ICC Commission on International Arbitration, "Defining a Status for International Arbitrators: Elementary Principles", *ICC Bulletin*, Vol. 7, No. 1, 1996, p. 29.

己的仲裁规则[43]中规定除外责任条款进一步保护自己。最典型的代表为 ICC,其仲裁规则就规定了机构的免责。[44]

第三节 仲裁员的独立性与公正性

一、概述

仲裁员必须是独立和公正的,这一原则目前在国际仲裁中被普遍接受,大多数国家的法律、国际条约和机构仲裁规则都规定仲裁员必须是独立和公正的。[45] 1975 年"独立的"术语首次在 ICC 仲裁规则被提及,不过只和共同仲裁员有关。后来,1980 年 ICC《仲裁规则》将独立扩展至对独任仲裁员和仲裁庭主席的要求。此后,这个要求进而在 ICC《仲裁规则》(1988 年)第 2 条第(7)款中被提及,规定每位任命或经法院确认的仲裁员必须保持独立,不依赖于参与仲裁的当事人。这一规定一直沿用至 ICC《仲裁规则》(2012 年)中,成为一个明确约束仲裁员的保证。基于仲裁员保持独立,仲裁员被认为是公正的,而仲裁员与当事人之间存在依赖关系被认为会导致仲裁员对当事人存有偏袒。[46]

---

〔43〕 See Art. 35 of the 1997 AAA International Arbitration Rules; Art. 31 of the 1998 LCIA Arbitration Rules.

〔44〕 ICC《仲裁规则》(2012 年)第 40 条规定:仲裁员、仲裁庭任命的任何人士、紧急仲裁员、仲裁院及其成员、国际商会及其职员和国际商会国家委员会和小组及其职员和代表,不因与仲裁有关的任何作为或不作为对任何人承担责任,除非适用法律禁止本项责任限制。

〔45〕 For a collection of articles on this issue, see "The Arbitral Process and the Independence of Arbitrators", ICC Publication No. 472, 1991. See also Aldo Berlinguer, "Impartiality and Independence of Arbitrators in International Practice", *American Review of International Arbitration*, Vol. 6, 1995, p. 339; Doak Bishop and Lucy Reed, "Practical Guidelines for Interviewing, Selecting and Challenging Party—Appointed Arbitrators in International Commercial Arbitration", *Arbitration International*, Vol. 14, 1998, p. 395.

〔46〕 Karin Calvo Goller, "The 2012 ICC Rules of Arbitration - An Accelerated Procedure and Substantial Changes", *Journal of International Arbitration*, 2012, Vol. 29, p. 337.

国际律师协会在1987年就通过了《国际仲裁员道德规则》,在其导言中就声明"国际仲裁员应公正,独立,能干,勤奋和谨慎",[47]并在基本规则中规定他们"应保持无偏见"。最重要的一点是,这些规则是针对所有仲裁员,无论他们是由当事人指定还是通过仲裁机构指定。IBA《国际仲裁员道德规则》的规定阐明了哪些属于仲裁员的基本职责,明确这些职责是为了确保仲裁程序是公平的,并且也满足了当事人用仲裁解决争议的传统期望。事实上,很少有人会反对仲裁员应公正、独立、能干、勤奋的这个理想。[48] 仲裁员必须居中进行裁判,这是仲裁应有之义,在仲裁过程中,仲裁员必须保持公正和独立。"独立"又称"不偏私"(impartiality),多数国家的仲裁立法将这一要求规定为仲裁员裁判案件时须遵守的基本原则。例如,著名的英国《1996年仲裁法》[49]开篇作了一条原则性规定,明确仲裁庭应公平、公正地解决争议,并在第33条详细规定了仲裁庭承担的公平、公正对待当事人的义务。立法者在法律中作如此规定,始终贯彻了仲裁员须负有保持公平、公正裁判案件的义务,不对任何当事人存有偏袒,这是实现公平裁决的一个前提,也是仲裁员须遵守的最基本的行为准则。

大多数仲裁规则中也针对仲裁员明确规定了公正和独立这两个要求,有些仲裁规则具体阐明了该义务,例如,伦敦国际仲裁庭

---

〔47〕 国际律师协会(IBA)1987年《国际仲裁员道德规则》已经由IBA《国际仲裁利益冲突指南》(于2004年5月22日批准)取代来处理相关事项,2004年IBA《指南》的序言中对此进行了阐明。然而,IBA《国际仲裁员道德规则》比该指南覆盖了更多的主题,因此,在《指南》没有包括的范围,道德规则依然有效。因为该指南仅涵盖仲裁员的公正性、独立性和披露问题,仲裁员的职责能力、勤奋和谨慎仍应当由道德规则来规定。See Otto L. O. de Witt Wijnen, Natalie Voser & Neomi Rao(for the Working Group), "Background Information on the IBA Guidelines on Conflicts of Interest in International Arbitration", avaliable at http://www.ibanet.org/images/downloads/_Background%20Information.pdf, visited on 1 Dec. 2016.

〔48〕 See Emmanuela Truli, "Liability v. Quasi-Judicial Immunity of the Arbitrator: the Case against Absolute Arbitral Immunity", *American Review of International Arbitration*, Vol. 17, 2006, p. 386.

〔49〕 英国《1996年仲裁法》在第1条规定的一般原则下用一款明确规定:仲裁之目的在于由公平的仲裁庭,在没有不必要的拖延和开支的情况下,使争议得以公正解决。

(LCIA)《仲裁规则》第5条第(2)款[50]规定仲裁员在裁判过程中必须始终保持公正和独立。仲裁员,无论是任命之前还是任命之后,不应向任何一方告知有关争端的是非曲直或结果。[51] 而有些仲裁规则采取一种比较间接的方法,规定如果当事人发现仲裁员存有缺乏独立性或公正性的情形,即可针对该名仲裁员提出异议。例如,《联合国国际贸易法委员会仲裁规则》(2010年修订)(以下简称UNCITRAL《仲裁规则》)[52]就专门规定,如果当事人对仲裁员的公正性或独立性产生了正当或合理的怀疑,可以针对该名仲裁员提出回避申请。[53]

二、公正性和独立性的内涵界定

若要全面界定仲裁员所需的独立性和公正性品质,是很难的。独立更多地表现为某类事实或法律规定的情形,可以进行客观的评判;而公正,很大程度上表现为一种精神上的状态,这必然是主观的。然而,鉴于在仲裁实践中几乎不可能提供关于公正的直接证明,所以仲裁员应至少被要求是独立的,独立更容易得到证明,能最大限度地保证仲裁员进行自由的裁量。[54]

(一)"公正"的内涵

公正本质上被认为是主观性的概念。虽然"公正"这一术语没有在1998年修订的ICC《仲裁规则》中明确提及,仅在第11条第1款中对仲裁员提出一个原则性的要求,即每位仲裁员在仲裁过程中必须对

---

〔50〕 LCIA《仲裁规则》第5条第(2)款规定:根据这些规则进行仲裁的所有仲裁员必须并保持在任何时候都公正和独立于当事人;并且没有人在仲裁中作为任何一方的拥护者。

〔51〕 See Julian D. M. Lew, Loukas A. Mistelis, Stefan Michael Kröll, *Comparative International Commercial Arbitration*, Kluwer Law International, 2003, p. 256.

〔52〕 UNCITRAL《仲裁规则》(2010年修订)第12条第(1)款规定:如果存在任何他人可能对仲裁员的公正性或独立性产生正当怀疑的情况,均可要求该仲裁员回避。

〔53〕 类似规定参见《示范法》第12条;德国《民事诉讼法典》第1036(2)条;俄罗斯《联邦国际商事仲裁法》第12(2)条;荷兰《民事诉讼法典》第1033(1)条。

〔54〕 See Emmanuel Gaillard, John Savage eds., *Fouchard Gaillard Goldman on International Commercial Arbitration*, Kluwer Law International 1999, p. 563.

各当事人保持中立和独立,并且 2012 年 ICC《仲裁规则》进行修订时也保留了这一规定,但这一规定暗含有仲裁员必须公正裁判案件,不允许对一方当事人存有偏袒。基于在实践中难以界定仲裁员的公正性,法院在处理针对仲裁员公正性的异议时,保持十分慎重的态度。例如,瑞士联邦法院在处理一起案件时就正确地指出,如果针对仲裁员的公正性的异议仅基于当事人一方的主观感觉,而不是客观的确凿事实以及一个有理性的人对不信任的正常反应,那么,该异议将被拒绝。[55]

基于 1985 年《示范法》第 12 条[56]的明确规定,如果当事人发现了仲裁员存在对其公正性或独立性产生正当怀疑的情形,那么,当事人可以此为由对其提出异议。因此,很多国家在修订关于仲裁的法律时遵循了这一规定,如荷兰《民事诉讼法典》[第 1033 条第(1)款]、突尼斯《仲裁法》(第 57 条)、德国《民事诉讼法典》(第 1036 条),以及比利时《司法法典》(第 1690 条第 1 款)。[57] 同样的趋势在仲裁机构修订其仲裁规则时出现,[58]大多数规则都采纳 UNCITRAL《仲裁规则》

---

〔55〕 May 11,1992,D. v. A. ,1992 BULL. ASA 381,392;1994 REV. SUISSE DR. INT. ET EUR. 117.

〔56〕 《示范法》第 12 条规定:提出异议的理由:(1)某人被询有关他可能被指定为仲裁员的事情时,他应将可能会对他的公正性或独立性引起正当的怀疑的任何情况说清楚。仲裁员从被指定之时起以至在整个仲裁程序进行期间,应不迟延地向当事各方说清楚任何这类情况,除非他已将这类情况告知当事各方。(2)只有存在对仲裁员的公正性或独立性引起正当的怀疑的情况或他不具备当事各方商定的资格时,才可以对仲裁员提出异议。当事一方只有根据作出指定之后才得知的理由才可以对他所指定的或他参加指定的仲裁员提出异议。

〔57〕 See Emmanuel Gaillard, John Savage eds. , *Fouchard Gaillard Goldman on International Commercial Arbitration*, Kluwer Law International, 1999, p. 562.

〔58〕 例如,AAA《仲裁规则》(2000 年)第 8. 1 条;SCC《仲裁规则》(2010 年)第 15. 1 条;LCIA《仲裁规则》(2014 年)第 10. 1 条;CIETAC《仲裁规则》(2015 年)第 32 条第 2 款,等等,均规定了只要存在对仲裁员的公正性或独立性产生正当怀疑的情况,一方当事人即可要求该仲裁员回避。

第6条[59]的规定,要求仲裁员保持公正性和独立性。

一般而言,公正要求仲裁员既不偏向一方当事人,也不对争论中的问题有倾向性。具体在实践中,如何对公正进行评判,难以用具体的标准进行证明,公正是一种主观性的精神表征,表现形式非常抽象。此外,值得一提的是,美国仲裁协会(AAA)和美国律师协会(ABA)共同制定了《商事争议中仲裁员道德准则》[60](以下简称《道德准则》),专门在序言中对中立做了说明。其指出《道德准则》推定所有的仲裁员都应保持中立,包括当事人选任的仲裁员,但同时指出一些在美国国内进行的仲裁程序,当事人对其选任的仲裁员期望该仲裁员并不那么中立,并遵从特殊的道德规范。[61] 因此,仲裁员保持公正必须与AAA《道德准则》中使用的仲裁员保持中立区分开来,但AAA的这一规定并不意味着那些仲裁员可以对一方当事人存有偏袒,只是意味着基于社会和文化背景,当事人任命的仲裁员可以对委任方当事人持有好感。不过,这一规定并不允许仲裁员对争议解决的结果带有倾向性,即缺乏中立性不应损害公正性。通常AAA《道德准则》中这一规定同样适用于仲裁员的国籍。尽管有一种看法认为,当事人一方与仲裁员具有相同国籍将会使仲裁员对一方当事人存有隐含的偏袒,但在仲裁实践中,仅是当事人一方和仲裁员拥有相同国籍的事实本身不应该影响仲裁员的公正性。并且在仲裁程序的进行过程中,仲裁员的国籍可能发挥重要的作用,即充任文化沟通的媒介而推进仲裁的顺利进行,方便查清案件事实,消除一定的语言障碍,从而便利仲裁庭进行合

---

〔59〕 UNCITRAL《仲裁规则》(2010年修订)第6条第7款规定:指定机构应注意到任何有可能保证指定独立、公正仲裁员的考虑,并应考虑到指定一名与各方当事人国籍不同的仲裁员的可取性。

〔60〕《道德准则》最初由美国仲裁协会的特别委员会与美国律师协会的特别委员会组成的联合委员会于1977年起草完成。2003年美国律师协会特别工作组和美国仲裁协会特别委员会重新予以修订,2004年3月1日生效。

〔61〕 参见AAA《道德准则》第10条规定。

议,最终作出仲裁裁决。对于仲裁员国籍,《示范法》[62]已经明确其不能成为限定仲裁员任职资格的一个条件,也不会是影响仲裁员公正裁判的一个因素。

(二)"独立"的内涵

独立要求在当事人和仲裁员之间不应存在可能影响仲裁员裁判自由的依赖关系。虽然为确保正义得到伸张公正性是必要的,但独立性也是必要的,可以确保正义有目共睹。[63]在法律制度中,无论是公正性还是独立性,其相关标准都是通过结合这两个概念的内涵进行解释。

从理论上讲,界定独立性标准在国内立法和仲裁规则中的规定大体上是一致的,通常要考虑可能存在的影响仲裁员独立性的因素。在仲裁实践中,仲裁机构在任命仲裁员时大都采用比较严格的标准,要求仲裁员履行披露义务,主动披露可能对案件产生影响的利益关系,并要求仲裁员进行主动回避的义务。仲裁员承担的这些义务可以适度保证其裁判案件具有的独立性。因为,一旦当事人在仲裁进行过程中,发现存在对仲裁员的独立性产生正当怀疑的理由,就会引发提起针对该名仲裁员的异议,从而会影响争议的顺利解决。因此,考虑到每一个针对仲裁员的异议会对仲裁产生破坏性的影响,仲裁机构通常在任命仲裁员时就对仲裁员的独立性作出严格要求,使仲裁过程中潜在的风险达到最小化,降低启动异议程序的风险。如果当事人在仲裁过程中对仲裁员的独立性提出异议,而且当事人挑战成功,则可能带来仲裁程序的重新启动。[64]

---

〔62〕《示范法》第11条规定:任何人不得因他的国籍排除担任仲裁员,除非当事人另有约定。这一规定表明国籍本身并不作为影响仲裁员公正性的一个因素。

〔63〕See Solhchi, "The Validity of Truncated Tribunal Proceedings and Awards", *Arbitration International*, Vol. 9, 1993, p. 313.

〔64〕See Julian D. M. Lew, Loukas A. Mistelis, Stefan Michael Kröll, *Comparative International Commercial Arbitration*, Kluwer Law International, 2003, p. 260.

大多数国家的法律在界定仲裁员独立性的内涵时,通常在对公正仲裁产生影响的具体情形予以体现。例如,瑞典《1999 年仲裁法》第 8 条[65]明确规定,仲裁员应当公正,并详细列举了当事人在仲裁过程中可能会对仲裁员的公正性产生合理怀疑的具体情形。虽然该条的表述中没有采用等同于"独立"的措辞,但结合仲裁实践来看,如果对仲裁员的公正性产生了合理怀疑,那么,由于公正与独立两者是相互联系的,仲裁员又如何能做到独立裁判案件。因为,理想的中立人士应该是独立的、无偏见的,并具备必要的法律及/或技术专业知识和处理类似案件的经验。仲裁员应该具有说服力,可以高效裁判案件,而且,最重要的是得到当事人的信任和尊重。[66]

另外,考察一些国家关于仲裁员的判例,法院也会重视仲裁员的独立性这一因素。例如,法国法院的法官在裁判案件[67]时会对仲裁员独立性进行界定,并在实践中采纳仲裁员所要求的独立性的定义。即仲裁员的独立性对他的司法角色是至关重要的,一旦仲裁员接受委

---

〔65〕 瑞典《1999 年仲裁法》第 8 条规定:仲裁员应当公正。经一方当事人申请,如存在对仲裁员公正性缺乏信任的情形,则该仲裁员应被免职。这样的情形应视为业已存在,如果:(1)仲裁员或与其有密切关联关系的人是争议一方,或预期会从争议结果中受益或受损;(2)仲裁员或与其有密切关联关系的人是作为争议一方的公司或其他组织的负责人,或是预期会从争议结果中受益或受损的当事人一方或其他个人的代表;(3)仲裁员曾作为专家或以其他身份参与过争议,或曾协助一方当事人准备或处理争议案件;(4)仲裁员曾违反仲裁法第 39 条第 2 款收受或索取费用。参见费恩·迈德森:《瑞典商事仲裁》(第 3 版),李虎、顾华宁译,法律出版社 2008 年版,第 82 页。

〔66〕 Earl McLaren,"Effective use of International Commercial Arbitration:A Primer for In-house Counsel",*Journal of International Arbitration*,Volume 19,2002,p. 473.

〔67〕 当法国法院来决定关于哪些事实和情节属于仲裁员有义务披露的范围时,其会更容易地指向独立的总体要求。例如,在"Ury v. Galeries Lafayette"案,其中涉及国内仲裁,审计法院撤销了原判,认为:独立思考在行使司法权时是不可缺少的,无论权力的来源可能是什么,它是仲裁员的基本素质之一。巴黎上诉法院在关于国际仲裁的几项决定中重申了相同的陈述,提及了独立思考的要求,并提及仲裁员的独立性作为"他的司法角色的本质"或"全部仲裁程序的绝对要求"。在其他案例中,特别是关于国际仲裁,法院已经明确地把公正性的条件增加到独立性的条件之中。在某些场合中,法院还要求仲裁员保持中立或客观性。See Emmanuel Gaillard, John Savage eds., *Fouchard Gaillard Goldman on International Commercial Arbitration*, Kluwer Law International, 1999, p. 562.

任或指定,他就进入了裁判案件的“准司法角色”,不能与案件相关的任何人有任何的依赖关系,特别是与案件的当事人。[68] 杨良宜先生曾总结了可能对仲裁员独立性产生影响的一些因素:一是关系,如种族关系、亲缘关系、同学/同事关系、贸易伙伴关系、朋友关系、曾经的雇佣关系;二是在金钱或其他利益上存在的冲突关系,如将来的业务或就业机会;三是其他一些存在的关系,如仲裁员与案件的一方当事人存在与本案无关的重大共同目标。[69] 如果当事人针对仲裁员的独立性提出异议,必须提出足够的证据证明仲裁员在仲裁案件过程中存在对一方当事人的偏袒行为,或者仲裁员与案件的结果有一定的利益关系,而这些因素的存在会影响仲裁员的自由裁判。但在仲裁实践中,当事人对影响仲裁员独立性的因素进行调查和取证存在困难,实际情况如何进行判断较为不容易,而只有证明这些因素影响仲裁员公正裁判时,才能提起针对仲裁员的异议,显示了独立和公正这两个概念是相互交织的,而不是彼此孤立。

三、公正性与独立性的实践运用

仲裁员的公正性与独立性是较为抽象的原则,在实践中难以概括出具体明确的统一标准。法院在处理有关仲裁员公正性与独立性的问题时,通常是以一个“正常理性的人”的视角进行判定。例如,法国法院在审理案件时,判断仲裁员是否存在有失公正或独立的行为,是以当事人是否对仲裁员产生“合理怀疑”为认定标准。[70] 并且,《示范

---

〔68〕 Philippe Fouchard, Le statut de l'arbitre dans la jurisprudence française, Revue de l'Arbitrage, 1996, at 325. 转引自 Emmanuel Gaillard, John Savage eds., Fouchard Gaillard Goldman on International Commercial Arbitration, Kluwer Law International, 1999, p. 628。

〔69〕 参见杨良宜等:《仲裁法:从 1996 年英国仲裁法到国际商务仲裁》,法律出版社 2006 年版,第 561 页。

〔70〕 See CA Paris, Apr. 9, 1992.

法》也是以"正当怀疑"作为当事人提出异议理由的认定标准。[71] 德国《民事诉讼法典》和比利时《司法法典》关于仲裁的规定[72]中也作出了类似的规定。所谓的"合理怀疑"或"正当怀疑"一般是以一个具有正常理性的人对影响仲裁员自由裁判的情形进行合理的判断为认定标准,但何谓具有正常理性的人,具有很大的不确定性。因此,大多数仲裁法律和仲裁机构的仲裁规则规定了预期的仲裁员负有披露可能影响其独立性事实的义务,这是非常重要的。

对于仲裁员的公正性和独立性的实践运用存在两个重要的问题:其一,仲裁员应在什么时限内保持公正性和独立性?答案是仲裁员从其接受委任或指定担任仲裁员时起,直到其对当事人的争议事项作出裁决时止,他们必须是保持独立和公正的。这一要求已在ICC《仲裁规则》(2012年)中被明确予以规定。[73] 其二,是不是所有的仲裁员都受到独立和公正要求的影响?这个问题虽然看似简单,但在国际仲裁实践中具有一定的争议。有人可能会疑惑当事人指定的仲裁员是否与其他仲裁员一样都受制于相同程度的独立和公正要求,还是要进行一个区分。AAA和ABA制定的《道德准则》中规定,对于当事人一方指定的仲裁员,允许其对该方当事人有一定的倾向性,除非当事人之间另有约定,一般会将该仲裁员视为"非中立"的仲裁员,并允许单方指定的仲裁员在接受委任后继续与指定方当事人进行联络。不过,IBA在其制定的《国际仲裁员行为准则》[74](以下简称《行为准则》)

---

[71] 《示范法》第12条提出异议的理由包括:(1)某人被询有关他可能被指定为仲裁员的事情时,他应将可能会对他的公正性或独立性引起正当怀疑的任何情况说清楚。仲裁员从被指定之时起以致在整个仲裁程序进行期间,应不迟延地向当事各方说清楚任何这类情况,除非他已将这类情况告知当事各方。(2)只有存在对仲裁员的公正性或独立性引起正当的怀疑的情况或他不具备当事各方商定的资格时,才可以对仲裁员提出异议。当事一方只有根据作出指定之后得知的理由才可以对他所指定的或他参加指定的仲裁员提出异议。

[72] 分别是德国《民事诉讼法典》第1036条和比利时《司法法典》第1690条。

[73] 即第11条规定:每位仲裁员均必须是并保持中立和独立于各当事人。

[74] 《行为准则》是由国际律师协会于1985年和1986年分别在新加坡和纽约召集国际会议期间草拟的。《行为准则》不同于AAA和ABA制定的《道德规范》,规定不论采用何种指定方式所指定的仲裁员,均遵循同样的行为准则。

中明确持不同意见，与《道德准则》的规定相反，《行为准则》开篇就明确了仲裁员裁判案件应遵守的基本原则，即仲裁员应公平、公正地解决当事人之间的争议，做到毫无偏袒。进而，IBA《行为准则》在具体的细则中对仲裁员如何保持公正和独立提出了具体要求，即仲裁员在仲裁过程中应避免单方接触任何一方当事人或其代理人谈论案件有关情况，仲裁员不能接受仲裁当事人一方的任何礼物或款待等。[75]

后来，AAA 和 ABA 于 2003 年对《道德准则》进行了修订，该修订修改了之前"非中立"仲裁员的规定，改为推定所有的仲裁员（包括当事人选任的仲裁员）都应保持中立。他们一般适用当事人选择的或依据准据法确定的仲裁规则，但当事人另有协议的除外。并进一步规定，仲裁员虽可倾向于选任其之一方当事人，但在其余所有方面均应诚信行为，并保持公正与公平。并且，AAA《仲裁规则》中的规定明确表明虽当事人指定的仲裁员在某种程度上缺失一定的中立性，但这不能对其保持公正产生影响。另外，AAA 制定的《仲裁员行为规范》也明确规定，虽非中立仲裁员可在一定程度上对指定他的当事人有所偏向，但应公平、公正地行使仲裁职责，不能对仲裁过程进行干扰，也不能作出令其他仲裁员产生误解或不真实的报告。[76] 因此，对于这一问题答案应是肯定的。

从 AAA《仲裁规则》和《道德准则》的修订过程可以反映出，其吸纳了国际仲裁实践在仲裁员的公正性和独立性问题上所采取的立场。AAA 在其最初的《仲裁规则》中规定：除非当事人另有约定，仲裁员是公正和独立。然后，在其 1997 年的《仲裁规则》中，AAA 删除了允许当事人商定任命非中立的仲裁员的选项。该规则的这个版本还禁止仲裁员和当事人之间关于争议的任何交流，除了告知准仲裁员关于争

〔75〕 参见郑远民、吕国民、于志宏编著：《国际私法——国际民事诉讼法与国际商事仲裁法》，中信出版社 2002 年版，第 270～271 页。

〔76〕 同上书，第 270 页。

议的一般性质,讨论候选人的资格、可用性或独立,或讨论选为第三名仲裁员的候选人的适宜性。在不断修订其仲裁规则的过程中,AAA使其国际规则与世界上最普遍接受的做法保持一致。[77] 并且,AAA和ABA也对其道德准则进行了相应的修订,确立了所有仲裁员必须保持中立的原则。

此外,英国皇家御准仲裁员协会根据英国《1996年仲裁法》的相关规定,于1999年通过了英国《皇家御准仲裁员学会仲裁员道德行为规范》,[78]开篇就明确规定了仲裁员的首要职责,[79]即公平、公正地对待当事人,并规定了仲裁员承担披露相关利益冲突的义务。[80] 法国巴黎律师协会在制定相关规范时也作出了类似的规定,明确了律师被委任为仲裁员的道德标准,即仲裁员不能认为自己是倡导者,更不是任命他的当事人的代表,其职责包括对仲裁中的所有当事人保持独立和公正。其他仲裁规则,如ICC《仲裁规则》(2012年)和米兰国际商事仲裁中心(CAM)《仲裁规则》等采取同样的立场,要求所有仲裁员

---

〔77〕 Compare the position taken by the Geneva group of the Swiss Arbitration Association (ASA),1997 BULL. ASA 188.

〔78〕 该规范的内容参见《英国皇家御准仲裁员学会仲裁员道德行为规范》,黄雁明译,该规范在引言中表明了其制定的目的,即制定《道德规范》的目的不仅为仲裁员提供操守指引,而且为采用仲裁者提供基准,并为增强公众选择仲裁解决纷争的信心。《道德规范》不是一套僵硬的条文,而是国际上普遍接受的指南。本规范的某些条文可能在相关的仲裁立法、当事人所引用的案例法或裁定中也有规定或体现。众所周知,作为重要专业团体的成员,人们也要遵循其中的行规或规范。"仲裁之目的在于谋求争议交付公正仲裁庭予以公平解决,且无不必要的拖延及费用。"(英国《1996年仲裁法》第一章第1条)载 http://www.bjac.org.cn/news/view.asp? id=637&cataid=1,最后访问日期:2016年11月12日。

〔79〕 该规范第1条规定:在仲裁的全过程中,公平公正地对待当事人是仲裁员的首要职责。

〔80〕 该规范第2条规定:仲裁员必须不偏不倚,并披露任何可能影响和可能造成偏袒或倾向之印象、有损公正的利害关系。这一义务贯穿仲裁的全过程,直至仲裁之终结。不作披露本身可能造成倾向一方的印象或构成不合格的原由。仲裁员不应因外界压力、害怕批评或任何形式之私利,而影响仲裁。仲裁员必须细心掂量并运用公平无私的判断对提交的全部争议作出裁断。

既独立又公正。[81]

第四节 仲裁员的权力和义务

一、仲裁员的权力

仲裁员在仲裁过程中享有对案件进行裁判的相关权力，因为仲裁具有一定的契约性，当事人之间存在的仲裁协议是仲裁赖以存在的根基，仲裁员获得裁判案件的仲裁职责源自该仲裁协议。仲裁员对案件的审理不仅可以根据法律的规定，有些国家还规定仲裁员可以按照公平合理原则进行裁判，作出对当事人有约束力并可强制执行的裁决。仲裁员一旦接受委任就获得对案件的裁判权，其角色类似于法官，具有准司法人员的身份。许多国家仲裁法或机构仲裁规则都规定了由仲裁员组成的仲裁庭在审理案件的过程中享有的具体权力。[82] 例如，仲裁庭有权调取案件相关的证据、有权确定是否采纳当事人提交的一些证据、有权在裁判过程中采取相应的临时措施（发布禁令、采取财产保全）、有权拒绝对仲裁裁决作出解释、有权获得报酬。通过考察各国立法和仲裁机构仲裁规则的规定，具体而言，仲裁员的权力主要体现在 4 个方面：仲裁管辖权、程序主导权、收集和认定证据的权力、

---

〔81〕 See "Final Report on the Status of the Arbitrator", *ICC Bulletin*, Vol. 7, No. 1, 1996, p. 27.

〔82〕 例如，英国《1996 年仲裁法》第 24 条规定，在不违背当事人有权商定任何事项的前提下，仲裁庭得决定所有程序和证据事项，其中包括：仲裁庭可以确定当事人就事实或意见的任何事项所提交的材料（口头、书面或其他形式）的可采信性、相关性或重要性是否适用严格证据规则（或其他规则），此类材料相互交换和出示的时间、方式和形式；是否及在何种程度上仲裁庭可以主动确定事实和法律；是否及在何种程度上应提交口头或书面证据或材料。仲裁庭有权确定证据的真实性、相关性、合法性。例如，UNCITRAL《示范法》第 19（2）条规定，仲裁庭的权力包括确定任何证据的可采性、相关性、实质性和重要性的权力。德国《民事诉讼法》第 1042（4）条规定，仲裁庭有权决定取证的可采纳性，有权取证并自由权衡此类证据。荷兰仲裁协会《仲裁规则》第 27 条规定，除非当事人另有约定，仲裁庭可自由确定证据的可采信性、相关性、重要性及其影响力以及举证责任的分担。

作出裁决的权力。

(一)仲裁管辖权

仲裁管辖权是由仲裁员组成的仲裁庭或独任仲裁员所享有的审理当事人之间的争议并作出有约束力裁决的权力,这一权力产生的基础源自当事人的授权,并且法律也会对该权力进行明确规定。[83] 例如,古希腊亚里士多德学者认为:"仲裁员依据公平原则裁决,而法官则依据法律断案,显而易见,仲裁员是带着明确目的出现的,其应拥有实现公正的充分权力。"[84] 而仲裁员行使权力的依据和首要条件是拥有仲裁庭管辖权,如果仲裁员对争议事项没有取得管辖权,他就不能开展仲裁程序,若有任何裁决案件的行为都不会引起法律上的认可,反而会被认定为是无效行为。例如,英国《1996 年仲裁法》中就明确规定,[85] 仲裁庭对案件没有管辖权是当事人可以向法院申请撤销仲裁裁决的理由。法国《民事诉讼法典》中也规定了如果仲裁员违反了其职权而审理和裁决案件,将会导致当事人提起撤销裁决之诉。[86] 因此,仲裁员在裁判具体案件时必须要对其管辖权予以明确,进而可以明确仲裁员行使其他具体权力的范围和界限。

(二)程序主导权

仲裁员在解决争议过程中,对于仲裁程序的进行有一定的主导权,具体包括以下几方面。

---

[83] 参见乔欣:《仲裁权研究——仲裁程序公正与权利保障》,法律出版社 2001 年版,第 141 页。

[84] 参见亚里士多德所著:《修辞学》(第 1 册),13,1374b,420(亚里士多德著作全集,牛津修订翻译版第 2 卷)。转引自费恩·迈德森:《瑞典商事仲裁》(第 3 版),李虎、顾华宁译,法律出版社 2008 年版,第 7 页。

[85] 英国《1996 年仲裁法》第 67 条第 1 款第(b)项规定:由于仲裁庭无实体管辖权,要求法院宣布仲裁庭关于实体方面作出的裁决全部或部分无效。

[86] 法国《民事诉讼法典》(2011)第 1492 条规定:仅在下列情况下才可撤销裁决:(1)仲裁庭错误地维持了管辖权或错误地拒绝行使管辖权;(2)仲裁庭组成不适当;(3)仲裁庭的决定不符合其权限;(4)违反正当程序;(5)裁决有悖公共政策;(6)裁决未附具理由、做出的日期或仲裁员的姓名和签名;裁决不是依据多数意见做出的。

1. 进行开庭审理的权力

一旦仲裁员接受委任或指定担任仲裁员,不管是独任仲裁员还是3名仲裁员组成的仲裁庭,就要开始准备开庭审理当事人之间的争议了。在开庭过程中,仲裁员行使的权力主要包括:决定当事人陈述、庭审辩论的顺序、决定当事人举证、质证的顺序、决定其他一些相关的程序等,逐步推进仲裁程序的顺利进行。[87] 这一权力的行使大都由国家法律或仲裁机构的仲裁规则予以具体规定,有些国家法律还规定,当事人可以在不违反法律规定的前提下对仲裁程序的进行共同予以约定。例如,荷兰《民事诉讼法典》第1039条[88] 就规定了仲裁庭进行开庭审理的权力,即给予当事人提出口头意见的机会、有权指定其成员听取证人证言或专家意见、有权命令提交文件。对此项内容,英国、法国、美国等国家以及我国台湾地区等的仲裁法和部分仲裁机构的仲裁规则对仲裁庭享有的开庭审理权也作了类似的规定。[89]

2. 决定具体的程序性事项

大多数国家的法律或仲裁规则都规定:如果当事人没有对仲裁程序中的具体程序性事项进行约定,那么,仲裁员就有权作出决定。具

---

〔87〕 参见乔欣主编:《比较商事仲裁》,法律出版社2004年版,第55页。

〔88〕 荷兰《民事诉讼法典》第1039条规定:(1)仲裁时,当事人地位平等。仲裁庭应当给予各方当事人主张权利和提出事实主张的机会;(2)仲裁庭经一方当事人申请或者依职权,应当给当事人提出口头意见的机会;(3)经一方当事人申请,仲裁庭可以允许听取证人证言或专家意见,仲裁庭有权指定其成员听取证人证言或专家意见;(4)仲裁庭有权命令提交文件;(5)除当事人另有约定外,仲裁庭不受证据法律规范的约束。

〔89〕 参见英国《1996年仲裁法》第34条规定:在不违背当事人有权商定任何事项的前提下,仲裁庭得决定所有程序和证据事项。法国《民事诉讼法典》第1460条规定:仲裁员应当决定仲裁的程序,不受法院规则的约束,但当事人在仲裁协议中另有规定的除外。AAA《仲裁规则》(2000年修订)第16条第1款规定:除非本规则另有规定,只要当事人得到平等对待,每一方有权被听取意见并得到公平的陈述案件的机会,仲裁庭得按其认为适当的任何方式进行仲裁。中国台湾地区"仲裁法"第19条规定:当事人就仲裁程序未约定者,适用本"法"之规定;本"法"未规定者,仲裁庭得准用"民事诉讼法"或其认为适当之程序进行。

体包括:确定开庭日期、[90]确定审理案件的方式、[91]确定开庭审理、听证、仲裁庭合议的地点、决定相关程序事项进展日期的变更、决定仲裁程序应使用的语言、[92]确定当事人需向仲裁庭提交的材料、决定庭审的时限。

3. 处理仲裁程序进行中特殊情形的权力

在仲裁程序进行过程中,可能会出现一些特殊情形导致程序不能顺利进行,遇到这些情况,仲裁庭就有权力及时进行处理。一般而言,这些情形主要包括以下几种:其一,仲裁申请人若面临败诉的风险,有的国家法律规定申请人需要缴纳一定的费用作为担保,如英国《1996年仲裁法》[93]规定,仲裁庭可行使的一般权力包括作出申请人提交仲裁费用担保的裁定。另外,还有一些仲裁规则也作了类似的规定。[94]其二,如果在程序进行过程中遇到申请人拒不缴纳仲裁费用[95]或者

---

〔90〕 AAA《仲裁规则》(2000 年修订)第 20 条(开庭)规定:仲裁庭应至少在首次开庭前 30 日将日期、时间和地点通知给各方当事人。仲裁庭应对以后的开庭给予合理的通知。ICC《仲裁规则》(2012 年)第 26 条(开庭)规定:案件决定开庭审理的,仲裁庭应当以适当方式通知当事人在其确定的时间和地点出席开庭。

〔91〕 根据案件的具体情形进行判断是否需要开庭审理,如不需要开庭审理,就采取书面审理的方式。ICC《仲裁规则》(2012 年)第 25 条(确定案件事实)规定:仲裁庭可以仅根据当事人提交的书面材料裁决案件,但有当事人请求开庭审理的除外。

〔92〕 ICC《仲裁规则》(2012 年)第 20 条(仲裁语言)规定:当事人没有约定仲裁语言的,仲裁庭应当在适当考虑包括合同所用语言在内的所有情况后决定使用一种或数种语言进行仲裁。

〔93〕 英国《1996 年仲裁法》第 38 条第 3 款规定:仲裁庭可裁定申请人对仲裁费用提供担保。

〔94〕 LCIA《仲裁规则》(2014 年)第 24 条(担保金)规定:24.1 仲裁院可以按照其认为适当的比例,命令当事人就仲裁费用作出一次或几次中期或最后的支付。该担保金应向 LCIA 支付并由其保管。在仲裁过程中,仲裁院可以随时向仲裁员、仲裁庭聘任的专家或 LCIA 支付。24.2 任何时候,如登记员或副登记员没有确认 LCIA 已收到必要的款项,仲裁庭不应继续仲裁。24.3 如一方当事人未能或拒绝支付仲裁院指令的担保金,仲裁院可以命令其他当事人代为支付,以使仲裁能够继续进行(以关于费用的裁决为准)。在这种情况下,替代支付方有权以该款作为即期债权向拖欠方要求偿付。24.4 申请人或反请求人没有立即足额提供仲裁院所要求的担保金,仲裁院和仲裁庭可视其已经各自撤回请求或反请求。

〔95〕 AAA《仲裁规则》(2000 年修订)第 36 条规定(未缴费而中止程序)规定:如仲裁员的报酬或管理费未能足额缴纳,应通知各方当事人以便其中之一可以预付应缴费用。如仍未照付,仲裁庭可以命令中止或终止仲裁程序。如尚未委任任何仲裁员,可中止仲裁程序。

仲裁申请人收回其仲裁申请[96]等特殊情形时,仲裁庭有权决定中止或终止程序。其三,如果出现当事人经过合理传唤而拒不到庭的情形时,仲裁庭有权确定是否继续进行仲裁程序。ICC《仲裁规则》[97]和AAA《仲裁规则》[98]等规则也作出了类似的规定。其四,针对案件的具体情形作出是否要采取财产保全等临时措施。有些国家的法律授予仲裁庭在审理案件过程中有作出临时措施的权力,如韩国和美国仲裁规则的规定。[99]

(三)收集和认定证据的权力

仲裁庭审理案件过程中最关键的就是对证据的收集和审查,因为,证据是裁判案件的依据,大多数仲裁法律或仲裁机构的仲裁规

---

〔96〕 德国仲裁协会《仲裁规则》(1998年)第39条(仲裁程序的终止)规定:39.1 仲裁程序在最终裁决作出后终止。仲裁庭也可根据本条第2款的规定作出终止仲裁程序的决定。此外,仲裁院秘书处也可根据本条第3款的规定终止仲裁程序。39.2 仲裁庭应当在以下情况下终止仲裁程序:(1)仲裁申请人收回其仲裁申请,除非被申请人反对且仲裁庭认同被申请人对最终解决该争议有着合法的利益或者;(2)争议的各当事方同意终止仲裁程序;(3)争议各方当事人即使在仲裁庭要求的情形下仍不推进仲裁程序或仲裁程序由于某种其他的原因而不可能继续进行。39.3 如仲裁员或替补仲裁员在给定的期限内未能任命,各当事方又未向仲裁院任命委员会提出任命仲裁员的请求,秘书处也可在征询各当事方意见的基础上终止仲裁程序。

〔97〕 ICC《仲裁规则》(2012年)第26条(开庭)规定:(1)案件决定开庭审理的,仲裁庭应当以适当方式通知。当事人在其确定的时间和地点出席开庭。(2)任何当事人经正式传唤无正当理由而未出庭的,仲裁庭有权继续开庭审理。

〔98〕 AAA《仲裁规则》(2000年修订)第23条规定:(1)一方当事人如经仲裁庭决定没有充分理由而未能按仲裁庭规定的时间提交答辩,仲裁庭可以继续仲裁程序。(2)按照本规则给予适当通知后,一方当事人如经仲裁庭决定没有充分理由而未能出席庭审,仲裁庭可以继续仲裁程序。

〔99〕 韩国商事仲裁院《商事仲裁规则》第40条规定:在任何一方当事人提出申请的基础上,仲裁庭可以在不损害对方当事人利益、不影响争议结果的前提下决定采取必要的保全措施以保护仲裁项下的财产。AAA《仲裁规则》(2000年修订)第21条规定:(1)应当事人的要求,仲裁庭得采取其认为有必要的任何临时措施,包括禁止令和财产保全或保存措施。(2)此种临时措施可以采用中间裁决的形式,仲裁庭可要求为此种措施的费用提供担保。(3)任何一方当事人要求司法当局采取临时措施,不得被认为与仲裁协议相抵触或放弃仲裁的权利。(4)仲裁庭得在中间裁决或终局裁决中决定与采用临时措施有关的费用的分担。

则[100]规定，仲裁庭可以要求当事人提交相关证据，或者指定专家进行鉴定获取相关证据；[101]或者仲裁庭有权根据案件的情况自行收集证据。仲裁庭有权对当事人提交的相关证据进行认定，这项权力是仲裁庭所享有的裁判权本身包含在内的，无须特别作出规定，但有些国家在立法中对此进行了强调。[102]

（四）作出裁决的权力

仲裁庭通过进行开庭审理，了解了当事人之间存在的争议点，通过分析相关事实和证据，其有权作出具有约束力的仲裁裁决。[103] 仲裁庭行使裁决权的结果表现为或者作出中间裁决书、临时裁决书，或者作出部分裁决书、最终裁决书。仲裁员作出裁决，可以说既是一项权力，又是一项义务。当事人提交争议进行仲裁的目的就是公平解决其争议，而获得有约束力的仲裁裁决书是争议最终得到解决的载体。并且，裁决书也体现了仲裁员的专业水平和裁判技能，对于裁决书的写作说理要充分，不可吝惜精力。[104]

仲裁员在仲裁过程中如何行使权力也需遵循法律规定或机构仲裁规则规定的程序，或者按照当事人约定的程序，其约定不得违反法律或仲裁规则的规定，在实际层面切实运用其所拥有的裁判权，最终对当事人之间存在的争议予以解决。[105] 仲裁员在仲裁过程中行使权

---

〔100〕 UNCITRAL《仲裁规则》（2010 年修订）第 27 条第 3 款规定：在仲裁程序进行期间的任何时候，仲裁庭均可要求各方当事人在应由仲裁庭决定的期限内出示文件、证物或其他证据。

〔101〕 例如，我国《仲裁法》第 44 条规定：仲裁庭对专门性问题认为需要鉴定的，可以交由当事人约定的鉴定部门鉴定，也可以由仲裁庭指定的鉴定部门鉴定。根据当事人的请求或者仲裁庭的要求，鉴定部门应当派鉴定人参加开庭。当事人经仲裁庭许可，可以向鉴定人提问。

〔102〕 德国《民事诉讼法典》第 1042 条第 4 款规定：仲裁庭有权决定证据的可采性，有权取证并且有权自由评定证据。

〔103〕 参见乔欣主编：《比较商事仲裁》，法律出版社 2004 年版，第 59 页。

〔104〕 参见蔡虹、刘加良、邓晓静：《仲裁法学》，北京大学出版社 2009 年版，第 55 页。

〔105〕 参见乔欣：《仲裁权研究——仲裁程序公正与权利保障》，法律出版社 2001 年版，第 196 页。

力的状况影响到仲裁程序能否公正进行,能否作出公平合理的裁决书以顺利解决争议。因此,仲裁员应合法、合规地正当行使权力,若存在不当行使的情形,可能须承担相应的责任。

二、仲裁员的义务

仲裁员在仲裁过程中不仅享有一定的权力,而且要履行一定的义务。很多国家的仲裁法中明确规定了仲裁员须履行的义务内容,当事人还可以在仲裁协议中在不违反法律规定的前提下对仲裁员的义务进行约定,或者把仲裁规则的规定纳入协议之中。另外,一些仲裁协会或仲裁机构制定的关于仲裁员的道德守则,主要是从仲裁员应具备的职业道德方面对仲裁员施加一定的义务。[106] 有些学者从仲裁员义务来源方面分为当事人施加的义务(约定义务)、法律施加的义务(法定义务)、道德义务3个方面。[107] 一般而言,仲裁员的义务主要包括以下几个方面。

(一)解决双方之间的争议

当事人提交争议进行仲裁,通过对仲裁员的选定或委托指定机构指定仲裁员,当事人与仲裁员之间形成了合同关系,仲裁员在该合同中承担的最主要的义务就是顺利解决当事人之间的争议,作出具有约束力的仲裁裁决。仲裁员在仲裁过程中必须尽一切努力正确地审查当事人提出的所有问题,进而明确争议的分歧点,还须考虑可能影响到裁决有效性的问题。最关键的是,仲裁员不得超过其权限,无论是根据仲裁协议,还是根据适用法律或仲裁规则规定的权力。如果仲裁员越权审理,随之而来的是其作出的裁决可能被撤销、发回仲裁员进行重审,[108] 而且可能会被拒绝承认和执行。[109]

---

〔106〕 参见邓杰:《伦敦海事仲裁制度研究》,法律出版社2002年版,第129页。

〔107〕 参见石现明:《论商事仲裁的性质与仲裁员的权力义务》,载《政法论丛》2010年第5期。

〔108〕 See ICC Rules Article 9(5);LCIA Article 6(1).

〔109〕 Washington Convention, Article 39. See also ICSID Rules Rule 1.

(二)信息披露义务

国际仲裁中被普遍接受的原则是仲裁员必须保持公正并独立于当事人,而且仲裁员保持独立和公正的要求源自仲裁庭所承担的司法职能,[110]即每个仲裁员有义务公平并有效地解决特定争议。为确保仲裁员在仲裁案件时符合这些要求,大多数的国家法律和机构仲裁规则明确规定了仲裁员负有披露相关信息的义务。[111] 即便在临时仲裁中,当事人之间存在的仲裁协议中也隐含了仲裁员的信息披露义务。这一披露义务是指仲裁员负有披露所有其已知的相关事实的义务,而这些事实的存在可能导致当事人对仲裁员甚至仲裁裁决成功的提起异议,随后会导致仲裁程序的迟延和当事人仲裁成本的增加。该披露义务发生的时间从准仲裁员任命前到作出仲裁裁决结束仲裁时,由于有些对仲裁员或案件产生影响的事实或情形可能出现在仲裁程序中,因此,披露的时间要求比较严格,一旦仲裁员意识到这些相关的事实或情形就应予以披露。仲裁员应披露的不仅是与自己有关的行为、业务关系和商业事务,还包括他们与仲裁中相关人士之间的关系。因为,对仲裁裁决不满的败诉方往往从攻击仲裁员的公正性和独立性着手,寻找对仲裁裁决提起异议的突破点,而仲裁员没有充分披露相关的信息就是一个方面,通常败诉方会以此为理由向法院提出撤销或不予承认和执行仲裁裁决的申请,以期获得法院的支持。[112]

一般而言,仲裁员的信息披露义务涵盖所有可能相关的信息,但其中最大的问题是什么样的信息是相关的,哪些信息可以足以证明对仲裁员提起异议。由于对什么事实可能是相关的存在不同的看法,一

---

〔110〕 See Smith, " The impartiality of the party-appointed arbitrator ", *Arbitration International*, Vol. 6, 1990, p. 340.

〔111〕 参见《示范法》第 12 条、瑞典《仲裁法》第 9 条、法国《民事诉讼法典》(2011 年)第 1456 条、ICC《仲裁规则》(2012 年)第 11 条第 2 款、LCIA《仲裁规则》(2014 年)第 5 条第 4 款和第 5 款、CIETAC《仲裁规则》(2015 年)第 31 条,等等。

〔112〕 See Julian D. M. Lew, Loukas A. Mistelis, Stefan Michael Kröll, *Comparative International Commercial Arbitration*, Kluwer Law International, 2003, p. 265.

些仲裁机构就详细规定了哪些类型的信息是必须披露的。其中，最具代表性的是IBA《指南》，[113] 其详细规定了仲裁员的披露要求和披露标准。[114]

(三)公正行事的义务(平等或公平对待当事人)

大多数的仲裁地法通常将把平等对待当事人作为一项强制性正当程序规范，目前，ICC《仲裁规则》(2012 年)选择用公正行事的义务来取代这一义务，公正行事的义务被认为包括前者。[115] ICC 措辞的转变基于公平行事这个概念更符合仲裁的正当程序理念。具体而言，公平行事的义务包括平等对待双方当事人、尊重当事人意愿、平等给予双方当事人陈述案件的机会、保证有充足的时间处理当事人之间的争议等。[116]

仲裁庭在解决争议的过程中，必须平衡争议当事人各方相互冲突的诉求，公平行事的义务贯穿于整个仲裁程序，从准备开庭审理开始，一直延伸到对案件事实的认定、相关证据的可采性、法律意见书的审

---

[113] 《指南》导言第 6 条规定：本指南不是法律规定，并不优先于当事人选择适用的国内法和仲裁规则。然而，工作组希望指南得到国际仲裁业的普遍接受(就像 IBA 国际商事仲裁取证规则那样)，并在当事人、从业者、仲裁员、仲裁机构和法院对公正、独立、披露和异议等重要问题作出决定时有所裨益。工作组相信指南将依通常理解得到适用，而不是学究式的和过度形式主义的理解。工作组也公布了研究所得的背景和历史资料，它们或许对理解本指南有所帮助。

[114] 《指南》第一部分(关于公正性、独立性和披露的一般标准)规定：……(3)仲裁员的披露义务：(a)如果存在令当事人可能对仲裁员公正性和独立性产生怀疑的事实和情况，仲裁员在接受指定前，或在接受指定后一旦得知，应当向当事人、仲裁机构或指定机构(如果有或根据适用的仲裁规则有)以及其他仲裁员披露该事实和情况。(b)根据一般标准 1 和 2(a)，无论披露之内容，已为披露的仲裁员可视自己为公正和独立的，因而能够履行仲裁员义务。否则其应在仲裁开始前拒绝任命或指定，在开始后辞去仲裁员职务。(c)仲裁员对是否披露特定事实或情况产生怀疑时，应本着有利于披露予以解决。(d)在衡量应予披露的事实或情况是否存在时，仲裁员不应当考虑仲裁程序进行到何种阶段。参见《国际律师协会关于国际仲裁中利益冲突问题指南》(译本)，载仲裁门户网站：http://www.cnarb.com/Item/699.aspx，最后访问日期：2016 年 11 月 13 日。

[115] ICC《仲裁规则》(2012 年)第 22 条第 4 款规定：在任何情形下，仲裁庭应当公平和中立行事，确保各当事人均有合理的陈述机会。

[116] See Julian D. M. Lew, Harris Bor, et al. eds., *Arbitration in England, with chapters on Scotland and Ireland*, Kluwer Law International, 2013, p. 294.

阅。最重要的是,仲裁员必须给双方当事人一个机会来传唤证人或作出口头陈述,如《示范法》第 18 条规定,为每一方提供"充分的机会"陈述其理由。

(四)不得无故拖延仲裁程序

仲裁员在仲裁过程中不仅要平等对待双方当事人,尊重他们的陈情权,而且要保证程序的公正。在裁判案件的过程中,仲裁员可以允许当事人在一个合理的时间内陈述案情和针对对方的案情作出回应。在大多数情况下,仲裁员应自己决定在什么时间内向仲裁庭提交必要的意见书,使仲裁员有足够的时间作出结论,但一般不能超过法律规定或当事人约定的期限。目前,多数仲裁法律和机构仲裁规则对于不得无故拖延进行程序的义务给予了相当的重视,该义务避免了进行仲裁的任何延迟。[117]

(五)完成所承担的仲裁职责的义务

从仲裁员与当事人之间关系的合同性质可推断出仲裁员不得无故辞职。当仲裁员接受任命之后,就承担起解决当事人之间争议的任务,如果仲裁员不存在任何对其产生异议的情形,那么,所有提前终止仲裁员任期的行为都有可能对仲裁产生严重影响,并导致当事人在时间上和金钱上的损失。并且,如果仲裁员自身没有出现不能继续进行仲裁的情形,那么,其在裁决作出之前就负有不能无故辞职的合同义务。这一义务已经在一些国家仲裁法律和机构仲裁规则中予以重申和阐明。例如,ICC《仲裁规则》(2012 年)规定,通过接受任命,仲裁员承诺履行自己的职责。如果仲裁员想辞职,有些仲裁规则就规定仲裁员的任何自愿辞职须通过仲裁机构或者当事人同意或接受。

(六)保守仲裁机密

仲裁员的义务,还包括保密的义务,适用于仲裁程序的不同方面。

---

[117] See Julian D. M. Lew, Loukas A. Mistelis, Stefan Michael Kröll, *Comparative International Commercial Arbitration*, Kluwer Law International, 2003, p. 282.

仲裁员保密的范围应包括案件实体和程序的一切事项，实体方面的保密范围包括：仲裁程序过程中当事人双方所作的陈述、当事人提交的和仲裁员依职权收集的证据材料、证人证言、仲裁裁决等文件；程序方面的保密范围包括：针对管辖权异议作出的决定、开庭的时间和地点、临时措施的内容、作出裁决的期限等事项。仲裁员不仅在审理案件的过程中对这些事项负有保密义务，而且在其作出仲裁裁决之后，若未取得双方当事人的同意，仲裁员也不得将任何事项公之于众。在仲裁实践中，一些机构仲裁规则规定了仲裁过程中的所有参与者的一般保密义务，例如，ICDR《仲裁规则》(2014 年修订)第 37 条、[118] LCIA《仲裁规则》(2014 年修订)第 30 条、[119] HKIAC《仲裁规则》(2013 年)第 42 条、[120] SCC《仲裁规则》(2010 年)第 46 条、[121] SIAC《仲裁规则》(2013 年)第 35 条。[122] 此外，当事人的仲裁协议(并入仲裁员的合同中)，可以施加明确的保密义务。当仲裁员接受任命，根据制度规则或仲裁协议的保密规定，他们通常受制于这些条款的约束。[123] 仲裁员的保密义务是基于仲裁具有秘密性这一特征，而这一特征也是仲裁优

---

〔118〕 ICDR《仲裁规则》(2014 年修订)第 37 条规定：(1)仲裁员和仲裁管理人都不得泄漏在仲裁中由当事人或证人披露的保密信息。除本规则第 30 条规定外，除非当事人另有约定，或按照适用法律的要求，仲裁庭成员和仲裁管理人应当对与仲裁或裁决有关的所有事项保密。(2)除非当事人另有约定，仲裁庭可做出与仲裁的保密性或其他与仲裁有关的事项保密的指令，并可以采取措施保护商业秘密和保密信息。

〔119〕 LCIA《仲裁规则》(2014 年修订)第 30.2 条规定：仲裁庭的评议同样也应由其成员保密，除非根据第 10 条、第 12 条、第 16 条、第 27 条，要求其他仲裁员披露第三名仲裁员拒绝参与仲裁程序的情况。

〔120〕 HKIAC《仲裁规则》(2013 年)第 42.1 条规定：除非当事人另有约定，任何当事人不得公布、披露或传送任何有关下述事项的任何信息：(a)根据一个或多个仲裁协议进行的仲裁；(b)仲裁中作出的裁决。42.2 第 42.1 条的规定同样约束仲裁庭、任何依附录 4 指定的紧急仲裁员、专家、证人、仲裁庭的秘书和中国香港国际仲裁中心……42.4：仲裁庭的合议应保密。

〔121〕 SCC《仲裁规则》(2010 年)第 46 条规定：除非当事人另有约定，仲裁院和仲裁庭应当保守仲裁和裁决秘密。

〔122〕 SIAC《仲裁规则》(2013 年)第 35 条第 1 款规定：所有有关仲裁程序的事项，当事人和仲裁庭必须始终保密。

〔123〕 See Gary B. Born, *International Commercial Arbitration*, 2nd edition, Kluwer Law International, 2014, p. 2002.

于诉讼的一大特色,当事人选用仲裁这一方式解决他们之间的纠纷,就是希望能够保守他们之间的秘密,尤其是商业秘密。

本章小结

大多数学者认为,仲裁员和争议当事人之间的关系具有合同性质。虽然仲裁员确实有作为"私人法官"的地位,但为了使法院承认他们拥有司法权,从而执行他们的决定,仲裁员必须具备这种"地位"。不过这一地位并不排除仲裁员与当事人之间关系的合同性质。一旦当事人决定将他们之间的争议提交仲裁解决,候选仲裁员通过接受委任或指定,仲裁员与当事人之间就直接或间接地形成了一种合同关系。这种合同中包含了善意履行合同义务的明示或默示的约定,未能善意履行可能会构成违约。仲裁员在裁判案件过程中要始终保持独立和公正,不能因为其由一方当事人选定,就对该方当事人产生偏袒。若仲裁员在仲裁过程中存有偏见,严重违背仲裁员居中裁判的原则,会对仲裁的公信力产生严重的影响。虽然独任仲裁员或 3 人组成的仲裁庭独立行使仲裁职责、公正裁判争议,但仲裁程序的进行涉及一些行政性、管理性的事项,仍需要仲裁机构进行宏观协调和组织。仲裁员与仲裁机构之间存有一种默示的合同关系,但仲裁员和仲裁机构双方都不是为了自身利益来履行合同,只是期望可以公平解决当事人之间的争议,故合同目的具有一定的公益性。仲裁机构的职能主要是为了推进仲裁的顺利进行,因此,仲裁员在进行仲裁过程中,应尽量配合仲裁机构工作人员(特别是办案秘书)的工作。由于仲裁员均系仲裁机构所选聘,仲裁机构必须对其加强业务以及道德素质方面的培训和教育,采取切实措施防止和监督仲裁员不当履行其仲裁职责,并在保证仲裁员独立办案的前提下,尽量避免仲裁裁决被法院撤销或不予执行,以保证当事人的仲裁意愿能够得以实现。

第三章　仲裁员民事责任论

第一节　主要国家仲裁员民事责任制度考证

商事仲裁作为一种灵活、自主的替代性纠纷解决途径，日益受到国际贸易当事人的青睐。商事仲裁员的专业水平、独立性、公正性和行为规范是商事仲裁能够获得当事人信赖的关键。[1] 商事仲裁员在仲裁纠纷的过程中可能存在疏忽等不当行为，这些行为会对仲裁程序的顺利进行产生影响，进而导致仲裁相关当事人可能在仲裁后对仲裁员提起民事诉讼，追究其民事责任以弥补自身损失。综观各国情况，此类民事诉讼案件的数量在日益增长，仲裁员应否对其仲裁行为承担民事责任本身是存有争议的，目前，各国的做法主要分为 3 种：无责任（绝对豁免）、有限责任（有限豁免）、完全责任（无豁免）。此外，仲裁员民事责任豁免的范围

---

〔1〕 目前，国际上还没有关于商事仲裁员统一的行为规范，各国国内立法和仲裁规则的规定也不尽相同。

也是一个有争议的问题，不同的国家和仲裁机构处理方式不同。当联合国国际贸易法委员会准备制定《示范法》时，曾针对仲裁员民事责任豁免问题的规定对13个国家进行了一项调查。通过对调查结果进行总结发现，美国是赞成完全豁免的唯一国家，其他国家有些授予有限的豁免权（奥地利、英国、德国和挪威），有些并不排除法律责任（法国、西班牙和瑞典），还有些没有表示明确的立场。专家组认为，对于这个问题存有争议，不能取得令人满意的统一解决方案，[2]并且《示范法》也没有任何关于仲裁员豁免的规定。[3]

在仲裁员民事责任承担方面，国际上通行的做法是仲裁员享有一定程度的民事责任豁免（豁免于诉讼），这种做法主要是借鉴法官在民事责任方面所享有的豁免（司法豁免）。尽管仲裁员和法官两种职业存在诸多不同，但二者的主要职责仍基本相同。考察各国制度，在仲裁员是否应承担民事责任这一问题上，大体上以下有3种体制。

一、无责任（绝对豁免）

仲裁员民事责任绝对豁免论认为，仲裁员无须对其仲裁中的任何作为或不作为承担民事责任，并且仲裁员若作出了不公正裁决（出于过失或其他情形），导致当事人因此遭受一定的损失，那么，仲裁员也不须承担个人赔偿责任。[4] 英美法系的一些国家都不同程度地受到仲裁豁免论的影响，其中，美国被认为是实行仲裁员民事责任绝对豁

---

〔2〕 See United Nations Commission on International Trade Law, Fourteenth Session, Vienna, 19 – 26 June 1981, International Commercial Arbitration-Possible features of a model law on international commercial arbitration – Report of the Secretary General, UN Doc. A/CN. 9/207, 70.

〔3〕 See Model Law of International Commercial Arbitration, U. N. Commission on International Trade Law, 18th Session, Annex I, U. N. DOC. 1985, A/40/17.

〔4〕 参见黄进主编：《国际私法与国际商事仲裁》，武汉大学出版社1994年版，第108页。

免论的代表性国家。[5] 在美国,仲裁员对于其行使仲裁职责的一切作为或不作为享有民事责任的绝对豁免。[6] 仲裁员豁免的程度与法官责任排除的程度一样。[7] 在美国,仲裁豁免权的历史最早可以追溯到1880年爱荷华州的 Jones v. Brown 案。[8] 该案中,针对仲裁员在仲裁过程中存在的有意偏袒行为、延迟进行程序的行为以及违反合议要求的行为,法院裁定给予豁免。[9] 1884年美国麻省最高法院审理 Hoosac Tunnel Dock & Elevator Co. v. O'Brien 案[10]时,主张仲裁员享有与法官同样的豁免权。

为保护仲裁员作为决策者的独立性,防止其受到不满当事人的报复,并鼓励个人作为仲裁员向公众提供服务,法院在审理有关仲裁员的案件大都持有仲裁员享有豁免的立场。例如,Melady v. S. St. Paul Live Stock Exchange,[11] Babylon Milk & Cream Corporation v.

---

[5] Gary Born, *International Commercial Arbitration*, Kluwer Law International, 2009, p. 1654.

[6] Peter Sanders, "National Report on the United States", in International Handbook on Commercial Arbitration, 1998, p. 18. 作者在文中指出美国仲裁员不会享有豁免的情形,即如果:(1)仲裁员对争议事项没有管辖权;(2)该行为并不构成仲裁员履行的"仲裁行为"。See Mark A. Sponseller, "Redefining Arbitral Immunity: A Proposed Qualified Immunity Statute for Arbitrators", *Hastings Law Journal*, Vol. 44, 1993, p. 427. 但是,广泛的豁免并不使仲裁员免受欺诈或腐败的刑事责任。

[7] 在美国,法官的豁免范围非常广泛,涵盖他行使司法职能的所有行为,可参见 Stump v. Sparkman, 435 U. S. 349 (1978),该案裁定法官不对错误、恶意或超越权限的行为负责,仅对他在没有管辖权时的作为负责。

[8] Jones v. Brown, 6 N. W. 140, 142 – 43 (Iowa 1880).

[9] See Maureen A. Weston, "Reexamining Arbitral Immunity in an Age of Mandatory and Professional Arbitration", *Minnesota Law Review*, February, 2004, p. 485.

[10] See Hoosac Tunnel Dock & Elevator Co. v. O'Brien, 137 Mass. 424 (1884).

[11] Melady v. S. St. Paul Live Stock Exchange, 171 N. W. 806, 807 (Minn. 1919). 该案主张,为使行使司法权或类似司法权的人士能根据自己对公正的信仰作出最适当的裁决,须使其对作出裁决可能导致的后果没有过多顾虑,故行使司法或类似司法权力的人对其行使该等权力的行为均应享有豁免。

Horvitz,[12] Gahn v. International Union Ladies' Garment Workers Union,[13] Corbin v. Washington Fire and Marine Insurance Company,[14] 法院的判例大都认为,仲裁员对其行使仲裁职责的行为免予承担民事赔偿责任。[15] 仲裁员所享有的这种豁免权是为了保护其行使职能的独立性和公正性,而不是个人。[16] 仲裁员享有豁免的范围甚至延伸到仲裁员粗心、重大过失,或故意以欺诈方式采取行动。法院已经将绝对豁免权扩展至仲裁员,主要是基于联邦鼓励仲裁的政策,以及仲裁员在促成该项政策中是不可缺少的角色。虽然有些人认为,当一个仲裁员没有采取行动,并且与法官不具备"功能可比性"时将失去豁免,但大多数判例认定仲裁员因程序上的不履行或迟延或未能作出裁

---

〔12〕 Babylon Milk & Cream Corporation v. Horvitz, 151 N. Y. S. 2d 221, 224 (N. Y. Sup. Ct. 1956). 仲裁员一定要免受败诉当事人报复的恐惧……笔者认为,没有任何理由对法官和仲裁员进行区分,适用于司法人员的豁免规则应同样适用于仲裁员。

〔13〕 Gahn v. International Union Ladies' Garment Workers Union 311 F. 2d 113(3rd Cir. 1962). 该案中,被上诉人被任命为仲裁员来解决 Sidele Fashions, Inc. 和 Joint Board of the International Ladies Garment Worker's Union 之间的契约争执,原告 Sidele Fashions 认为,仲裁员强迫他们必须依照原订契约并在违反《公平交易法》的情况下履行义务而提起诉讼。上诉法院同意地方法院的决定并指出,仲裁员在此案中行使准司法权,他们必须在行使权力时受到豁免权的保护。

〔14〕 Corbin v. Washington Fire and Marine Insurance Company, 278 F. Supp 393; 1968 US Dist. 该案涉及讨论仲裁员是否涉及毁谤名誉。仲裁员主张绝对豁免权,原告同时主张相对豁免权。法院指出:依照判例以及联邦法律,以仲裁解决争议是被接受的。由于仲裁和法院诉讼程序一样,必须遵守证据法原则而为之,因此,仲裁是被认为有准司法性质及功能。再者,否定仲裁员之豁免权将会使仲裁员无法去收集仲裁程序上所必要之证据以完成仲裁程序,并且严重限制仲裁解决纷争之功能,并违反鼓励当事人利用仲裁解决纷争之政策。给予仲裁员免予被诉的自由是使仲裁成为解决纷争的公平方法之必要条件。因此,法院不同意原告所主张的相对豁免权,而决定如果要使仲裁成为一个公平解决纷争的方式,绝对的豁免权必须扩及仲裁员,而且,成为仲裁程序不可或缺的要件。参见吴光明、俞鸿玲:《国际商务仲裁理论与发展》,台北,翰芦图书出版有限公司 2013 年版,第 142 页。

〔15〕 See Christian Hausmaninger, "Civil Liability of Arbitrators – Comparative Analysis and Proposals for Reform", *Journal of International Arbitration*, Vol. 7, 1990, p. 8.

〔16〕 Carl F. Salans, "Arbitrator Immunity in the United States", *ICC Bulletin*, Vol. 7, No. 1, 1996, p. 48.

决而享有豁免。[17] 顺应这一趋势,加利福尼亚州和佛罗里达州法规规定,仲裁员对他们的作为或不作为享有绝对民事豁免。[18]

虽然美国联邦法律和州法律之间存在一定的区别,但对于仲裁员的民事责任豁免问题,联邦法院和州法院的看法大体一致,即认为仲裁员享有与法官相同的豁免。联邦一级的司法管辖区颁布了联邦仲裁法案,虽然该法案中对于仲裁员的责任范围没有具体规定,但在司法实践中,大多数法院的法官裁判案件时对仲裁员的行为给予民事责任豁免。具体包括:仲裁员在仲裁过程中存在对一方当事人予以偏袒的行为、仲裁员仲裁案件违反正当程序、仲裁员超出当事人仲裁协议范围行使管辖权的行为、仲裁员没有披露丧失仲裁员资格的利益冲突、仲裁裁决中有明显的事实错误或法律错误等情形。[19] 例如,在 Austern v. Chicago Bd. Options Exchange Inc. 案中,[20] 美国第二巡回法院明确提到仲裁员与法官在功能上的可比性,并且,美国联邦最高法院在 Butz 案中裁定行政法的法官可获得豁免,[21] 该案确立的观点被扩展适用于仲裁员豁免的认定上。美国第二巡回法院通过明确仲裁员自身享有豁免权,从而裁定该仲裁机构享有广泛的豁免权。仲裁员享有民事责任绝对豁免的观点在几乎所有联邦巡回法院的裁决中得到采纳。

最近的案例表明,美国法院存有扩展仲裁豁免的想法,如第九巡回上诉法院认为,豁免对于保护仲裁员至关重要,使其作为决策者不

---

〔17〕 See Austern v. Chicago Bd. Options Exch. , 716 F. Supp. 121, 124 - 25 (S. D. N. Y. 1989), 认为尽管仲裁员在程序上未能通知一方当事人启动仲裁程序,但仍享有豁免。

〔18〕 See CAL. CIV. CODE, § 1297. 119 (1994); FLA. STAT. § 684. 35 (1998),规定若对仲裁员履行职责的行为提起诉讼,此时为仲裁员提供豁免。

〔19〕 See Peter B. Rutledge, "Towards a Contractual Approach for Arbitral Immunity", *Georgie Law Review*, Vol. 4, 2004, p. 152.

〔20〕 Austern v. Chicago Bd. Options Exchange Inc. ,898F. 2d 882(2nd Cir. 1990).

〔21〕 Butz v. Economou, 438 U. S. 478, 511 (1978). 在该案中,美国联邦最高法院的法官为分析豁免权是否可以适用于公职人员设立了三重标准:(1)是否以可比较的准司法或公共裁断人身份行为;(2)个人责任之干扰或威胁对准司法职能产生影响的可能性;(3)是否有能够充分防止享受豁免的官员的违宪行为的程序保障。

受不当的影响,并能保护裁决的完整性不受不满的当事人的异议的影响。[22]第六巡回法院的判决肯定了这个立场,指出不仅要坚持保护仲裁员的政策,如果有需要,还应予以扩展。[23] 授予仲裁员豁免的另一个理由是,许多仲裁员大都是一些领域内的专业人士,兼职成为仲裁案件的仲裁员。有人认为,没有豁免就会抑制仲裁员提供服务。[24]随着仲裁的增长,如果个人出于对承担责任的恐惧而不愿作为仲裁员提供服务,这会对仲裁产生极大的破坏性。在美国,每个巡回上诉法院处理责任问题已经将绝对豁免权扩展至仲裁员在他们仲裁能力内的一切行为。[25]

美国的部分州法院采用的是《示范法》的相关规定,如伊利诺伊州早在 1985 年就采用了《示范法》,而其裁决仲裁员民事责任豁免的先例则在 1986 年被法院作出。在 Grane 案中,[26]伊利诺伊州第二巡回上诉法院开创了先例,裁定"仲裁员在执行他作为一名仲裁员的所有行为时豁免于诉讼"。由于《示范法》没有规定仲裁员的民事责任问题,因此,在州法院审理的案件中,仲裁员民事责任豁免的依据仍是联邦法院的裁决。另外,有些州,如佛罗里达州、北卡罗来纳州、威斯康星州有关仲裁的立法中有关于仲裁员豁免于民事责任的规定。例如,佛罗里达州的法规规定,仲裁员和调解员"应享有与法官同样的方式

---

〔22〕 See Wasyl, Inc. v. First Boston Corp. , 813 F. 2d 1579, 1582 (9th Cir. 1987),基于联邦支持仲裁的政策强化了仲裁豁免的正当立场。

〔23〕 See David J. Branson & Richard E. Wallace, Jr. , "Immunity of Arbitrators under United States Law", in The Immunity of Arbitrators, Julian D. M. Lew ed. ,1990, pp. 86 – 95,讨论了美国仲裁员和仲裁机构豁免的基础。

〔24〕 See also David J. Branson & Richard E. Wallace, Jr. ,"Immunity of Arbitrators under United States Law", in The Immunity of Arbitrators, Julian D. M. Lew ed. ,1990, pp. 87 – 88,主张对仲裁员保护自己免受个人攻击的行为施加责任将会对担任仲裁员起到抑制作用。

〔25〕 See Julian D. M. Lew, *The Immunity of Arbitrators*, Lloyd's of London Press Ltd. , 1990, p. 4,书中讨论了美国、英国和法国关于仲裁员豁免的一般立场,指出美国法院对于仲裁员在其职责范围内的行为授予绝对豁免。

〔26〕 Grane v. Grane, 143 Ill. App. 3d 979 (1986).

和同样程度的司法豁免权”。[27] 北卡罗来纳州法律规定,“仲裁员与法官一样对于他们公务行为的享有民事责任豁免权”。[28] 威斯康星州法律规定,仲裁员对于“他们履行权力和职责范围内的任何作为或不作为享有民事责任豁免”。[29] 美国 2000 年修订的《统一仲裁法》就明确规定,[30] 仲裁员在履行其裁判案件的职能时享有与法官一样的豁免,在这一法案颁布之后,大多数州都将其作为美国的示范法予以实施。例如,科罗拉多州修订该州法规时规定,仲裁员对其在仲裁过程中发现、发表意见等相关行为豁免于民事责任。[31]

二、有限责任(有限豁免)

(一)明示有限豁免(有限责任)

仲裁员民事责任有限豁免论认为,仲裁员对其行使仲裁职责的行为在一定条件下和一定范围内可以免于承担责任,但超过这一条件或范围的行为则要承担相应的责任。[32] 在除美国外的其他一些英美法

---

〔27〕 FLA. STAT. § 44.107 1990), providing immunity to same extent as judge when arbitrator appointed by court or selected by parties.

〔28〕 N.C. GEN. STAT. §7A - 37.1(e), (1989), providing judicial immunity to arbitrators participating in court - ordered non - binding arbitration.

〔29〕 WIS. STAT. § 93.50(2)(c) (1989 - 1990), immunizing arbitrators for acts or omissions within scope of duty under law providing for arbitration of disputes between farmers and creditors.

〔30〕 美国《统一仲裁法》第 14 条第 1 款明确规定:仲裁员或仲裁机构在履行其职能时,如同本州法院法官在行使司法职能时一样享有相同的豁免,不负民事责任。该条第 5 款还规定:如某人就仲裁员、仲裁机构或其代理人提供的服务而产生的争议针对上述人等提起民事诉讼,或某人违反前款寻求仲裁员或仲裁机构或其代理人作证或提供记录,而法院决定仲裁员、仲裁机构或其代理人免于民事责任,或仲裁员或仲裁机构的代理人不得作证,则法院应判决向仲裁员、仲裁机构或其代理人支付合理的律师费用和其他合理的诉讼开支。

〔31〕 值得注意的是,尽管美国仲裁法采取绝对免责的态度,但 AAA《仲裁规则》(2000 年修订)却倾向于相对免责,其第 35 条规定:仲裁庭的成员和 AAA 不对任何当事人就与按照本规则进行仲裁有关的任何行为或疏忽承担责任,但对因其有意或故意的不当行为而造成的后果可能承担责任。

〔32〕 参见黄进主编:《国际私法与国际商事仲裁》,武汉大学出版社 1994 年版,第 109 页。

系国家,法院似乎更倾向于将仲裁员民事责任豁免适用于仲裁员的准司法行为,其理由也是基于仲裁员与法官处于几乎相同的位置上,并且两种职业的功能相同之处甚多。在具体立法上表现为对民事责任豁免的明示或默示,英国作为典型的英美法系国家就采取仲裁员责任的相对豁免论。〔33〕考察英国与仲裁相关的立法规定,可以发现,英国的法律没有对仲裁员的资格条件作出严格的限定,但同时法律又赋予仲裁员一定的豁免权,因此,如何对仲裁员在仲裁过程中的所作所为进行监督十分重要。对于这个问题,英国《1996 年仲裁法》中就有相关的规定,即第 24 条〔34〕明确规定允许当事人向法院申请免除仲裁员的职务。对于仲裁员的豁免问题,英国在其仲裁法中明确规定,仲裁员在仲裁案件过程中在侵权、合同或其他方面享有豁免,具体在该法

---

〔33〕 英国《1996 年仲裁法立法》之前,英国的判例法为仲裁员提供几乎没有限制的豁免,仲裁员在履行仲裁职能时的所有行为都享有豁免的特权,比较有代表性的案例属 1974 年的 Sutcliffe v. Thackrah 案和 1977 年的 Arenson v. Arenson 案。在 Sutcliffe 案的判决中法,院法官强调了仲裁员豁免权的必要性:仲裁员免予因疏忽而享有豁免权之立论基础是假设仲裁员很有可能被仲裁中输的一方提起诉讼,同时,为了避免仲裁员因怕被起诉的情形下而作出不当之决定,因此,仲裁员之豁免权会保证仲裁员和法官一样享有独立的思考并作出对的决定。参见[1974]AC 757。在 Arenson 案中,最高法院再一次确立了仲裁员在仲裁程序中所为的司法功能是受到豁免权的保护。但是,并不是每一个审理此案的法官都同意仲裁员应享有与法官一样的豁免权。Lord Kilbrandon 法官就持不同观点,认为在此案中看不出来评量师、精算师和仲裁员在习惯法或是仲裁法案中有何不同。大家都说仲裁员除了欺诈行为之外,并不须负任何民事上责任,但理由是什么?他进一步认为,在习惯法或是仲裁法案下,仲裁员确实是由当事人合意因他的专长而选择为当事人解决纷争的人。但是,如果他在解决纷争时有疏忽,那他就应该对因疏忽产生的损害赔偿负责。因为,其无法辨认出该案被告和仲裁员到底有何不同,因此,其决定被告和仲裁员并不享有豁免权。参见[1977]AC 405.419。转引自吴光明、俞鸿玲:《国际商务仲裁理论与发展》,台北,翰芦图书出版有限公司 2013 年版,第 140 ~ 141 页。

〔34〕 英国《1996 年仲裁法》第 24 条第 1 款规定:基于下列理由,仲裁程序的一方当事人(经通知另一方当事人、当事仲裁员和其他仲裁员后)可申请法院撤换仲裁员:(a)存在当事人对该仲裁员的公正性产生具有正当理由的怀疑的事由。(b)该仲裁员不具备仲裁协议所要求的资格。(c)该仲裁员身体或心智上不能进行仲裁程序或对其进行仲裁程序的能力产生具有正当理由的怀疑。(d)该仲裁员拒绝或没有:(i)适当进行仲裁程序;(ii)合理迅捷地进行仲裁程序或作出裁决。且已经或将对申请方产生实质性的不公正。

第29条[35]第1款中进行规定,即仲裁员对其在仲裁中的所有作为或不作为免于承担民事责任,除非这些“被显示已存在恶意”。分析第29条规定可以推定,只有在两个特定的情况下证明责任的合理性:(1)如果一项仲裁行为或不行为是“恶意”[36]而为;(2)如果法院确定辞职是不合理的。[37] 与美国的仲裁员可以享有的绝对豁免权不同,英国仲裁员仅在非“恶意”的范围内享有责任豁免,并且,英国法律规定了当事人对于仲裁员的故意不当行为可以采取的补救措施。英国法律所规定的相对免除责任的做法得到了相关判例的支持,上诉法院

---

〔35〕 在英国《1996年仲裁法》第29条的立法过程中,大法官们对豁免权质疑的态度进行了异常精彩的辩论。在立法过程中,Lord Brightman 建议修正第29条草案并要求仲裁员在迟延及超支的情况下负起责任。但 Lord Denning, Lord Mustill、Lord Roskill 和 Lord Donaldson of Lymington 不同意 Lord Brightman 的建议。Lord Donaldson of Lymington 以他自己曾担任仲裁员的经验表达对于要求仲裁员负责之主张的疑虑。并指出如果要其在仲裁之后可能受到当事人一方指责其浪费时间及金钱并须负担赔偿责任,他将会非常的不高兴甚至抱怨。他认为仲裁程序中应该是当事人要避免过度的浪费时间及金钱。同时,他也对要求仲裁员买职业保险以预防被诉的主张表达不满。他指出如果要他买职业保险以预防被诉,那他会停止担任仲裁员。另一方 Lord Brightman 和 Lord Hacking 指出,仲裁员本来就应该迅速地解决当事人之间的争议。如果无法迅速解决争端的原因及过错是在仲裁员身上时,仲裁员就应该负责。对于仲裁员是否应该具备保险的争执,他指出所有的法官及在就业市场从事专业服务的人都具备保险以防不测。为何仲裁员可以独享不同的待遇。在公共利益的考量下,《仲裁法》第29条被定调为除非仲裁员有恶意的情况下,仲裁员原则上享有民事上的豁免权。参见吴光明、俞鸿玲:《国际商务仲裁理论与发展》,台北,翰芦图书出版有限公司2013年版,第141~142页。

〔36〕 对英国《1996年仲裁法》一个重要的批判是它没有明确界定“恶意”,而是留给法官对这一术语进行解释。目前,根据英国法律,“恶意”是指实际恶意或缺乏任何处理争议事项权力的实际情况。参见 Peter Sanders, “National Report on England, National Report on England”, Vol,30, 1998, pp. 31-32。此外,参见 Melton Medes v. Securities and Inv. Bd., [1995] 3 All. E. R. 880, 890。该案从狭义方面界定“恶意”,即道德元素是一个重要的成分,缺乏诚信意味着:(1)个人怨恨的恶意或因不当理由造成伤害的欲望;(2)对讨论中的问题缺乏作出决定的权力。

〔37〕 英国《1996年仲裁法》第25条(仲裁员辞职)规定:(1) 当事人可与仲裁员自由约定其辞职后的下列有关事项:(a)获取报酬或开支的权利(如有);(b)由其因此所引致的任何责任。(2)在且仅在无此约定的情况下,适用下列规定。(3)辞职之仲裁员(经通知所有当事人后)可向法院申请:(a)免除其由此所引致的责任;(b) 作出法院认为合适的关于其对报酬或开支的请求权(如有)或偿还已支付的报酬或开支的命令。(4)如法院认为关于该仲裁员辞职的所有事由均是合理的,则其可根据第3款第a项以其认为合适的条件免除该仲裁员责任。(5)针对本条项下法院决定的上诉应取得法院的准许。

的法官认为，由于仲裁员和法官在履行职能的地位上相似，免除法官司法过程中因过失引起的责任，是公共政策的要求，类似地，仲裁员也应当享有相应的豁免权。[38] LCIA 在其《仲裁规则》(2014 年)[39] 中也对仲裁员责任的相对豁免进行了规定。

其他国家如新西兰、新加坡、澳大利亚采取类似的做法。虽然新西兰仲裁立法没有采用示范法，但根据新西兰《1996 年仲裁法》第 13 条的规定，仲裁员"对于以仲裁员资格进行的任何作为或不作为相关的疏忽不承担责任"。因为，对仲裁员责任的排除只涉及疏忽，仲裁员仍有可能对重大过失或故意行为承担责任。[40] 同样，新加坡仲裁立法也认为，在有些情形下仲裁员是需要承担民事责任的，如新加坡《国际仲裁法》(2002 年修订)第 25 条[41] 规定了仲裁员对于其在履行仲裁职能中的任何过失或疏忽或对于在仲裁过程中或在作出裁决时所犯的任何法律、事实或程序错误都不承担责任，除非能表明其过失或疏

---

〔38〕 See Fraser P. Davidson, *International Commercial Arbitration*, Sweet & Maxwell 1991, pp. 253 – 255. 转引自宋连斌主编:《仲裁理论与实务》，湖南大学出版社 2005 年版，第 116 页。

〔39〕 LCIA《仲裁规则》(2014 年)第 31 条第 1 款规定:LCIA，仲裁院(包括主席、副主席以及其各个成员)，登记员、副登记员、仲裁员及仲裁庭聘任的专家都不就其根据本规则进行仲裁的任何作为或不作为向当事人承担责任，除非:(i)当事人有证据表明该被声称应承担责任的机构或个人的作为或不作为构成明显和故意的违法行为;(ii)任何所适用的法律明确禁止适用该条款的任何部分。

〔40〕 See Susan D. Franck, "The Liability of International Arbitrators: A Comparative Analysis and Proposal for Qualified Immunity", *New York Law School Journal of International and Comparative Law*, Vol. 20, 2000, p. 33.

〔41〕 新加坡《国际仲裁法》(2002 年修订)第 25 条规定:仲裁员不必为下述行为承担责任:(a)在履行职责时的过失或疏忽;(b)在仲裁过程中或在作出裁决过程中的任何法律上、事实上或程序上的错误。第 25A 条规定:(1)指定机构、仲裁或其他机构以及个人，应当事各方的指定或请求而委任或提名仲裁员时，均不对其履行或声称履行该职责时所造成的过失或疏忽承担任何责任，除非能表明其过失或疏忽属恶意行为;(2)对于仲裁员及其雇员，或其代理人在履行或声称履行仲裁员职责时所造成的过失或疏忽，指定机构、仲裁或其他机构以及个人不应仅因为委任或提名该仲裁员而承担任何责任;(3)上述规定适用于指定机构、仲裁或其他机构以及个人的雇员或代理人，如同适用于该指定机构、仲裁或其他机构以及该位人士。

忽属恶意行为。SIAC《仲裁规则》(2013 年修订)第 34 条[42]也对仲裁员的责任作了类似的规定。澳大利亚《国际仲裁法》(2010 年修订)第 28 条规定,仲裁员不对其以仲裁员身份实施的任何作为或不作为的过失负责,但对其以该身份实施的任何作为或不作为存在欺诈时须负责。

从本质上来说,仲裁员责任限制是合理的,不是因为在仲裁员的任命条款中确立了责任的范围,而是因为仲裁员的地位和功能与法官相类似。无论其理论基础是什么,仲裁员的责任取决于他具体的职责和义务。有学者认为,当仲裁员接受任命时,他接受了 3 个主要任务:小心、勤勉行事和秉公裁决。首先,小心的义务包括仲裁员履行职责时需具备合理的技能和谨慎;其次,勤勉行事的义务要求仲裁员在合理的时间内履行义务和裁决;最后,秉公裁决的义务包括基本公平对待当事人和正当程序。[43] 然而,这些职责是否具有法律效力取决于相关国家或地区的法律规定,即道德义务的存在使这些职责的履行是不可否认的,问题是其是否依靠法律制裁。

(二)默示有限豁免(有限责任)

在有些国家的立法中几乎无关于仲裁员民事责任豁免的明确规定,但其相关立法精神体现或相关判例指出,仲裁员在有些例外情形下须对自身行为承担民事责任。例如,瑞典法律中并没有明确的仲裁员免予民事责任的法律条款,瑞典《仲裁法》也没有对仲裁员责任问题进行明确规定,从其立法精神上来看,仲裁员未能披露利益冲突时可

---

〔42〕 SIAC《仲裁规则》(2013 年修订)第 34 条规定:(1)新仲(包括院长、其仲裁院成员、董事、高级职员、一般雇员和任何仲裁员),无须向任何人承担任何与适用本规则仲裁有关的过失、作为或不作为责任;(2)新仲(包括院长、其仲裁院成员、董事、高级职员、一般雇员和任何仲裁员),无须就适用本规则的仲裁作出任何声明。任何人不得试图把院长、仲裁院的任何成员、董事、高级职员、一般雇员或仲裁员作为任何与适用本规则仲裁有关的法律程序中的证人。

〔43〕 See Michael J. Mustill & Stewart C. Boyd, *Law and Practice of Commercial Arbitration in England*, 2rd ed., Lexis Law Pub. 1989, p. 224.

能需要承担民事责任。[44] 瑞典斯德哥尔摩商会仲裁院《仲裁规则》(SCC《仲裁规则》)第48条[45]规定,仲裁员仅对其故意不当行为或重大过失行为承担责任。一般来说,仲裁员可能承担责任的理由包括妨碍程序、未能遵守可适用的程序规则或犯有与所裁决的争议事项有关的罪行。[46] 瑞士《仲裁法》也没有有关仲裁员民事责任的规定,但根据瑞士法律,当事人与仲裁员之间的关系通常被视为是瑞士《债法典》第394条含义之内的委任或准委任关系,因此,仲裁员要对其过错行为承担民事责任。但鉴于仲裁员必须向法官一样享有必要的独立和自由,在判断仲裁员是否有过错时应当采用更加严格的标准。[47] 德国仲裁协会《仲裁规则》[48]规定仲裁员对其仲裁过程中的任何行为免责,除了主观故意或重大过失引起的渎职行为。

虽然法国2011年《仲裁法》吸收了国际上较先进的立法规定,在仲裁程序中尊重当事人意思自治,仲裁庭的管辖权得到扩展,增强了法院对仲裁的支持力度,同时减轻了法院对仲裁程序的干预,[49]但该法并没有对仲裁员责任问题进行规定。博恩和福盖德指出,对于仲裁员民事责任承担问题最著名的决定是1977年兰斯法庭一审作出的决定(该决定未曾公开)——法庭指出"仲裁员只有在重大过失、欺诈或

---

〔44〕 See Lars Heuman, *Arbitration Law of Sweden: Practice and Procedure*, JurisNet, LLC, 2003, p. 215.

〔45〕 SCC《仲裁规则》第48条规定:仲裁院和仲裁员不就与仲裁相关的行为或疏忽向当事人承担责任,除非该行为或疏忽构成故意不当或重大过失。参见费恩·迈德森:《瑞典商事仲裁》,李虎、顾华宁译,法律出版社2008年版,第302页。

〔46〕 See Christian Hausmaninger, "Immunity of Arbitrators Book Review", *Foreign Investment L. J.*, Vol. 6, 1991, p. 603.

〔47〕 See Jan Paulsson, *International Handbook on Commercial Arbitration*, *Switzereland*, Kluwer Law International, 2010, p. 22.

〔48〕 德国仲裁协会《仲裁规则》(1998年)第44条第1款规定:如没有主观故意的渎职行为,仲裁员对于其仲裁裁决的行为不承担责任。第2款规定:仲裁员、仲裁院及其所属的管理人员及雇员对于其在仲裁程序中的其他行为或疏忽,除非其由主观故意或重大过失而引致渎职,不承担责任。

〔49〕 参见朱伟东:《法国最新〈仲裁法〉评析》,载《仲裁研究》2013年第3期。

纵容一方当事人时承担责任”。[50] 在法国的司法实践中，当事人可以起诉仲裁员因未能根据职责范围履行或疏忽导致的违约，[51] 但责任只能来自履行他们的任务时的作为或不作为。同样，如果一个仲裁员违背当事人的信任，他们可能要么受到刑事处罚，要么受制于赔偿诉讼。仲裁员可能对执法不公承担责任，包括：(1)没有正当理由辞职；(2)未能在适当的期限内作出裁决；(3)不履行仲裁职责。[52]

英美法系国家(除美国外)侧重于仲裁员有限豁免论，这一论断是对传统的绝对豁免论的修正；大陆法系国家侧重于仲裁员有限责任论，这一论断缩小了无限责任论中的范围。二者都是从不同方面对仲裁员的民事责任进行界定，主要围绕着仲裁员行使仲裁职责的行为如何进行区分，大都认为仲裁员存有欺诈、接受贿赂或其他不当行为，就应承担相应的责任。

三、完全责任(无豁免)

仲裁员承担完全民事责任论，即仲裁员无豁免论，认为当事人直接或间接指定仲裁员提供解决他们之间争议的仲裁服务，并因此而支付相关的仲裁费用，其中，包含仲裁员的报酬。在这一过程中，当事人和仲裁员之间形成了一种默示的契约关系，若仲裁员未能如约完成义务，就应当承担法律责任。根据这种理论，仲裁行为是一种专业行为，这种专业行为类似于律师、医生、建筑师、审计师和工程师等专业人员所实施的专业行为。因此，仲裁员在提供仲裁服务时，应谨慎地履行其职责，并须承担相应的专业注意责任，否则，与其他提供服务的专业

---

[50] Emmanuel Gaillard and John Savage, *Fouchard Gaillard Goldman on International Commercial Arbitration*, Kluwer Law International, 1999, p. 589.

[51] See Julian D. M. Lew, “Interest on Money Awards in International Arbitration”, in Making Commercial Law: Essays in Honour of Roy Goode, Ross Cranston ed. 1997, p. 543.

[52] 仲裁员履行仲裁职责是一项义务，如法国《民事诉讼法典》(2011 年)第 1457 条第 1 款规定：仲裁员应履行其职责直至完成，除非其在法律上成为无行为能力，或其对拒绝行事或辞职有正当的理由。

技术人员一样,若在行使职权过程中出现故意或过失行为给当事人造成损失的,必须承担相应的法律责任。不仅如此,仲裁员作为解决争议的居中裁判者,须公平公正地行使仲裁职责,承担“公正行事的责任”,平等对待双方当事人,不允许偏袒任何一方当事人,不得受贿、索贿,不得采取欺诈或欺骗的方式,不得滥用职权。否则,当事人可以以此为由向法院提出撤销仲裁裁决的申请,同时,还可以要求仲裁员对其造成的损失承担个人责任。这一观点主要见于大陆法系国家。〔53〕采取这一观点的相关国家法律通常将仲裁员不当离职、未能及时作出裁决以及未能遵守相关的仲裁职责等错误都归为仲裁员责任。由于这些国家的法律通常没有规定具体的豁免情形,责任可能延伸到仲裁员的所有过失行为和违反职责的行为。

许多伊斯兰国家也对仲裁员的不当辞职建立了明确的责任,如卡塔尔、黎巴嫩和叙利亚的法律规定,如果仲裁员没有正当理由辞职,他将对当事人承担责任。同样,在突尼斯,1993 年《仲裁法典》没有规定仲裁员的任何豁免;相反,明确规定若仲裁员无正当理由辞职将负赔偿责任。此外,利比亚法律中也没用规定仲裁员的豁免问题,反而规定了仲裁员对于无充足理由的辞职要承担责任。沙特阿拉伯在对待仲裁员豁免的问题上适用传统的伊斯兰法律原则。作为伊斯兰法的重要部分的古兰经包含了一条基本原则,即善意调解之人应因调解而获得报酬,恶意调解之人则应对其恶意行为承担责任。〔54〕根据这一般原则,仲裁员可能对其未能记录重要文件、丢失或破坏重要书证,或未能注意一方当事人的重要陈述之过失承担责任。从本质上讲,仲裁员基本上对其给任何一方当事人造成损害的任何过错行为承担

---

〔53〕 参见宋连斌主编:《仲裁理论与实务》,湖南大学出版社 2005 年版,第 107 页。

〔54〕 英文原文:He that mediates in a good cause shall gain by his mediation, but he mediates in a bad cause shall be held accountable for its evil。

责任。[55]

其他一些国家,如印度尼西亚对于仲裁员不当退出仲裁规定了仲裁员责任。该国法律规定:对作出裁决预设的期间是仲裁员接受任命之日起6个月内,[56]如果仲裁员无正当理由未能在规定的期限内作出裁决,将要承担损害赔偿责任。[57]由于仲裁员通常在不同的时期接受任命,这在多个成员组成的仲裁庭的情况下会产生特别有趣的后果:即使是适用同一国家的法律,不同的仲裁员会在不同的时间确定其各自的赔偿责任。

根据奥地利法律,仲裁员与当事人之间的协议被视为自成一类的协议。奥地利《民事诉讼法典》规定,[58]接受指定的仲裁员没有履行或没有按时履行其应承担的义务,那么,其应当向当事人赔偿由于其不当拒绝履行或迟延履行其义务而造成的全部损失。仲裁员与当事人在协议中只能免除仲裁员因为一般过失应负的责任,而不能免除仲裁员的重大过失或故意行为的责任。维也纳《仲裁规则》(2013年修订)第46条[59]规定,只要在法律允许的情况下才能免除仲裁员的责任。

罗马尼亚的法律比较完备地规定了仲裁员责任问题,其1993年

---

〔55〕 See Susan D. Franck, "The Liability of International Arbitrators: a Comparative Analysis and Proposal for Qualified Immunity", *New York Law School Journal of International and Comparative Law*, Vol. 20, 2000, pp. 43 - 45.

〔56〕 参见印度尼西亚《民事诉讼法》第620条规定:(1)仲裁协议应当规定解决提交仲裁的争议的期间;如未规定,从仲裁员接受当事人的指定之日起,对仲裁员的委任只能持续6个月。(2)在此期间,除双方当事人一致同意外,仲裁员不得撤换。

〔57〕 参见印度尼西亚《民事诉讼法》第623条规定:除了经第619条中规定的法院批准的原因外,已经接受委托的仲裁员不能辞职。仲裁员如无正当理由,不在规定的时间内作出裁决,应对当事人的损失负责补偿。

〔58〕 参见奥地利《民事诉讼法》第584(2)条规定:如果仲裁员不及时履行或不完全履行其在接受任命时所承担的职责,则要对由于他的错误拒绝或迟延给当事人造成的损失承担责任。

〔59〕 维也纳《仲裁规则》(2013年修订)第46条规定:仲裁员、秘书长、副秘书长、主席团及其成员和奥地利商会及其职员因涉及仲裁的任何作为或不作为,在法律允许的情况下,免除责任。

的《民事程序法典》第353条规定了仲裁员将在4种特定情形下承担损害赔偿责任:(1)无正当理由辞职;(2)未能在规定的时间内作出裁决或无正当理由不参与作出裁决;(3)没有经过当事人的同意公布或披露相关仲裁信息;(4)显然失职。这最后的规定范围是相当大的,可能包括合同的义务,法定的义务,以及如诚实信用、善意等默示义务。虽然目前在罗马尼亚还没有出现相关判例来检测这些标准,但从法律规定来看,仲裁员承担民事上责任的范围几乎没有什么限制。[60]

此外,还有一些国家,如阿根廷、秘鲁等国明确规定仲裁员不当履行或不履行义务时要承担责任。阿根廷《国家民商事诉讼法典》规定了在两种情形下[61]应承担责任:其一,一旦他们接受任命,仲裁员对未能履行"仲裁职能"造成的损失和损害可能要承担责任;其二,如果仲裁员无正当理由未在规定的期限内作出裁决,则仲裁员应对费用和损失承担责任,并丧失对一切报酬的权利。秘鲁《民事诉讼法》也规定:仲裁员在接受任职后不在规定的期限内作出裁决的,应对当事人遭受的损失负责。[62]

在上述3种理论中,无责任(绝对豁免)论不能促使仲裁员负责地从事仲裁业务,反而会使仲裁员感受不到压力的存在,可能导致仲裁员滥用自由裁量权的行为发生,难以保证仲裁的公正,无助于当事人公平价值追求的实现。对于完全责任(无豁免)论,只是相关国家的法律存在追究仲裁员无限责任的可能性,而司法实践中几乎没有国家真正无任何限制地要求仲裁员承担民事责任。[63] 并且事实上,随着仲

---

〔60〕 See Susan D. Franck, "The Liability of International Arbitrators: a Comparative Analysis and Proposal for Qualified Immunity", *New York Law School Journal of International and Comparative Law*, Vol. 20, 2000, p. 44.

〔61〕 阿根廷《国家民商事诉讼法典》第745条规定:仲裁员接受指定后,应即履行职责,并对由于不履行仲裁员职责而生的费用与损害负责。第756条规定:仲裁员无正当理由在上述期限内未作出裁决时,丧失对一切报酬的权利,并且应对费用与损失负责。

〔62〕 参见秘鲁《民事诉讼法》第577条。

〔63〕 参见石现明:《国际商事仲裁当事人权利救济制度研究》,人民出版社2011年版,第121~123页。

裁日渐发展成为一种解决民商事争议的主流解决方式，而不仅是作为一种替代性的争议解决方式，多数国家的法律对仲裁员规定某种类似于法官享有的司法特权，从而有别于合同当事人，因为，仲裁员完全承担合同上民事责任的观点逐渐淡化。[64] 而有限责任（有限豁免）论，其理论构架类似于中国的中庸之道，既要对仲裁员授予一定的豁免，使其消除承担责任的顾虑而能积极地进行仲裁，又要对仲裁员的行为进行一定的规制，保护当事人的利益不受仲裁员恶意或故意的、重大过失的行为的不法侵害，维护仲裁制度的公正性。这一理论可以适度平衡当事人和仲裁员之间的权利义务关系，有一定的积极意义。

第二节　仲裁员民事责任的追究

一、仲裁员民事责任的承担范围

仲裁豁免的范围和限制取决于仲裁员在裁判案件中的角色与法官的角色之间具有的"职能可比性"。简言之，但凡仲裁的职能在某种程度上可比之于法官的职能，仲裁员享有的豁免会扩展至与法官享有的豁免相似的程度或范围；但凡仲裁员的职能与法官的职能存在的不同之处，就要适用不同的规则对待仲裁员的不当行为。

仲裁豁免有 3 个重要的功能：首先，与法官一样，豁免确保仲裁员仍作为独立和中立的决策者，不受对他们决策行为法律报复威胁的影响；其次，它保护仲裁员并免受不满当事人寻求挑战仲裁裁决的攻击；最后，豁免激励个人人担任仲裁员，从而促进有利于仲裁的一般政策。[65] 一般而言，对仲裁豁免的限制包括：(1) 仲裁员，像所有的其他

---

〔64〕 参见林一飞：《国际商事仲裁法律与实务》，中信出版社 2005 年版，第 212 页。

〔65〕 See Sara Roitman, "Beyond Reproach: Has the Doctrine of Arbitral Immunity Been Extended too Far for Arbitration Sponsoring Firms?", *Boston College Law Review*, Vol. 51, 2010, p. 569.

公民一样,对他们犯下的任何罪行承担责任;(2)仲裁员如果完全不履行义务,需对过失或违约承担责任;(3)如果仲裁员侵犯一个人宪法上的公民权利(虽在实践中不太可能发生),则可能受到禁令或宣告救济;(4)当事人提出的请求涉及仲裁员自身的不当行为,并有证据加以证明。[66]

对于仲裁员与当事人之间的关系,仲裁理论界和仲裁实践普遍认为,他们之间存在某种程度上的合同关系。因此,追究仲裁员的民事责任范围可以适当参照律师、医生等提供专业服务的专业人士承担的民事责任范围。一般而言,当事人可以对仲裁员提起民事诉讼的范围包括:(1)仲裁员无正当理由拒绝履行仲裁职责,给当事人造成一定的经济损失;(2)仲裁员故意或因重大过失作出违约行为,并给当事人造成了一定的损失;(3)仲裁员在仲裁过程中滥用仲裁职权、欺诈或有其他玩忽职守的行为;(4)仲裁员不按照当事人约定的程序或机构仲裁规则规定的程序进行仲裁,导致仲裁裁决以该理由被撤销,而给当事人造成损失;(5)仲裁员在仲裁过程中的违法行为构成犯罪,并致使当事人遭受一定的经济损失,当事人可以在提起刑事诉讼的同时提起附带民事诉讼;(6)仲裁员行使仲裁职责过程中存在其他一些侵犯当事人合法权益的行为,给当事人造成损失的。

二、仲裁员民事责任的承担形式

(一)民事责任的类型

仲裁员承担民事责任的缘由可以基于违约或者侵权。英美法系和大陆法系这两大法系在仲裁员责任的来源上,均重视仲裁协议以及仲裁员与各方当事人之间的合同关系。然而,对于仲裁员承担民事责任的基础是否基于仲裁员所承担的合同义务存有分歧。传统上,大陆

---

〔66〕 See Dennis R. Nolan, Roger I. Abrams, "Arbitral Immunity", *Industrial Relations Law Journal*, Vol. 11, 1989, p. 261.

法系一些国家的法律强调，仲裁员承担的仲裁职责具有合同性质，并以此作为建立潜在责任的基准。相比之下，英美法系国家在判例中采用的认定方法更倾向于集中在仲裁员违反注意义务行为的潜在侵权性质。尽管一些案例表明，仲裁员的合同责任比专业的注意义务的范围较广，但最终，这两种行动均会导致基于仲裁员的失职而引起的潜在责任。[67]

1. 违约责任

违约责任，是因一方当事人不履行合同中约定的义务或者履行义务不符合约定而引发的民事责任。目前，大多数学者都认可仲裁员与当事人之间存在合同关系，只是对该合同的性质还没有达成统一的观点。只要仲裁员接受委任，同意担任解决当事人之间争议的仲裁员，基于委任方式的不同，或直接或间接在其与当事人之间形成了合同关系。因而，仲裁员须承担合同涵盖的明示或默示的义务，如平等对待双方当事人、谨慎勤勉进行仲裁程序、及时作出仲裁裁决、对仲裁过程和结果保密。根据契约理论，仲裁员是在取得当事人授权的情况下裁判当事人之间的争议，他们承担责任的依据是其与双方当事人签订的任命协议，如果他们不履行或不适当履行其与当事人达成协议中规定的职责，那就应对当事人承担违约责任。例如，Norjarl v. Hyundai[68]案中法院的法官解释说，仲裁协议是主合同双方之间的双边合同，接受任命的仲裁员成为仲裁协议的第三方，从而就变成了一个三方合同。从本质上讲，一旦仲裁员接受任命，他们对双方当事人有责任和义务——而不仅是对任命他们的一方当事人。

在许多大陆法系国家中，仲裁员仅被视为专业人士，其民事责任的追究大都适用民法典中规定的违约责任一般原则，通常以仲裁员接

---

〔67〕 See Susan D. Franck, "The Liability of International Arbitrators: A Comparative Analysis and Proposal for Qualified Immunity", *New York Law School Journal of International and Comparative Law*, Vol. 20, 2000, p. 4.

〔68〕 Norjarl v. Hyundai, [1991] 1 Lloyd's Rep. at 536.

受委任的条款作为仲裁员是否承担责任的依据,而不是仲裁员履行的职能。一些国家,例如,意大利[69]和奥地利的法律[70]对责任有明文规定,而法国和德国的法律中是暗含了这一规定。然而,一般来说,当事人和仲裁员之间的合同受私法支配,并且,可以被定性为仲裁员以承担有着服务内容的任务或准任务换取仲裁员的薪酬。

虽然德国法律没有包含建立责任的明文法规,但暗含了责任的一般条款。[71] 然而,不同类型的合同产生不同的义务,所以,仲裁职责的适当分类是至关重要的。特别是,如果仲裁员的聘任合同中有一个有服务因素的要求,那么,仲裁员"必将执行所承诺的服务";[72] 如果仲裁员的聘任合同被认为是"承揽合同",那么,仲裁员将会承担不同的义务,但该聘任合同不可能是一个"承揽"合同。因为,承揽合同往

---

〔69〕 意大利《民事诉讼法典》第 813 条规定:仲裁员接受任命及其职责:仲裁员对任命的接受必须出具书面形式,并自他们在仲裁协议书中签字时起生效。仲裁庭应在双方当事人或法律规定的期限内作出裁决;未能做到这点,即裁决书因超过期限被宣告无效的,仲裁庭应负赔偿责任。仲裁员在接受任命后,无正当理由而辞去聘请的,亦应负赔偿责任。除非当事人一致同意,否则因忽略或延误职责的仲裁员可由双方当事人同意的人选或依据仲裁协议或仲裁条款中规定的第三方来替代。不采取替代措施的,任何一方当事人在向其仲裁员寄出要求采取行动的挂号信的第 15 日起,应有权向仲裁所在地的仲裁法院院长提出申请。仲裁法院院长接到申请后,应先作出决定,对此决定不得上诉;在查明仲裁员确有忽略或延误其职责的事实后,应宣布撤销该仲裁员的职务,并开始替换仲裁员的程序。

〔70〕 奥地利《民事诉讼法典》第 584 条规定:……不及时履行或完全不履行地接受职务而产生的义务的仲裁员应向当事人承担由于他的错误拒绝或迟延而造成的损失,同时不妨碍当事人要求废除仲裁协议的权利。奥地利《民法典》第 1299 条规定了专家责任,即如果某人公开表明自己从事一项专门的职务、技术、行业或手工业,或者其没有紧急情况而自愿承担一项需要自身的技术知识或异常的勤勉才能处理的事务,而且使人相信其具有该必要的勤勉和必要且异常的知识,则其必须对缺乏相应的知识和勤勉承担责任。但委托其处理该事务的人,已经知道其缺乏经验,或者尽到通常的谨慎就可以知道,则该委托人也对其自身的过失负责。

〔71〕 德国《民法典》第 276 条(归责于自己的责任)规定:(1)除另有其他规定外,债务人应对其故意或者过失行为负责。在交易中未尽必要注意的,为过失行为。于此适用第 827 条、第 828 条的规定。(2)债务人因故意行为而应负的责任,不得事先免除。

〔72〕 德国《民法典》第 662 条规定:委托的性质:因接受委托,受托人负有为委托人无偿处理委托人移交事务的义务。第 663 条规定:拒绝时的通知义务:受公开指定处理一定事务或者公开自荐的人,在不接受对于该事务的委托时,有义务立即将其拒绝通知委托人。对于向委托人表示自愿处理一定事务的人,亦同。

往涉及当事人希望获得一个特定的结果，而服务合同的结果在作出裁决之前是难以确定的，承揽合同是来自义务人个人努力和技能的结果。因此，仲裁员承担仲裁职责的合同可能是一个强制性的服务合同，甚至德国仲裁法以“任务”或“职责”的形式讨论仲裁员在这方面应承担的责任。[73]

违约责任的存在可以适度阻止仲裁员作出不当行为，而且，一些国家的法律采用仲裁员民事责任有限豁免制度。基于法官和仲裁员之间存在一定的区别，仲裁员不能享有与法官同等程度的豁免，对仲裁员施行有限豁免制度可给予当事人和仲裁员一定的保护，即不仅仲裁员将免受无理诉讼，而且仲裁中的当事人能够对一定范围内仲裁员的不当行为造成的损害取得赔偿。如果在仲裁实践中，仲裁员存有故意违反应承担的合同义务的行为，他将亲自对他的不当行为承担责任，这对促进仲裁制度的发展，提升仲裁员的裁判能力是至关重要的。[74]

如果仲裁员不履行合同义务或履行不符合约定，将导致当事人会遭受一定的利益损失；如果仲裁员切实履行其承担的合同义务，当事人将因此获得一定的利益。由此，受损害的当事人有权获得的赔偿不仅限于其已被剥夺的任何增益的损失，而且还可以结合其他救济手段

---

〔73〕 德国《民事诉讼法典》第1038条第1项规定：未履行职责或履职不能：如某一仲裁员在法律或事实上不能行使其职权或因为其他原因不及时履行职责，则在该仲裁员离职或当事人同意时终止对其的仲裁员指定。如该仲裁员没有离职，或当事人未能就终止委任达成一致，任何一方当事人都可以请求法院决定终止对其的仲裁员指定。

〔74〕 See Emmanuela Truli, “Liability v. Quasi－Judicial Immunity of the Arbitrator: the Case against Absolute Arbitral Immunity”, *American Review of International Arbitration*, Vol. 17, 2006, p. 410.

提起赔偿。[75] 因为,当事人进行仲裁的基础是他们拟同意按照约定接收仲裁员的履行,如果仲裁员存有违约行为,当事人最常用的补救办法是获得相应的赔偿金,[76] 并向法院申请撤销或不予执行仲裁裁决。但如果仲裁裁决被撤销,便会给双方当事人带来一定的损失和损害,并且,一方当事人提起撤销裁决的诉讼在大多数情况下是针对对方当事人,而不是针对仲裁员,即当事人也可以在仲裁员不存在任何违约的情形下提起撤销裁决的诉讼,因此,撤销裁决并不能作为受害方当事人选用的一个适当的补救措施。[77] 那么,对于仲裁员违反合同义务的行为,要对行为的性质进行界定,分别针对不同的行为考虑不同的补救措施,而且,补救措施的存在和程度的不同在很大程度上取决于所适用的仲裁地法律。[78]

2. 侵权责任

侵权责任,是指仲裁员违反了其所承担的相应的民事义务,会侵害当事人的合法权益,导致当事人受到一定的经济损失,那么,仲裁员就要承担相应的法律责任。探讨仲裁员的侵权责任问题时,目前可以

---

[75] 这种赔偿方式的规定可参见联合国《国际商事合同通则》第7.4.2条规定(损害赔偿可与其他救济手段相结合):本条也阐明受损害方当事人可以把要求损害赔偿作为唯一的救济手段(例如,对迟延履行的延误或对受损害方当事人接受的瑕疵履行要求的损害赔偿;对不履行方当事人应负责任的履行不能要求的损害赔偿),也可以与其他救济手段相结合。这样,在合同终止的情况下,可以要求损害赔偿以对由终止合同所产生的损失进行赔偿;或者,在实际履行的情况下,对受损害方当事人接受的迟延履行以及承受的费用仍然可以要求赔偿。损害赔偿也可以附带其他救济手段(如补救,在报纸上公开承认错误等)。联合国《国际货物销售合同公约》第74条规定:一方当事人违反合同应负的损害赔偿额,应与另一方当事人因他违反合同而遭受的包括利润在内的损失额相等。这种损害赔偿不得超过违反合同一方在订立合同时,依照他当时已知道或理应知道的事实和情况,对违反合同预料到或理应预料到的可能损失。

[76] See Dario Alessi, "Enforcing Arbitrator's Obligations: Rethinking International Commercial Arbitrators' Liability", *Journal of International Arbitration*, Vol. 31, 2014, p. 779.

[77] See G. B. Born, *International Commercial Arbitration*, Kluwer Law International, 2009, p. 1644.

[78] See Dario Alessi, "Enforcing Arbitrator's Obligations: Rethinking International Commercial Arbitrators' Liability", *Journal of International Arbitration*, Vol. 31, 2014, p. 778.

借鉴专业人士的民事责任承担制度。有学者曾指出:虽然专家与委托人之间形成了某类型合同关系,但专家与委托人在专业水平、技术知识、业务能力等方面不在同一层次上,并且,专家所提供的服务不能完全做到平等保护双方当事人的利益。因此,为了在专家与委托人的利益之间寻求平衡,实现和维护法律的公正,如果专家实施了侵犯当事人合法权益的行为,就有必要突破专家与委托人之间形成的合同关系,在这之外寻求其他对受害方当事人给予保护的法律途径,而能对此有所担当的属侵权行为法。[79] 虽然这一观点是针对专家与委托人之间的关系,但仲裁员与当事人之间存在的关系与此类关系存在一定程度上的相似性,因此可以适当借鉴。例如,在英国,[80] 职业或技术工艺协会的成员若未能行使该专业人员通常具备的技能水平和合理的注意,则可以对其追究相应的责任;在美国,专业人士若未能行使该专业成员通常具备的技能和合理的注意,则可以承担追究其违反专业职责的责任。[81]

仲裁员与当事人之间的合同关系比较特殊,不是一般的合同关系,是一种独特或"自成一格"的合同关系。基于仲裁员的权力源自当事人的仲裁协议,仲裁员只能就当事人之间仲裁协议涵盖的事项进行裁决,不能越权处理。并且,仲裁员行使仲裁职责的行为是一种准司法行为,仲裁员在仲裁程序进行过程中须公平和平等对待双方当事人。一旦仲裁员实施了侵害当事人合法权益的行为,以及滥用仲裁权或超越仲裁权的行为,如果当事人难以根据合同规定对仲裁员提起诉

---

〔79〕 参见张新宝:《中国侵权行为法》,中国社会科学出版社 1995 年版,第 254 ~ 255 页。转引自石现明:《国际商事仲裁当事人权利救济制度研究》,人民出版社 2011 年版,第 145 页。

〔80〕 Austern v. Chicago Board Options Exchange, 716 F. Supp. 121 (S. D. N. Y. 1989),该案原告还因精神痛苦起诉仲裁机构侵权,但被仲裁豁免原则所禁止。Rubenstein v. Otterbourg, 357 N. Y. S. 2d 62 (N. Y. C. Civ. Ct. 1973),该案中仲裁员的侵权行为由于其准司法行为性质而被享有豁免。

〔81〕 City of East Grand Forks v. Steele, 141 N. W. 181 (Minn. 1914),该案认为合理的注意标准适用于界定针对专业人士提供技术服务行为的赔偿。

讼,那么,就可以基于侵权责任对仲裁员提起侵权之诉。

有些国家,如德国,仲裁员仍然可能对仲裁职责没有具体规定的侵权行为承担责任。[82] 同样,虽然伊斯兰法律没有追随西方对合同和侵权的分类,古兰经确实存有对仲裁员的责任适用类似侵权的责任原则。例如,伊拉克似乎接受仲裁员基于侵权行为承担的责任,[83] 并且,沙特阿拉伯法律也规定:仲裁员对他犯下的任何过错导致任何一方的损害承担责任。在司法实践中,巴黎初审法院和巴黎上诉法院在 Annahold BV v. L'oreal 案中裁定,仲裁员对当事人承担侵权责任。[84]

综观各国立法与实践,仲裁员承担民事责任的基础可以基于合同或侵权。在英美法系国家,仲裁员通常对于其故意不当行为或重大过失行为承担民事责任;而在大陆法系国家中,仲裁员承担责任的基础通常以仲裁员和当事人之间存在的合同为依据,主要体现为仲裁员未

---

〔82〕 See Julian D. M. Lew, "Interest on Money Awards in International Arbitration", in Cranston (ed.), Making Commercial Law: Essays in Honour of Roy Goode, 1997, p. 543.

〔83〕 See Abdul Hamid El Ahdab, *Arbitration with the Arab Countries*, Kluwer Law International, 2011, p. 225,指出一些评论家认为在伊拉克接受仲裁任务的仲裁员不会被苛以责任,但声称如果有任何责任,那么,应基于侵权。

〔84〕 TGI Paris, July 2, 1990, Annahold BV v. L' oreal, 1996 Rev. Arb. 483; CA Paris, Apr. 9, 1992. 1996 Rev. Arb. 483, 2d decision. 在该案中,Annahold 公司于 1990 年 6 月 25 日发现,双方当事人于 1989 年 12 月 22 日指定的独任仲裁员 L'oreal 是对方公司主席的财务顾问。调查显示,到 1989 年年末,该仲裁员以顾问身份每季度领取了 125,000 法郎的净报酬。Annahold 公司第二天便要求该仲裁员辞职回避,同时,申请法院就对仲裁员的异议作出临时裁决。但令人不可思议的是,该仲裁员于同年 6 月 27 日便迅速地作出了裁决。巴黎初审法院认为,针对仲裁员的异议作出临时裁定的理由已不存在,建议原告如果其认为有撤销裁决的理由就申请撤销裁决。巴黎上诉法院随后以对仲裁协议所作之同意无效为由撤销了该仲裁裁决。根据巴黎上诉法院的判决,巴黎初审法院重新审理了 Annahold 公司针对仲裁员提起的诉讼。法院判决认为:根据法国《民法典》第 1382 条,欺诈行为的受害人可以起诉实施欺诈行为之人,以就其所遭受的损失获得赔偿;原告有权获得被告返还已经支付给他的仲裁费用,连同自支付之日起按法定利率计算的利息共计 600,000 法郎,作为赔偿。在该案中,仲裁员之所以承担侵权责任,是因为在仲裁员没有披露其与对方当事人的关系,而该关系已经为原告知晓且原告已经要求其回避,在此情况下,彼此间已经不复存在有效的合同关系,而且,被告仲裁员的行为明显是一种欺诈行为。See Citing from: Emmanual Gaillard, Jhon Savage eds., *Forchard Gaillard Goldman on International Commercial Arbitration*, Kluwer Law International, 1999, p. 594.

能履行其根据合同负有的3个重要义务,即作出裁决、作出一个好的裁决、勤勉行事。不过,最终不管是基于侵权还是基于合同,均会导致仲裁员承担违反其义务的潜在责任。

(二)仲裁员民事责任的竞合

仲裁员与仲裁当事人之间存在合同关系,据此,仲裁员负有一定的合同义务。仲裁员在仲裁过程中,如果违反了合同义务,则应对仲裁当事人承担违约责任;如果仲裁员在进行仲裁的过程中违反了仲裁法律法规对其规定的义务,侵犯了当事人合法权益,其对仲裁当事人承担的则是侵权责任。

在仲裁实践中仲裁员民事责任与侵权责任出现竞合,是一种特殊情况。例如,在仲裁过程中,仲裁员与一方当事人存在利益冲突却没有如实披露,仲裁员作出的仲裁裁决不利于一方当事人,该裁决作出的原因是仲裁员与另一方当事人存在恶意串通。在这些情况中,仲裁员既违反了合同义务(公平对待仲裁双方当事人),又侵犯了当事人的法定权利(程序上获得公平审理)。

仲裁员承担民事责任存在的竞合状态是法律责任竞合中的一种,是指由于某种特殊法律事实导致可以追究两种或两种以上法律责任,对出现的多种法律责任如何予以追究的情形。责任承担者应承担的责任同时符合两个或以上不同类型民事责任构成要件,权利人则由此获得了多种请求权、请求权的目的往往相同。民法理论上民事责任竞合较为通行的学说有3种:法条竞合说[85](又称规范竞合说)、请求权

〔85〕 最早将刑法上的法条竞合说引进民法领域的是德国学者赫尔维格。法条竞合,也称规范竞合,其以刑法的法条竞合理论为基础,以法律规定的构成要件为出发点,主要观点为一个法律构成要件的成立,如果引致两个或以上请求权,但这些请求权的目的具有同一性,此时,请求权实质上只有一个,只是有多个法条的规定均符合这种情形,这种现象即法条竞合。该学说盛行于19世纪末20世纪初的德国,目前,持此主张的学者较少,最明显采纳该学说的国家立法是法国。参见潘修平、杨学波、邓晓光、徐颖编著:《债权法原理·规则·案例》,清华大学出版社2006年版,第153页。

竞合说[86]（包括自由竞合说与相互影响说）和请求权规范竞合说。[87]

对于责任竞合，各国通常没有在其立法中明确加以规定，而是一般见之于学者学说或者司法判例。[88] 对于我国而言，在司法实践中法院法官处理责任竞合问题时，首先是允许受损害方当事人同时提出两种责任的请求权，其次就由法院在审判过程中对案件事实作出判断，决定应采取哪一种责任，而不是任由当事人进行选择。我国最高人民法院 20 世纪 80 年代的司法解释[89]规定了责任竞合，但该司法解释效力有限，仅在有限的范围内适用。后来，我国于 1999 年专门制定

---

〔86〕 请求权竞合说，是指一个违反法律的行为同时符合违约行为和侵权行为的构成要件，因此产生了基于违约的损害赔偿请求权和基于侵权的损害赔偿请求权，对此受害人可以从中选择之一进行起诉，也有立法例认可被侵权人可以二种请求权均选。该学说又细化成两种不同的学说，即请求权相互影响说和请求权自由竞合说。请求权相互影响说，是指权利人只能在竞合的请求权中选择其中一个提起主张，不能同时主张两个或两个以上的请求权。我国台湾地区学者王泽鉴认为，其根本思想在于克服承认二个独立请求权所发生之不协调或矛盾。参见王泽鉴：《民法学说与判例研究》（第 1 册），中国政法大学出版社 2005 年版，第 355 页。

〔87〕 请求权规范竞合说最初是由德国学者拉伦次教授提出并倡导的。这一学说认为，在存在多个请求权竞合的情形下，若基于同一目的的多个请求权在它们予以实现之前而相互独立存在，而这样的结果是不太适宜的。如果对于同一请求，基于法律中存在多个请求权基础，既可以根据合同责任的规定，也可以根据侵权行为责任的规定，还可以根据危险责任的规定提出，不应该说是存在多种请求权，从而不应该说是请求权的竞合，而应是一个单一的、建立在多种基础上的请求权。参见［德］卡尔·拉伦茨：《德国民法通论》，王晓晔、邵建东、程建英、徐国建、谢怀栻译，法律出版社 2003 年版，第 352 页。这一学说提出之后受到很多学者的支持，荷兰民法典的规定就受到了这一学说的影响。在荷兰，诉因竞合原则意味着，那些依合同提出的如有以违约不能获胜的请求，必须由法官对其在侵权法上的获胜潜能进行评估。参见［德］克里斯蒂安·冯·巴尔：《欧洲比较侵权行为法》（上卷），张新宝译，法律出版社 2001 年版，第 521 页。

〔88〕 明文规定竞合处理规则的立法仅见于《波兰民法典》第 443 条、《爱沙尼亚债法》第 1044 条、学者起草的《欧洲民法典草案》（DCFR）第 VI. 1:101 条。

〔89〕《全国沿海地区涉外、涉港澳台经济审判工作座谈会纪要》规定：两个诉因并存的案件的受理问题。一个法律事实或法律行为有时可以同时产生两个法律关系，最常见的是债权关系与物权关系并存，或者被告的行为同时构成破坏合同和民事侵害。原告可以选择两者之中有利于自己的一种诉因提起诉讼，有管辖权的受诉法院不应以存在其他诉因为由拒绝受理。但当事人不得就同一法律事实或法律行为，分别以不同的诉因提起两个诉讼。

了《合同法》,该法第122条[90]明确规定了当事人可在违约之诉或侵权之诉中作出选择。我国法律的规定采取了请求权竞合说来处理责任竞合问题,主要是为了保护受害人的权益,立足于尊重当事人的意愿。但是,基于我国现实情形的多样性和复杂性,无论受损害方当事人选择哪一种请求权进行救济,都可能难以取得令其感觉满意的结果。即如果受损害方当事人决定选择基于违约提起诉讼,可能难以获得精神方面的损害赔偿;如果受损害方当事人决定选择基于侵权提起诉讼,可能会难以获得某些以合同为基础的收益。当事人作出不同的选择会导致不同的救济程度。[91] 因此,为平衡当事人之间的利益及保护受害人的权益,可以适当借鉴请求权规范竞合理论来设计责任竞合的处理机制。[92]

具体而言,仲裁员的侵权责任和违约责任主要有以下几个方面的区别:

1. 行为性质不同

当事人同意用仲裁解决纠纷时,需要选定仲裁员并且仲裁员予以接受,这样在仲裁员与当事人之间形成了合意。仲裁员裁判纠纷的权利来自当事人的授权,这就使仲裁员产生了合同上的义务。对此,大陆法系大多数国家是普遍认可的,他们认为,当事人对某一仲裁员的指定是其意图的显示。有些案件中虽由仲裁机构来任命仲裁员,但仲裁机构是以当事人的名义行事的,事先获得了当事人的同意,仲裁员一旦明示或默示地接受任命,就与当事人之间形成合意,同意履行当事人授予的仲裁职责,[93]负有公正、认真、勤勉、高效地审理案件的义

---

〔90〕 该条规定:因当事人一方的违约行为,侵害对方人身、财产权益的,受损害方有权选择依照本法要求其承担违约责任或者依照其他法律要求其承担侵权责任。

〔91〕 参见谢鸿飞:《违约责任与侵权责任竞合理论的再构成》,载《环球法律评论》2014年第6期。

〔92〕 参见潘修平、杨学波、邓晓光、徐颖编著:《债权法原理·规则·案例》,清华大学出版社2006年版,第156~157页。

〔93〕 See Emmanual Gaillard, John Savage eds., *Fouchard Gaillard Goldman on International Commercial Arbitration*, CITIC Publishing House, 2004, pp. 601-602.

务。若未能履行这些义务,对当事人造成利益损失的,仲裁员得承担违约责任。而侵权行为中的义务一般都是法律规定的,而不是由当事人双方能够自由决定的,如果仲裁员在裁判案件的过程中违反了法律规定的义务,并且,该法定义务对所有人都是普遍适用的,而不会因为所牵涉利益的大小存在差异。另外,大多数仲裁机构的仲裁规则对仲裁员的义务规定得更为细致,如果仲裁员的行为只是违反了仲裁规则中规定的义务,视情节轻重情况来分析,如果情节轻微,不应追究仲裁员的侵权责任。

2. 免责条件有差异

违约责任和侵权责任涉及的免责条件有差异,对于免责,一般可以分为法定免责和约定免责。例如,对于违约责任,当事人可以在合同中约定一方当事人在什么条件下违约可免除责任的承担,但该约定不违反法律的强制性规定。而对于侵权责任,免责事由一般而言是法定的,不能通过约定免除侵权责任的承担。仲裁员在合同中可以与当事人协商免除一些责任(包括不可抗力引起的责任),但这些规定不能违反法律的强制性规定,也不能对仲裁员故意或重大过失的行为免除责任。仲裁员如果发生了侵犯当事人合法权益的行为,除了法定免责事由外(不可抗力、意外事故等),一般不能涵盖其他的免责事由。

3. 责任的承担形式有区别

由违约责任导致的责任承担方式通常适用违约金、定金罚则、赔偿相关损失、继续履行等。例如,在大陆法系国家,继续履行与赔偿损失都是基本的违约责任方式。既然违约行为折损交易的目的,就应强制履行来促成交易完成。而英美法系国家的法院很少判决继续履行,而以赔偿损失为主要的违约救济方式。一个主要原因是,判决继续履行后要涉及监督履行或强制履行的问题,如果仍不继续履行,还要判决损失赔偿,不如以损失赔偿方式迅速终结双方纠纷,既有利于节约司法成本,也有利于交易的效率。[94] 对于损失的界定须以实际发生的损害为条件,一般限于财产方面的损失,不包含人身伤害、精神损害。但对于侵权责任的承担方式主要包括排除妨碍、消除危险、停止侵害、赔偿损失、赔礼道歉、精神损害赔偿等,并且,对损失的赔偿不仅包括直接导致的损失,还包括间接的可得利益的损失。

虽然从理论上来分析,违约责任和侵权责任存在诸多区别,但在法律的规定中,两种责任的界限并未特别清晰,存在大量的模糊因素。违约责任不断向侵权领域渗透,侵权责任也逐渐向契约领域积极渗透,其结果最终会导致违约责任和侵权责任的逐渐融合和统一的趋势。[95] 例如,合同义务虽由当事人约定,但现代合同义务已经大大扩张,法律基于公共利益和现代社会密切联系的特点,强制性地附加一些无须经当事人同意的义务。例如,附随义务的确立,即合同当事人一方对另一方当事人负有照顾、保护、通知、忠实等义务,这些义务在任何合同中都存在,无须当事人的同意。当前,侵权行为法的相关规定已经开始介入对受保护的利益纯经济上损失的赔偿,在一定的条件下,债权也是侵权行为法的保护对象之一。[96]

三、仲裁员民事责任的构成要件

(一)仲裁员违约责任的构成要件

违约责任的构成要件,是指合同当事人的不当行为须具备什么条件才会引起违约责任的产生。目前,对于违约责任的构成要件主要存

---

〔94〕 参见王传辉编著:《新编商法教程》,清华大学出版社 2005 年版,第 207 页。

〔95〕 参见张民安:《过错侵权责任制度研究》,中国政法大学出版社 2002 年版,第 155 页。

〔96〕 参见潘修平、杨学波、邓晓光、徐颖编著:《债权法原理 · 规则 · 案例》,清华大学出版社 2006 年版,第 152 页。

在几种观点：单一要件说、[97]两要件说、[98]三要件说、[99]积极要件和消极要件说。积极要件是指当事人的违约行为，消极要件是指不存在法定或约定的免责事由。[100] 对于仲裁员而言，其承担违约责任的构成要件适宜从积极要件和消极要件两个方面进行规定，即仲裁员在仲裁过程中存在违约行为，并且，不存在法定或约定的免责事由。

对于仲裁员的违约责任较宜适用无过错责任归责原则，主要是因为：其一，仲裁员与当事人之间存在合同关系，目前对于追究违反合同的责任，发展趋势是朝着严格责任的方向发展。[101] 因而，仲裁员承担违约责任的归责原则也要顺应这一趋势。仲裁实践中难以判断仲裁员的违约行为在多大程度上或多大范围内损害了当事人的权益，如果要以损害结果作为一个构成要件，会使对仲裁员违约责任的判断复杂化。不过，并不排除实践中针对不同的案件事实要求存有损耗结果，一般情况下是不需要的。其二，商事仲裁，尤其是国际商事仲裁，接受委任或指定仲裁员和当事人可能分别来自不同国家或地区，彼此之间

---

[97] 该说认为，违约责任的构成要件只有一个，即违约行为。也就是说，只要当事人的作为或不作为构成违反合同，不管其主观上是否具有过错，都应当承担违约责任，除非违反合同的行为是不可抗力造成的。参见梁彗星：《从过错责任到严格责任》，载梁慧星主编：《民商法论丛》（第8卷），法律出版社1997年版，第1～7页。

[98] 该说认为，违约责任的构成要件包括主观和客观两个方面，即客观上要有违反合同或不履行合同之事实，主观上要求当事人对于合同的不履行有过错。参见刘瑞复主编：《合同法通论》，法律出版社1994年版，第184～185页。

[99] 该说认为，违约责任的构成要件包括当事人要有违约行为、当事人违约行为有过错和违约有损害事实。参见彭万林主编：《民法学》（修订版），中国政法大学出版社1997年版，第643～645页。

[100] 参见孔祥俊：《合同法教程》，中国人民公安大学出版社1999年版，第401～402页。

[101] 例如，《联合国国际货物销售合同公约》采纳了严格责任（第45条、第61条），《国际商事合同通则》同样如此（第7.4.1条），欧洲合同法委员会起草的《欧洲合同法原则》亦然（第8:101条）。因此，严格责任代表了先进的立法经验。参见［德］克里斯蒂安·冯·巴尔等主编：《欧洲合同法与侵权责任法及财产法的互动》，吴越等译，法律出版社2007年版，第47页。此外，根据我国《合同法》第107条的规定："当事人一方不履行合同义务或者履行合同义务不符合约定的，应当承担继续履行、采取补救措施或者赔偿损失等违约责任。"这一规定显然是对严格责任的规定，而没有考虑主观过错。可见，我国《合同法》已将严格责任作为一般的归责原则加以规定。

见面的次数有限。并且,仲裁员所知信息与当事人所知信息存在不对称的现象,当事人对仲裁员的违约行为难以证明其是否存在过错,当事人承担过重的举证责任只会加重当事人的负担,可能会促使当事人放弃针对仲裁员的违约行为提起诉讼,既不利于及时维护当事人的合法权益,也不利于发挥责任对于仲裁员的约束作用。[102]

具体而言,仲裁员的违约行为,是指仲裁员在仲裁过程中不履行或不适当履行合同中明示规定或默示推定的义务的行为,主要包括两类行为:一类是不履行合同义务的行为;另一类是履行合同义务不符合要求的行为。仲裁员不履行合同义务的行为主要包括:接受委任或指定后无正当理由退出仲裁、没有及时披露可能影响其仲裁独立性和公正性的利益关系、无正当理由不参加仲裁庭的开庭审理和合议、未在仲裁文书中记录当事人提交的重要证据、无正当理由迟延或拒不作出仲裁裁决,等等。仲裁员履行义务不符合合同要求的行为主要包括:未按当事人约定的程序进行仲裁、未及时处理当事人提出的财产保全的申请、未按照当事人之间商定的争议范围进行审理和裁决、未在当事人约定的期限或法律规定的期限之内作出裁决、所作出的仲裁裁决不符合法定或约定的要求、违反与当事人的保密约定而泄露当事人的商业秘密,等等。此外,如果当事人与仲裁员特别约定了其他的一些事项,仲裁员在仲裁过程中没有对这些约定予以遵守或履行,也应承担相应的违约责任。

(二)仲裁员侵权责任的构成要件

从大多数国家的立法和实践来看,仲裁员承担侵权责任的构成要件为:仲裁员存在不当行为、损害事实的存在、不当行为和损害事实之间存在因果关系、仲裁员主观上存在过错这 4 个方面。

---

〔102〕 参见石现明:《国际商事仲裁当事人权利救济制度研究》,人民出版社 2011 年版,第 148 页。

1. 不当行为

仲裁员在仲裁过程中发生的不当行为,主要是两种类型,即作为(肯定的不当行为)和不作为(未能采取行动)。对于仲裁员实施的故意不当行为,只有遭受该不当行为损害的受害方可提起诉讼。与此相反,对于仲裁员的不作为,双方当事人都可提起诉讼,因为,仲裁员的权力来源于双方当事人的授权,一旦仲裁员不作为就会对当事人的权益产生影响,不利于争议的及时解决。

(1)作为

作为是指肯定性的不当行为,例如,不当行使仲裁权、[103]泄露当事人的商业秘密、欺诈、腐败和恶意行为。多数国家明确规定,对仲裁员无正当理由过早退出仲裁的责任进行了规定,例如,印度尼西亚法律规定,[104]如果仲裁员在接受他们的任务之后无正当理由从中退出,仲裁员将承担损害赔偿责任。英国《1996 年仲裁法》第 25 条规定,仲裁员无正当理由退出仲裁要承担责任。相比之下,在美国,无论是联邦还是州的法律都没有处理不当辞职的责任问题,通常仲裁员须对恶意采取的行为承担责任,但如果仲裁员行为是诚实的,没有恶意或没有欺诈,该行为则享有豁免。

---

〔103〕 仲裁员不当行使仲裁权的行为主要包括:当事人之间没有仲裁协议、仲裁协议无效或失效,即没有仲裁管辖权而进行仲裁的;组成仲裁庭的仲裁员不是当事人所选定或仲裁庭的组成违反法律或仲裁规则的其他规定;对仲裁协议之外的争议事项或者虽在仲裁协议范围内但当事人并未实际提交仲裁的争议事项、超越当事人请求救济的范围或逾越法律授权范围而行使仲裁权等。参见乔欣:《论仲裁权的不当行使及其救济》,载《政法论坛》2001 年第 2 期。

〔104〕 印度尼西亚《民事诉讼法典》第 623 条规定:除了经第 619 条中规定的法院批准的原因外,已经接受委托的仲裁员不能辞职。仲裁员如无正当理由,不在规定的时间内作出裁决,应对当事人的损失负责补偿。

(2)不作为

相比肯定的不当行为,消极的不作为包括未能披露利益冲突、[105]未能履行法律规定的义务,[106]或者未能遵守仲裁规则强加的职责,如未能发现争议问题的焦点、未能参加审议过程、应主动回避而未回避、未记录当事人的重要陈述等。仲裁员的不作为也涉及未能及时作出裁决书。[107] 例如,在阿根廷,[108]如果仲裁员没有正当理由,未能在所需要的期限内作出他们的裁决,他们将失去获得费用的所有权利,并且,将对损失和损害承担责任。同样,在印度尼西亚,仲裁员无正当理由未能在规定的期限内作出他们的裁决,他们须对当事人应受的损害承担赔偿责任。

2. 损害事实的存在

侵权行为人的民事行为存在违法或不当,并造成他人民事权益损害,是承担侵权责任的基础,即损害事实的存在。[109] 损害事实的存在同样也是仲裁员承担民事责任的基础。

---

[105] 但在美国的案例中,法院将豁免扩展至仲裁员未能披露利益冲突的行为,尽管该行为可能会引起仲裁员对一方当事人存有偏见,并对仲裁员的决策过程产生影响。John Street Leasehold LLC v. Brunjes, 650 N. Y. S. 2d 649 (N. Y. App. Div. 1996),该案中,虽然仲裁员未能披露他在个人事项上曾作为对方当事人的律师这一情况,但仲裁员豁免于责任。

[106] 未能履行法律规定的义务主要包括:拒绝给予一方当事人公平听审和充分陈述其主张及理由之机会;虚假陈述、误导当事人;应当回避而拒绝回避;与一方当事人共谋串通,或者收受贿赂、徇私舞弊、枉法裁决等。

[107] 及时制作裁决书是仲裁员的一项权力也是义务,例如,ICC《仲裁规则》(2012 年)第 27 条规定:程序终结及裁决书草案的提交日期:在就裁决书中所需认定的事项进行最后一次开庭之后,或在当事人经授权就该等事项最后一次提交文件之后(以发生在后者为准),仲裁庭应当尽快:(a) 宣布对于裁决中所需裁定事项的程序终结;(b)通知秘书处和各方当事人,仲裁庭预计向仲裁院提交裁决书草案供仲裁院根据第 33 条批准的日期。在程序终结之后,对于裁决书中所需裁定的事项,非经仲裁庭要求或授权,当事人不得再提交任何材料、意见或证据。

[108] 阿根廷《民事诉讼法》第 745 条(仲裁员义务的履行)规定:仲裁员接受指定后,应即履行职责,并对由于不履行仲裁员职责而生的费用与损害负责。第 756 条(仲裁员的责任)规定:仲裁员无正当理由在上述期限内未作出裁决时,丧失对一切报酬的权利,并且应对费用与损失负责。

[109] 参见朱晓娟、戴志强编:《人身权法:原理 · 规则 · 案例》,清华大学出版社 2006 年版,第 29 页。

损害事实的基本特征如下:其一,客观确定性。其是指损失事实是客观的、能够予以确定的,不是假想的,且符合社会一般认知。其二,不利益性。其是指给他人民事权益(人身或财产)造成损害,如损害或侵占他人财产、侵犯他人名誉权或隐私权。其三,可救济性。损失事实的可救济性应从量与质两方面衡量,从量上看一般指发生的损害须达到一定程度,才能依法追究其民事侵权责任;"质"则强调当事人所受损害与法律保护的权利有密切联系,即侵害了法律保护的民事权益。[110]

仲裁员在履行仲裁职责过程中的不当行为如果对当事人造成了利益损失,法律一般以造成损害事实作为追究仲裁员民事责任的前提。一般而言,对民事权益的侵犯包括对财产、人身(精神)的损害。但仲裁是解决民商事争议的,仲裁员的仲裁行为不会侵犯当事人的人身权,一般只会产生财产损害,并且,对于实施了不当行为的仲裁员而言,承担责任的限额应以对当事人造成的直接经济损失为限,这也与我国民法中赔偿责任以弥补当事人损失为限、一般不涉及惩罚性赔偿的原则相适应。[111]

3. 不当行为和损害事实之间存在因果关系

因果关系可以上升到哲学层面,因果关系包含原因和结果两个基本范畴,客观现象之间的引起与被引起的关系即是哲学上的因果关系。世间万物都是相互联系、制约的,任何事物的产生都是基于其他事物的出现而被引发的,被引发的事物又会导致其他事物的产生,故原因就是引发别的事物的事物,被别的事物引发的事物就是结果。[112]

仲裁员在仲裁过程中所作的不当行为引起了当事人的利益损失,这两者之间存在因果关系,那么,仲裁员就要对自己不当行为所导致

---

〔110〕 参见纪诚编:《精神损害索赔指南》,中国法制出版社 2006 年版,第 12 页。

〔111〕 参见郭玉军:《国际商事仲裁中的惩罚性赔偿判决》,载《法学评论》2000 年第 1 期。

〔112〕 参见杨立新:《侵权行为法》,中国法制出版社 2006 年版,第 135 页。

的损害后果承担责任。在实践中,引起当事人利益损失的情形可能有很多种,只有是因仲裁员的不当行为而引起的利益损失,仲裁员才负相应责任。

4. 仲裁员主观上存在过错

过错是一种主观心理状态,表现为行为人作出行为时不具备一般认为应有的注意义务,导致根据社会一般认知均认为应对行为人的该行为作出否定评价,故过错体现出一种应受谴责性。故意和过失是过错的两种形态。故意是指行为人预见到自己的行为可能产生某种损害结果,仍希望其发生或任其发生。过失是指行为人对行为结果应预见或能预见,但因疏忽未预见,或虽已预见,但因过于自信,导致损害发生。过失又可根据法律对行为人注意程度的要求不同,分为一般过失与重大过失。[113]

通过对大多数国家或地区的相关立法进行考察,同时结合大多数仲裁机构仲裁规则的相关规定进行分析,多数国家或地区的法律和仲裁机构的仲裁规则都规定了仲裁员在仲裁过程中如存在故意或重大过失行为,就应承担相应的民事责任,而仲裁员的一般过失不会引起民事责任的承担。因为,如果仲裁员对其一般过失都要负责,就难以吸引优秀的仲裁员来裁判纠纷,不利于仲裁事业的发展。此外,如果仲裁员裁判纠纷过程中发生了不可抗力或申请人存在过错,那么,仲裁员可以免责。在司法实践中,对于仲裁员重大过失的认定一般由法官根据具体情形进行自由裁量。从具体规定来看,例如,希腊《民事诉讼法》第 881 条明确规定:在执行他们的职责时,仲裁员和主席仅就欺骗或重大过失负责;英国《1996 年仲裁法》[114] 从免责规定间接规定了仲裁员承担责任的情形,对于诚信原则的界定基于法官的自由裁量

---

〔113〕 参见蘭虹主编:《财产与责任保险》,台北,元华文创股份有限公司 2015 年版,第 137 页、第 139 页。

〔114〕 1996 年《英国仲裁法》第 29 条第 1 款规定:仲裁员免责:仲裁员不对其在履行或试图履行其职权过程中的任何作为或不作为承担责任,除非该作为或不作为表明其违反了诚信原则。

权,一般限于欺诈或重大过失的情形;LCIA《仲裁规则》(2014 年)第 31 条第 1 款[115]规定,相关的仲裁人员对明显的或故意的不当行为承担责任。AAA《仲裁规则》(2000 年修订)第 35 条[116]规定,针对的是相关仲裁人员有意或故意的不当行为。从这些规定可以看出,一般情况下仲裁员是免责的,大部分国家主张仲裁员在存有故意或重大过失的情况下才须承担责任,而少数国家如瑞典和奥地利的法律不仅要求仲裁员对其故意或过失不当行为承担责任,还包括对微小过失承担责任。[117]

因此,对于仲裁员而言,不管对其提出违约之诉或侵权之诉,一般要求当事人提出证据证明仲裁员存有违约或违法行为,而仲裁员须对自己没有违约或没有过错提出证据证明,若如仲裁员不能对此加以证明,就要承担举证不能的后果。

第三节　仲裁员职业责任保险制度的引入

一、仲裁员职业责任保险概述

(一)仲裁员职业风险概述

从理论上说,法律职业均存在相当程度的职业风险,法官、仲裁员虽是作为裁判者的角色,其也要面临一定的职业风险。不过,仲裁员

---

[115] LCIA《仲裁规则》(2014 年)第 31.1 条规定:LCIA,仲裁院(包括主席、副主席以及其各个成员),登记员、副登记员、仲裁员及仲裁庭聘任的专家都不就其根据本规则进行仲裁的任何作为或不作为向当事人承担责任,除非(1)当事人有证据表明该被声称应承担责任的机构或个人的作为或不作为构成明显和故意的违法行为;(2)这一条款的任何部分被任何适用的法律所禁止。

[116] AAA《仲裁规则》(2000 年修订)第 35 条规定:仲裁庭的成员和不对任何当事人就与按照本规则进行仲裁有关的任何行为或疏忽承担责任,但对因其有意或故意的不当行为而造成的后果可能承担责任。

[117] 参见林一飞:《国际商事仲裁法律与实务》,中信出版社 2005 年版,第 205 ~ 207 页。

与法官同样是审理争议的人员，但两者之间存在的一定差异，主要表现在：第一，法官的权力和报酬源于国家，而仲裁员的权力源自私人契约、以提供专业服务从当事人处获得报酬。第二，法官判案时必须遵循重要的司法先例，相比之下，仲裁员裁决时并不必然受先例的约束，也无须创建先例。第三，法院的审判大都是公开进行的，而仲裁处理的多是私人之间的争议，通常不公开审理。第四，与法院程序相比，仲裁处理的事项一般严格受限于当事人的仲裁请求，不能处分与此无关的当事人的权利与义务，不能裁决当事人没有提交的问题。在证据规则的正式性和严格性方面，仲裁的证据规则也达不到法院证据规则的标准。第五，仲裁裁决受制于十分有限的司法审查。[118] 目前，世界上100多个国家的法律根据1958年《承认及执行外国仲裁裁决公约》（以下简称《纽约公约》）的规定，仅对仲裁裁决进行程序事项的审查。

作为裁判者的仲裁员在职业生涯中存在相当程度的职业风险，并且，这种风险或多或少地存在。例如，有些案件的当事人会利用自己的金钱权力关系对仲裁员造成极大的诱惑，并设置巨大的陷阱；有些案件的当事人对裁决结果不满意时，就会对仲裁员产生极大的愤懑情绪，对仲裁员的人身造成很大的威胁；仲裁员对所裁判的案件自始自终负有保密义务，若其故意或过失泄露当事人的商业秘密，使当事人遭受一定的损失，仲裁员可能面临承担相应责任的风险。诸多职业风险的存在给专家担任仲裁员造成了很多的顾虑，如何化解仲裁员的职业风险，提升仲裁的制度优势，是迫切需要解决的问题。

在仲裁员裁判案件过程中，因疏忽或过失等不当行为导致仲裁当事人损失，可能需承担一定的民事责任，这是仲裁员的主要职业风险。尽管，仲裁员承担一定民事责任是国际社会的基本共识，但民事责任的存在对仲裁员形成了相当的职业风险与压力，为了给仲裁员提供职

---

[118] See Susan D. Franck, "The Liability of International Arbitrators: A Comparative Analysis and Proposal for Qualified Immunity", *New York Law School Journal of International and Comparative Law*, Vol. 20, 2000, p. 12.

业保障,分散难以避免的职业风险,引入职业责任保险制度极有必要。

(二)仲裁员职业风险与仲裁员职业责任保险

职业责任保险制度首次推出是在20世纪50年代中期,职业责任保险制度设计的目的是针对各种专业技术人员在从事专业技术工作时或提供专业服务时存在疏忽或过失的情形,对这些情形引起的他人的人身伤害或财产损失的经济赔偿责任予以保险。如果让专业技术人员承担损害赔偿责任不利于各类专业性工作或服务的发展,那么,为了应对这些情形,专业人员的职业责任保险制度应运而生。如果对于专业人士不当行为而引发的损害,根据法院判决或仲裁裁决或庭外和解是必须予以赔偿的,那么,则由保险公司来承担支付,以保护专业人员和他们公司的财产。[119]

具体而言,职业责任保险制度又被称为专业责任赔偿保险制度、职业赔偿保险制度或业务过失责任保险制度。一般而言,这一制度区分团体和个人,如提供各种专业技术服务的单位(如会计事务所、医院等单位)会由单位投保职业责任险,如提供专业知识和技术的个人由个人来投保职业责任险。[120] 职业责任保险制度主要是对职业风险进行承保,因为尽管各类专业单位或个人虽具有一定的专业水平或技术水平,但在工作中还是不可避免地会出现疏忽或过失的行为,这类行为的存在会引起职业责任风险,这也是这一保险制度存在和发展的基础。[121]

职业责任保险在发达国家十分盛行,已经发展到80多个险种,主要包括:律师职业责任保险、会计师职业责任保险、医师执业责任保险、建筑师职业责任保险等。在美国,职业责任保险的概念根深蒂固,

〔119〕 John Philip Bachner, *Practice Management for Design Professionals: A Practical Guide to Avoiding Liability and Enhancing Profitability*, John Wiley & Sons. ,1991, p. 148.

〔120〕 参见刘志刚主编:《简明保险教程》,清华大学出版社2005年版,第176页。

〔121〕 参见宁雪娟主编:《财产保险》,清华大学出版社2006年版,第190页。

这在很大程度上是因为法院倾向于保护受害的群体,[122] 法院不断在案件中寻求和发现任何合理的理由来补偿受害人,实现社会上要求的正义。基于此,对于可能会给他人造成损害的专业人士而言,职业责任保险将变得越来越必要。

除了职业人士之外,职业责任保险对于职业人士所在的公司也具有巨大意义。由于在司法实践中,当事人针对职业不当行为提起诉讼的标准比较宽松,引起越来越多的索赔案件发生,在此种情形下,职业责任保险成为市场营销的先决条件。针对某些专业技术的项目,那些拥有职业责任保险的公司享有抵抗风险的巨大优势,未参保职业责任保险的企业和那些没有足够保险范围的公司因抗风险能力较弱,也就很难获得业务。同时,为了控制承保风险,保险公司传统上通过合同设定除外责任。如果被保险人也愿意采取这种方式,还会获得保险公司的特殊支持。

不管是从事何种专业技术工作或提供何种专业服务,单位或个人不可避免地在工作过程中出现疏忽或过失的行为,由此,这类行为的存在就是潜在的职业风险,也是职业责任保险得以产生与发展的基础。对于仲裁员而言,进行仲裁的过程中同样难以避免工作中的疏忽或过失等不当行为,也会引发赔偿等民事责任。故仲裁员职业责任保险制度的引入具有坚实的基础。当然,对于仲裁而言,通常在合同中没有对仲裁员强加具体责任,当事人针对仲裁员提起的索赔也就不同于对其他专业人士提起的索赔,因此,对于仲裁员提起的索赔大多是

---

〔122〕 例如,在美国法院裁判的一个案例中,一个管理几个辖区的下水道机构被要求支付一对夫妇赔偿金,因为,该夫妇价值 25,000 美元的树木被当局所保护的承包商错误地砍伐了。这对夫妇原本起诉承包商。然而,承包商没有保险并且申请破产。于是,他们就对下水道机构重新提起索赔。在机构与它所服务的辖区的合同里,下水道机构表示,它将评估其承包商的责任保险范围;但并没有表明将只用有保险的承包商。尽管如此,法院认定从隐含的保险范围中进行审查将得到保证,而且,由于这对夫妇被认为是该合同的第三方受益人,当局被责令赔还。See John Philip Bachner, *Practice Management for Design Professionals: A Practical Guide to Avoiding Liability and Enhancing Profitability*, John Wiley & Sons, 1991, p. 150.

基于仲裁员与当事人签订的合同中的仲裁条款。

二、仲裁员职业责任保险制度的主要国家实践

(一)国际上推行仲裁员职业责任保险制度概况

2012年9月9日在瑞士苏黎世举行了瑞士仲裁协会(Swiss Arbitration Association,ASA)关于“对仲裁机构的审查”的研讨会,会上在日内瓦的国际争端解决机构进行研究的两名在读硕士研究生提供了直接针对世界各地仲裁机构精心设计的问卷调查的结果,有21家仲裁机构对此作出了回应,其中包括ICC、世界知识产权组织仲裁研究(World Intellectual Property Organization,WIPO)、解决投资争端国际中心(International Center for Settlement of Investment Disputes,ICSID)和SCC。分析结果可知,仲裁机构对仲裁员除名的情形非常罕见,并且许多仲裁机构都会询问仲裁员发生迟延的理由;仲裁机构间对仲裁成本区分的通用协议非常类似于ICC最近发布的数据,即82%是律师的费用和开支,16%是仲裁员的费用和2%是机构的费用,并且仲裁机构一般都没有为仲裁员提供责任保险。

此外,ASA最近发布了一项调查问卷,涉及82家世界上负有盛名的仲裁机构,问题包括他们是否有职业责任索赔方面的保险。22家仲裁机构作出了回应,他们在这一领域很少有实证研究,超过一半的仲裁机构表明,他们已经为针对仲裁机构的责任索赔办了保险,但很少为仲裁员提供责任保险。[123] 从这个调查问卷可以得出一个结论,即大多数仲裁机构缺乏职业责任保险以解决潜在的与责任相关的索赔,法国及全世界范围内的其他大多数仲裁机构没有规定一个保险政策。然而,瑞士仲裁协会的研究并没有针对仲裁员,这意味着,关于仲裁员是否有职业责任保险合同没有经验数据。一些学者认为,仲裁员没有

---

〔123〕 See Phillip Habegger et al., *Arbitral Institutions under Scrutiny*: *ASA Special Series No.* 40, JurisNet, LLC. 2013, pp. 25 – 26.

职业责任保险，仲裁员规避风险的途径可能依赖于仲裁法律和仲裁机构提供的豁免规则。[124]

在国际范围内，仲裁员职业责任保险的实践并不普遍。虽然仲裁员职业在民事责任承担方面并非属于高风险行业，但目前针对仲裁员的民事责任提起的诉讼呈现增长的趋势。当前，大多数国家的仲裁立法针对仲裁员和仲裁机构潜在民事责任通常是采取民事责任有限豁免的方式予以规避，即仲裁员和仲裁机构在仲裁过程中的过失行为或不作为可以得到豁免，除非存在恶意或重大过失。[125] 但民事责任有限豁免并不足以使仲裁员规避承担所有的民事责任风险，日益增长的针对仲裁员的民事诉讼即例证，仲裁业高度专业化所导致的不经意的结果是，仲裁员从业时没有适当的或恰当的保险责任范围，这可能是因为保险公司基于不同程度的“风险偏好”不愿意予以提供。[126]

（二）仲裁员职业责任保险的法律实践

长期以来，除仲裁员作为律师或其他专业人士被其各自的职业保险所覆盖外，仲裁员职业本身并无专门的保险。然而，目前这一情形正在发生转变，我们可以从日内瓦国际争端解决法学硕士项目的调查结果中看到，[127] 所有参与者中约有 60%（其中包括主要的仲裁机构，如国际商会和伦敦国际仲裁院）持有某种形式的保险。并且，各机构

---

〔124〕 María Pilar Perales Viscasillas, Universidad Carlos III de Madrid, Liability Insurance in Arbitration: The Emerging Spanish Market and the Impact of Mandatory Insurance Regimes, Accessed December 10, 2016. http://kluwerarbitrationblog. com/blog/2014/01/08/liability - insurance - in arbitration - the - emerging - spanish - Market - and - the - impact - of - mandatory - insurance - regimes/.

〔125〕 See Susan D. Franck, "The Liability of International Arbitrators: A Comparative Analysis and Proposal for Qualified Immunity", *New York Law School Journal of International and Comparative Law*, Vol. 20, 2000, p. 10.

〔126〕 See J. M. Bexhed and C. Marian, "Insurance for International Arbitrators: Immunity From Liability Existent Coverage, Exclusions and Control of Risk", *Transnational Dispute Management*, Vol. 2, 2011, p. 4.

〔127〕 国际争端解决中的日内瓦问题（The Geneva LL. M. in International Dispute Settlement, MIDS）是一个一年全日制的研究所学位项目，为学生提供深入研究国际争端解决机制的机会。

持有的保险类型不同:有些机构仅持有“董事及高级职员”保险范围,主要覆盖他们的董事会和高级官员;有些似乎持有完全的保险范围;有些被其上级机构的保险政策所覆盖(如根据国际商会而确立的一些机构)。

目前,与仲裁员职业责任保险相关的保险政策主要包括:美国纽约中央社政策、英国大律师协会政策和瑞典律师的县域保险范围,并且,一些国家立法规定职业责任保险属于强制保险的范围,以下结合相关政策与相关规定予以分析。

1. 保险政策

不同国家的立法和不同保险公司对于职业责任保险的名称界定各有不同,例如,称为错误和遗漏(Error and Omissions,E&Q)政策、法律职业不当行为(Legal Professional Misconduct,LPM)保险、职业损害赔偿(Professional Injure,PI)或职业责任(Professional Liability,PL)保险。一般来讲,E&Q 政策大都被列入保险公司所涵盖的保险范围之中。[128]

由于大多数国家的立法或实践(除了新西兰、意大利和美国的立法和实践之外)一般要求专业组织的成员携带有明确数额的职业责任保险,因为,当前有些仲裁员的身份是当地律师协会的会员,因此,具有律师身份的仲裁员通常会持有律师职业责任保险。在美国,只有俄勒冈州律师协会要求其成员持有最低 30 万美元的单项索赔的法律职业不当行为的保险范围。由于保险政策经常是针对广泛的从业者进行特别设计的,律师协会的会员通常会持有该行业特点的保险范围,只要不违反国家立法所要求的强制保险规定的一般政策。[129]

---

〔128〕 See Paul Kraise, *Professional Liability Insurance Including "E&O" and "D&O" Policies*, Practising Law Institute/Lit. 2002, pp. 81 – 82.

〔129〕 See J. M Bexhed and C. Marian, "Insurance for International Arbitrators: Immunity from Liability Existent Coverage, Exclusions and Control of Risk", *Transnational Dispute Management*, Vol. 2, 2011, p. 7.

针对错误和遗漏行为的职业保险通常适用于从事正常业务范围的法律专业人士,那么,对于仲裁员提供的服务而言,是否也可以涵盖在法律服务的范围之内呢?这就需要考察法律服务的概念,对于法律服务,其范围比较广泛,即所有服务被包含在法律服务的定义之中(其中包括仲裁服务)。例如,通常律师协会对法律服务给予广泛的定义,即包括"起草或解决任何情况下证人陈述证词或其他法律文件"的声明,并排除教学、免费审查出版物、与媒体沟通、免费给朋友建议和提供免费的法律咨询,以及为慈善组织服务等事项。因此,在大多数保险政策中,仲裁员的服务包括在法律服务[130]的范围之中。

2. 保险范围

不同的保险政策在保险范围的设置上一般没有太大的差异,主要是保护法律服务提供者(如律师、仲裁员等作为被保险人)免受一定的民事赔偿责任。一般在保险责任开始之前,被保险人与第三人之间的法律责任就已经明确了,一旦启动保险,就涉及保险公司偿还被保险人直接支付给第三方的费用,或者赔偿被保险人需支付给第三方的费用。美国纽约中央社的保险政策指出,"他公司同意代被保险人支付超过法律抵扣的所有款项,因为被保险人由于索赔应成为法律上有义务支付赔偿金的一方……"同样,英国律师协会的共同政策规定:"律师协会应相互赔偿第一次针对被保险人提出的所有索赔……"总体来说,基于被保险人的赔偿方案的保险范围与强制被保险人直接支付第三方款项的保险范围相比,保险公司的保险政策为被保险人提供更大的灵活性。[131]

大多数保险政策规定的保险范围也将支付与辩护相关的其他成本,例如,诉讼费或杂项费用。但这些规定的范围很窄,经常受制于保

〔130〕 通常所理解的法律服务的含义:他人"作为一名律师、仲裁员、调解员、标的代理人或其他中立的事实发现者或作为公证人提供的服务"。

〔131〕 CNA Insurance, Generic Amendment Samples, Accessed December 11, 2016. http://www.mybarinsurance.com/Content/Download ables/CNA_Each_Claim_Deductible.pdf.

险公司的自由裁量权。例如,美国的中央社政策规定其应赔偿"与该项索赔有关的索赔费用"。索赔费用被详尽地定义为所有律师收取的费用,所有由辩护和上诉产生的合理的和必要的费用、成本和其他费用、税负和利益。另外,保险公司对保险范围具有绝对的无争议的自由裁量权,为被保险的律师支出的任何成本提供赔偿,不管是否来自诉讼。

错误和遗漏行为的保险条款明确规定,法律服务提供者在法律服务方面的赔偿,这些条款清晰而明确的规定保险公司"应赔偿被保险人的辩护费"。在实践中,投保人决定在诉讼中选择什么样的律师将通常决定保险的成本,因为,保险范围可明确指向辩护律师(被保险人)和投保人之间有条件的收费协议。通常情况下,保险范围可授予保险公司决定参与诉讼并选择律师的权利,甚至,如果涉及仲裁程序,可指定一名仲裁员代表保险公司。例如,CNA 提供的示范条款给予保险公司相当的权利:本公司有权委任律师和作出本公司认为有必要的针对索赔的调查和辩护。如果索赔须经仲裁或调解,本公司应有权选择仲裁员或调解员,以及参与仲裁或调解程序。[132]

3. 责任限制

大多数保险政策规定了责任限制和免赔额。责任限制确立了保险公司愿意支付或偿还被保险人的上限,超过部分仍由被保险人偿付。责任限制和免赔额都可通过修正条款予以修正,这些是最简单的影响保险费的条件。在大多数情形下,保险公司提供的保险单还包括其他相关的限制。例如,存在多个被保险当事人和支付方式时,保险公司有必要对其进行检查,因为它们会涉及如果存在"被保险人已登记增值税"时,其需要承担支付增值税的义务的情形。同样,对如何处

[132] See CNA Insurance: Endorsed by the New York State Bar Association, Specimen Policy, 2010, Accessed December 11, 2016. http://www.mybarinsurance.com/Content/Downloadables/CNA_Sample_Policy.pdf.

理多方索赔也是很重要的。对于仲裁员而言,如果其面临民事责任索赔,仲裁员的赔偿限额可以通过保险范围的规定予以限制。在实践中,一些较大的保险公司可在更高保险费的成本下修正这些限制,而一些小型的保险公司可能并不总是考虑这些限制,而是评估他们自己的内部风险,特别是有关潜在的索赔责任来确定赔偿限额。[133]

职业责任保险涵盖的范围通常较为广泛,但在双方一致同意的情形下也可以在合同中对保险范围进行限制。对于仲裁员来讲,最重要的限制是有关地域和法律服务的定义。在民事责任的归责原则上,有些国家进行了一些革新,如在2004年和2005年,英联邦、澳大利亚各州和地区立法颁布了关于就某些民事责任引入"比例责任"的立法,作为民事责任改革的一部分特别提到了过失、专业服务标准和公共的、专业的赔偿保险。这些改革旨在解决保险公司在面临保险赔偿市场方面所感知的危机,并对当下盛行的"指责的文化"进行遏制,减少诉讼,执行"个人责任"的概念和"保护具有重要社会意义活动的服务行为"。[134]

4. 强制保险

在西班牙,2011/11号法律(《西班牙法案》)修正了2003年《西班牙仲裁法案》,该修正体现了国家对仲裁的支持,规定仲裁机构须为仲裁员提供保险。在临时仲裁中,仲裁员也必须持有民事责任保险或一个等价的保证,但进行临时程序的仲裁员自己负责获取职业责任保险。[135]

---

〔133〕 See J. M. Bexhed and C. Marian, "Insurance for International Arbitrators: Immunity from Liability Existent Coverage, Exclusions and Control of Risk", *Transnational Dispute Management*, Vol. 2, 2011, pp. 10 – 12.

〔134〕 Second Reading Speech to the Civil Liability Amendment (Personal Responsibility) Bill 2002, 5764 (NSW Hansard, 23 October 2002).

〔135〕 See María Pilar Perales Viscasillas and Universidad Carlos III de Madrid, Liability Insurance in Arbitration: The Emerging Spanish Market and the Impact of Mandatory Insurance Regimes, Accessed December 11, 2016. http://kluwerarbitrationblog.com/blog/2014/01/08/liability-insurance-in-arbitration-the-emerging-spanish-market-and-the-impact-of-mandatory-insuranceregimes.

《西班牙法案》第21.1条规定,仲裁员有权利获得职业责任保险,但仲裁员职业责任保险的具体设计须参照相关的法案的规定,如仲裁员必须获得职业责任保险的范围。其认为,仲裁机构一般仅应为依据该机构规则进行仲裁的仲裁员购买职业责任保险。

西班牙法律对仲裁员民事责任追究的规定具有其独特之处,即对于什么情形下当事人可以对仲裁机构或仲裁员提起民事诉讼、追究其民事责任有明确规定。当事人对仲裁员提起民事诉讼必须基于法定原因,该法定原因可概括为"仲裁员和仲裁机构在不诚实、鲁莽或欺诈的情形下承担责任,不仅是基于过失的标准(这是旧西班牙法律规定下强加于仲裁员责任的部分依据)"。

毫无疑问,西班牙的仲裁保险市场是一个不断增长的行业,西班牙在推行职业责任保险制度时会面临各种各样的情形,如果保险实践中出现保险政策和保险范围不能涵盖的特殊情形时,需要慎重考虑是否应纳入职业责任保险范围之中。西班牙在职业责任保险方面积累的经验可能会为其他国家提供一定的参考。

三、建立中国仲裁员职业责任保险制度的建议

承保方式和保险的范围是仲裁员职业责任保险制度建立的核心问题。在中国建立仲裁员职业责任保险制度,必须基于其他国家经验构建符合我国相关法律和仲裁业发展状况的承保方式和保险范围。

(一)仲裁员职业责任保险的方式选择

1.以索赔为基础的承保方式

这一承保方式通常规定受损害方当事人在保险期限内向被保险人提出了有效索赔,那么,保险公司就要承担相应的赔偿责任,而不论引起索赔发生的事故是否存在于保险的有效期内。这一种承保方式扩大了职业风险的时间跨度,考虑到实践中,受害方大都不可能在事故发生的第一时间内提出索赔,可能会间隔一段时间才到保险公司提

起索赔申请,因此,很多国家的保险公司对于职业责任保险通常采用以索赔为基础的方式进行承保。对于仲裁员而言,可以以个人名义承保,可以使保险公司对预期的风险进行评估并作出较切合实际的估价。在保险实践中,大多数国家的保险公司通常规定一个责任追溯日期,承保在追溯日期以后保险期届满之前发生的职业责任保险事故,并且,受害方需在保险有效期内提出索赔,否则,保险公司不予赔付。[136] 这一方式使保险公司可以了解应承担的风险责任的情况。

2. 以责任事故发生为基础的承保方式

这一承保方式规定,保险公司负责索赔的职业责任事故是发生在保险期内,对于受害方是否会在保险有效期内提出索赔不予规定。与前一种方式相比,该方式实际上延长了保险责任期限,利弊共存。优点是保险公司预期支付的赔款将与其在保险有效期内实际承担的风险责任相匹配;不足之处是一旦发生职业责任事故,需要经过很长时间才能确定保险公司应承担的赔偿责任。考虑到经济上的通货膨胀因素,受害方最终获得的赔付金额可能会超过职业责任事故发生时的赔付标准,针对这种情形,保险公司通常会在保险合同中规定赔偿责任限额。对于仲裁员而言,这种方式适用的情形并不常见,毕竟仲裁员在仲裁过程中发生责任事故的可能性不大。

目前,在保险实践中,大多数保险公司对于职业责任保险通常采取以索赔为基础的方式,较少采用以事故发生为基础的承保方式。保险公司规定的职业责任事故的追溯日期在实践中一般以前置 3 年或后延 3 年为限。对于仲裁员而言,结合仲裁的特点,采用以索赔方式为基础的职业责任保险可以更好地防范职业风险,毕竟仲裁员在仲裁过程中发生职业责任事故的情形并不常见。

---

〔136〕 参见宁雪娟主编:《财产保险》,清华大学出版社 2006 年版,第 191 页。

(二)仲裁员职业责任保险的范围界定

1. 责任范围

从目前的保险实践来看,保险公司需要赔付的责任范围是仲裁员未能披露利益冲突引起的民事责任索赔、仲裁员延迟和无法履行自己的职责以及仲裁员在仲裁过程中存有不当行为等对当事人造成利益损失的情形。

对仲裁员在仲裁过程中可能存在的利益冲突进行全面而详细的检查是必要的,并且,仲裁员未能披露利益冲突的情形多数可能引起当事人对其提起诉讼。因为,在一些国家的法律中规定,仲裁员若是出于故意或因重大过失而未能披露利益冲突是不能享有豁免的。

2. 除外责任

大多数保险公司推行的保险政策中也会规定除外责任和免责条款,其目的是排除一些不能涵盖在保险范围内的损失。保险范围的除外条款通常是以补充的方式予以修正。对于仲裁员职业责任保险而言,主要包括以下两方面的除外行为。

(1)故意和欺诈行为

故意行为是首要的除外条款。大多数保险政策中都将排除故意行为作为一项规则进行规定,如错误和遗漏保险范围中就不包括故意导致的错误和遗漏。许多保险公司规定基于或由于被保险人任何不诚实、欺诈、犯罪或恶意行为或疏忽或故意不当行为所引起的索赔不属于保险范围,英国的律师共同协会的规定也排除了欺诈或恶意行为,只要这些不是由一个代理来完成。例如,由被保险人一方(仲裁员)的任何欺诈或恶意行为或疏忽行为所引起的任何索赔或纪律处分程序,从而引起的责任承担将被排除在外。

(2)人身伤害和财产的物理损害

由身体伤害引起损失的排除是第二种最常见的排除。在大多数国家现行的保险政策中,人身伤害通常包括在其他保险中,职业责任保险通常不涵盖此类损害。例如,美国的保险公司推行的职业责任保险政策明确排除因任何人身伤害或任何有形资产的伤害或破坏所引起的索赔,但这种排除的人身伤害限定在身体上,并不适用于由人身伤害导致的精神伤害、精神上的痛苦、精神紧张、羞辱或情绪困扰。[137]英国律师共同协会排除由身体伤害或死亡引起的索赔或纪律处分程序,除非这是由被保险人的代理人提供的法律服务所引起。[138]并且通常情况下,保险范围也特别排除个人财产损失的民事责任,除了财产与被保险标的有关,或由被保险人的委托人的法律服务条款引起的个人财产损失或物理损害。

3. 责任期限

当前,以索赔为基础的承保方式的期限通常是以 1 年时间为限,对于仲裁员而言,一般也采用"期内索赔式"为承保基础,因而也适用 1 年的责任期限。这一方式可以使保险公司能够预期保险单项下应支付的赔付款,并且,仲裁员在职业过程中发生的疏忽、过失或其他引起责任事故的行为并不多见,即使保险公司不能预估当年的赔付数额,也可以使保险公司对该公司在保险期内预期承担的赔付责任进行预估。不过,这一承保方式会使保险公司可能面临较大的赔付风险。[139]当然,保险公司为了控制保险风险,一般会在保单中规定一个追溯日期,在该日期开始之后发生的疏忽或过失行为纳入保险责任期限之中,并且,受损害方要在保险范围的有效期内提出索赔,因而,保险公司才承担相应的赔付责任。[140]

---

〔137〕 Addendum 2, CNA Sample Policy, Sect. IV B.

〔138〕 Addendum 6, Bar Mutual Policy, para. 3.1(i).

〔139〕 参见刘志刚主编:《简明保险教程》,清华大学出版社 2005 年版,第 177 页。

〔140〕 假定保单有效期为 2012 年 1 月 1 日至 12 月 31 日,追溯日期定为 2010 年 1 月 1 日,则只有在 2010 年 1 月 1 日之后发生的疏忽行为并在 2012 年提出的索赔,保险人才负责赔偿。

第四节 我国仲裁员民事责任制度的现状及发展趋势

一、我国仲裁员民事责任制度的缺陷分析

我国《仲裁法》在第38条规定了仲裁员承担法律责任的情形,[141]但学界对于该条是否规定仲裁员需承担民事法律责任存在争议。关于仲裁员民事法律责任的规定,除了这一条款之外,再无其他。[142] 从我国《仲裁法》的规定来看,仅规定了两种情形须仲裁员承担法律责任,但是,具体承担何种类型的法律责任(民事责任、行政责任、刑事责任)没有予以明确。立法也没有进一步规定如何追究仲裁员的责任,以及仲裁员如果要承担责任应如何承担等问题,立法的可操作性的缺失使实践中当事人无所适从。[143]

基于上述分析可知,我国现行《仲裁法》第38条并没有明确"法律责任"是否包含民事责任,这不利于我国司法实践的具体操作。[144] 仲裁员的责任问题内涵广泛,不仅是一个法律问题,而且牵涉社会环境、文化底蕴和道德问题。仲裁制度是从民间的惯例逐步形成和发展的,

---

〔141〕 我国《仲裁法》第38条规定:仲裁员有本法第34条第4项规定的情形,情节严重的,或者有本法第58条第6项规定的情形的,应当依法承担法律责任,仲裁委员会应当将其除名。第34条第4项规定:私自会见当事人、代理人,或者接受当事人、代理的请客送礼的。第58条第1款第6项规定:仲裁员在仲裁该案时有索贿受贿,徇私舞弊,枉法裁决行为的。

〔142〕 参见刘晓红、李超、范铭超:《国际商事与贸易仲裁员(公断人)责任制度比较——兼评中国商事贸易仲裁员责任制度》,载《世界贸易组织动态与研究》2012年第3期。

〔143〕 参见李玉婷:《试论仲裁员责任》,载《学理论》2010年第21期。

〔144〕 在2008年10月北京举办的全国国际私法年会上,中国国际贸易促进委员会国际经济贸易仲裁委员会秘书长披露,我国已有数起针对仲裁员或仲裁机构的民事诉讼案件。但是,我国至今没有公开的资料透露起诉的当事人、被起诉的仲裁员或仲裁机构,也没有关于某法院是否受理或如何处理的报道。可见,现行《仲裁法》第38条中"法律责任"这种含混概念不仅使一些学者得出了上述无施加民事责任意图的结论,而且已经使一些法院不敢受理或处理仲裁民事责任纠纷案件。参见张圣翠:《仲裁民事责任制度探析》,载《上海财经大学学报》2009年第1期。

社会道德对仲裁员的约束远比法律要强烈。[145] 仲裁员是仲裁制度得以存在和发展的核心,如果仲裁员的行为不为当事人所满意,只会阻碍仲裁制度的发展。仲裁员是仲裁法能否贯彻执行的关键因素,是仲裁赖以发展的源泉。[146] 如果仲裁员达不到相应的专业素养,仲裁法就会成为空中楼阁。[147] 为了弥补现行我国仲裁员责任与豁免制度不完善的情况,我国仲裁员仲裁案件需要有制度保障,因此,需要推行仲裁员职业责任保险制度来推动仲裁业的进一步发展。

二、我国仲裁员民事责任制度的发展

在当下中国,对仲裁员责任和豁免缺乏系统、明确、完善的规定。仲裁员虽是提供专业服务的专业人士,但人非完人,难免不会作出疏忽等不当行为。目前,大多数国家主张仲裁员应对其仲裁中的故意或重大过失行为承担民事责任,仲裁员因而面临相当的职业风险,由此,对仲裁员仲裁行为的高要求需与仲裁员民事责任承担中面临的职业风险予以兼顾、均衡,这是仲裁制度良性发展必须要考虑的一个问题。

(一)应采取有限责任形式

仲裁员只在有限范围内承担民事责任是合理的,其原因不是由于在仲裁员的任命条款中确立了责任的范围,而是因为仲裁员的地位和功能与法官相类似,而法官豁免承担民事责任是当今各国法治中的惯常做法。但仲裁员与法官毕竟不是完全相同的职业,也不能像法官一样完全豁免于承担民事责任。例如,1998 年的 ICC《仲裁规则》第一次对责任免除作出规定,在"有限责任"的标题下,ICC《仲裁规则》将之前仲裁规则中规定的除外责任扩展至仲裁庭任命的任何人,包括紧急

---

〔145〕 参见郑远民、吕国民、王志宏编著:《国际私法——国际民事诉讼法与国际商事仲裁法》,中信出版社 2002 年版,第 274 页。

〔146〕 参见宋连斌:《中国仲裁员制度改革初探》,载韩德培等主编:《中国国际私法与比较法年刊》(第 4 卷),法律出版社 2001 年版,第 575 页。

〔147〕 参见宋连斌:《理念走向规则——仲裁法修订应注意的几个问题》,载《北京仲裁》2004 年第 2 期。

仲裁员、法庭的成员、团体,以及ICC国家委员会的雇员和代表。与此同时,《仲裁规则》(2012年)限制了它的适用范围,即在某种程度上,这样的责任被所适用的法律禁止。[148]不过,仲裁员的欺诈或腐败行为不应受到保护。

一味地让仲裁员对其作出的不当行为承担完全的民事责任是不可取的,严格的责任要求只会让仲裁员心生恐惧,进行仲裁时承受重大的心理压力,会对仲裁程序的顺利进行产生潜在的不利影响。一旦心存不满的当事人知道仲裁员可以承担责任,他们有可能会使用恐吓和微妙的威胁影响裁判过程。虽然豁免为仲裁员提供防守盾牌,可以使他们作出裁决而不必担心受到挑战,但是,完全的责任将产生更多的诉讼,引起法院的诉累,并为败诉方当事人呈现挑战仲裁程序终局性的机会。

然而,绝对豁免权也是不适当的,过于宽泛的豁免不能为仲裁员创建一个要对其行为负责、向支付其费用的当事人负责,或维护国际仲裁制度完整性的动机。绝对豁免使仲裁员受到完全的保护,如果他们选择滥用其自由裁量权,则是特别危险的,与法官的司法判决不同,法院对仲裁裁决的审查范围是非常窄的。[149] 并且在有些国家,仲裁

---

〔148〕 See Karin Calvo Goller, "The 2012 ICC Rules of Arbitration - An Accelerated Procedure and Substantial Changes", *Journal of International Arbitration*, Vol. 29, 2012, pp. 341 -342.

〔149〕《纽约公约》第5条间接规定了对仲裁裁决进行审查的理由:一、裁决唯有于受裁决援用之一造向声请承认及执行地之主管机关提具证据证明有下列情形之一时,始得依该造之请求,拒予承认及执行:(甲)第2条所称协定之当事人依对其适用之法律有某种无行为能力情形者,或该项协定依当事人作为协定准据之法律系属无效,或未指明以何法律为准时,依裁决地所在国法律系属无效者;(乙)受裁决援用之一造未接获关于指派仲裁员或仲裁程序之适当通知,或因他故,致未能申辩者;(丙)裁决所处理之争议非为交付仲裁之标的或不在其条款之列,或裁决载有关于交付仲裁范围以外事项之决定者,但交付仲裁事项之决定可与未交付仲裁之事项划分时,裁决中关于交付仲裁事项之决定部分得予承认及执行;(丁)仲裁机关之组成或仲裁程序与各造间之协议不符,或无协议而与仲裁地所在国法律不符者;(戊)裁决对各造尚无拘束力,或业经裁决地所在国或裁决所依据法律之国家之主管机关撤销或停止执行者。二、倘声请承认及执行地所在国之主管机关认定有下列情形之一,亦得拒不承认及执行仲裁裁决:(甲)依该国法律,争议事项系不能以仲裁解决者;(乙)承认或执行裁决有违该国公共政策者。

员滥用自由裁量权的行为不一定会受到法院的司法复核。[150] 此外,不存在一个可以约束仲裁员的不当行为并对其进行监督管理的专业协会。

当前,大多数国家的立法趋势是在一般情况下,仲裁员对其所作的与仲裁有关的任何作为或不作为不对任何人承担责任,享有豁免。但存有两项例外:一是若仲裁员无正当理由未能或未能及时作出仲裁裁决,其应对此承担责任;二是仲裁员应对他/她以仲裁员资格恶意而为的行为负责,恶意的行为可能包括故意行为,基于但不限于欺诈或腐败。因此,仲裁员享有民事责任豁免是原则,承担责任是例外,仲裁员应对他们自己的故意不当行为和恶意行为负责。

就我国而言,仲裁员承担民事责任一般限于这些情形:(1)仲裁员由于存有故意或重大过失超期(法律规定或当事人约定的期限)作出裁决并导致当事人的利益损失;(2)仲裁员在仲裁程序进行的过程中不遵守相关的仲裁程序规定,私下与一方当事人或其律师讨论案情,或私自会见一方当事人对案件裁判产生不利影响;(3)仲裁员明知与案件存在利益关系不主动予以回避,给当事人造成损害后果;(4)仲裁员违反披露义务、保密义务、及时履行职责的义务的行为。仲裁员应在接受委任之前或之后披露可能影响其独立性和公正性的利益冲突而没有予以披露,或者仲裁员不遵守仲裁保密的规定,向外界泄露案件的相关信息或当事人的商业秘密并给当事人造成不利影响,或者不遵守仲裁时限的规定故意拖延仲裁程序,不及时对案件作出裁决等。如果这些情形最终给当事人造成了损害事实,仲裁员应对当事人的损失承担一定的责任。

(二)仲裁员承担民事责任的方式

无论仲裁员的不当行为是侵权性质还是违约性质,其依法都须承

---

〔150〕 See Mark A. Sponseller, "Redefining Arbitral Immunity: A Proposed Qualified Immunity Statute for Arbitrators", *Hastings L. J.* Vol. 44, 1993, p. 423. 其指出美国法院面对仲裁裁决时,他们不会审查争议的是非曲直、证据的性质和充分性、当事人的性质和可信度、案件的是非曲直,或所谓的法律错误。

担相应的民事责任,以何种形式来承担责任是对民事责任追究的具体落实。我国《民法通则》[151]第134条规定了10种承担责任的方式,这些方式须结合具体案情来适用,既可以单独适用,也可以合并适用。对于仲裁员而言,其承担的仲裁职责具有一定的特殊性,如果其不当行为给当事人造成了损失,主要负责赔偿财产方面的损失;如果仲裁员在仲裁案件过程中发生向当事人受贿、索贿的违法行为时,就应承担向当事人返还财产的责任。

当前,对仲裁员具体应在多大范围内负赔偿责任的问题还没有定论。基于有些仲裁案件的标的额十分巨大,如果让仲裁员赔偿当事人的所受损失,显然不切实际,毕竟仲裁员所得的报酬有限。并且,当事人如果不满意仲裁裁决结果,为了维护其正当合法权益,还可以行使其他救济措施,如向法院申请撤销或不予执行仲裁裁决。由于仲裁具有一定的公益性,如果对仲裁员科以严格的民事赔偿责任,一是会促使很多优秀人士不愿担任仲裁员解决纠纷,二是会引起心存不满的当事人对仲裁员提起超过实际损失的高额赔偿的恶意诉讼。因此,适度的赔偿责任是比较可行的,不能超过当事人的直接经济损失而对仲裁员苛以惩罚性赔偿。[152] 总之,基于仲裁员提供仲裁服务的特性,具体在实践中,仲裁员赔偿当事人损失的范围一般以仲裁员所收的仲裁报酬及利息为限,这部分还可以通过职业责任保险制度的引入而予以分摊。

(三)仲裁员职业责任保险制度引入

推行仲裁员职业责任保险制度不失为一种明智的选择,仲裁员职业责任保险制度针对的是仲裁员可能会对其在仲裁实践中的专业疏忽行为承担民事责任的情形。职业责任保险可分散仲裁员承担民事

---

〔151〕 我国《民法通则》第134条规定了10种承担责任的方式,即停止侵害,排除妨碍,消除危险,返还财产,恢复原状,修理、重作、更换,赔偿损失,支付违约金,消除影响、恢复名誉,赔礼道歉。

〔152〕 参见郭玉军:《国际商事仲裁中的惩罚性赔偿裁决》,载《法学评论》2000年第1期。

责任这一法律风险,为担任仲裁员的人士提供职业保障,使其仲裁时不会心存顾虑。

在当下中国,职业责任保险制度已在法律职业中引入,如律师业。我国律师行业针对律师执业的风险,已经逐步在北京、上海、广东、湖北等省市推行了律师职业责任保险。[153] 早在2003年,上海律师协会就为全市的律师事务所投保了律师职业责任保险,保险公司对律师在执业过程中存在的职业风险承担相应的赔付责任。在司法实践中,职业责任保险这一方式也获得了支持。例如,在2007年5月,上海市静安区人民法院受理了首例律师事务所与保险公司的合同纠纷案,该案法院最终判决保险公司向律师事务所赔付因律师执业过失导致的损失17万余元。[154]

鉴于国外保险市场比较发达,保险品种比较多样化,职业责任保险产品类型较多,甚至投保人还可以结合投保的事项对保险内容进行量身定制。而目前,我国的保险业还处于初步发展时期,保险品种比较固化,而且欠缺一定的创新,对于职业责任保险而言还处于试行阶段,尚不能满足当前社会职业化发展的需求。[155] 针对新型的仲裁员

[153] 以北京市为例,自2000年以来,每年由律师协会从会费中出资200万元为执业律师投保,投保总额高达4亿元,个案赔偿金最高可达500万元。北京律协负责人介绍,4年来,北京市共有5个赔偿案例,赔偿金额40万元左右。在我国香港特区,没有上千万的执业责任保险,律师事务所很难获得开业批准。除保险之外,香港特区律师协会还建立了专门的赔偿基金,以确保在执业过程中因律师的原因给当事人造成损失,当事人能够得到有效赔偿。目前,我国11,000个律师事务所中,70%以上为个人合伙所,依法须承担无限连带责任。换言之,一个金额较大的赔偿案,就有可能让律师赔得倾家荡产。所以说,我国律师行业抵抗风险的能力还很弱,推行强制执业保险势在必行。参见司法部律师公证工作指导司:《我国律师行业将全面推行执业责任保险》,载司法部官网:http://www. moj. gov. cn/lsgzgzzds/content/200505/17/content_133809. htm? node =275,最后访问日期:2016年12月5日。

[154] 参见《上海法院审结首起律师执业保险纠纷案》,载新华网上海频道:http://www. sh. xinhuanet. com/2007 -05/08/content_9971359. htm,最后访问日期:2016年12月5日。

[155] 参见宋连斌:《中国仲裁员制度改革初探》,载韩德培等主编:《中国国际私法与比较法年刊》(第4卷),法律出版社2001年版,第599页。参见范铭超:《商事仲裁员职业责任保险:制度思考、方式选择与现实困境》,载《企业经济》2011年第7期。

职业责任保险而言,大多数保险公司没有针对仲裁员职业的特点和需求,开发多种可供仲裁员选择的保险产品。此外,保险公司所用的保险条款都是格式化条款,限制了仲裁员职业责任保险的作用。针对仲裁员职业的特殊性,其在执业过程中需要具备这一领域的专业知识,对执业过程中承担的责任是一种专家责任,所以,仲裁员职业责任保险需要考虑仲裁员职业的专业性质和特点。

当前,为切实维护当事人的合法权益,保障仲裁员公平、公正裁判案件,推行仲裁员职业责任保险是当事人和仲裁员的双重需求。随着整个社会风险防范意识的不断提升,当事人和担任仲裁员的人士都想办法预防法律风险,要真正使仲裁员仲裁案件时合理公正裁判案件,需要有力的制度为其执业活动提供风险保障,因此,仲裁员职业责任保险制度是仲裁员提供法律服务的要求之所在。就我国仲裁事业而言,在法律中明确规定为仲裁员提供职业责任保险,可推动商事仲裁的进一步发展。

本章小结

仲裁员是仲裁制度的枢纽,虽然我国 1994 年《仲裁法》对担任仲裁员的条件规定得非常严格,但对仲裁员问题的重视不够,仅规定仲裁员私自会见当事人、代理人或接受其请客送礼,情节严重,或者索贿受贿、徇私舞弊、枉法裁决,应承担法律责任,被仲裁机构除名。仅从法律条文的文字表述来理解,仲裁员若在仲裁过程中存有这些情形,可能承担纪律责任、民事责任或刑事责任。至于仲裁机构的责任,《仲裁法》甚至未曾涉及。而在仲裁实践中,仲裁员会不可避免地作出一些不当行为,对于这些不当行为如何处理,应在法律中得以体现。仲裁具有很强的实践特性,对于仲裁立法要立足于实践,注重实证,如果对仲裁员如何裁判案件都不了解,就很难评判仲裁程序的得与失。我国目前已经积累了相当丰富的仲裁实践，立法机关在权衡问题时不能务虚，要重视实证和现实数据资料。[156] 修订仲裁法时要注意：对仲裁员施加民事责任的同时也要授予适度的豁免，只有责任而无豁免会阻止有责任感、有能力并有经验的人接受担任仲裁员的指定。[157] 并且，仲裁员为了避免受到不满的当事人可能会对其提起责任诉讼的影响，会在仲裁过程中尽量注意避免风险，而不是考虑如何选用合适的法律对争议作出公平的裁决。[158] 因此，促进仲裁制度的发展需要一个合理的仲裁员民事责任制度，其中，最为关键之处是如何平衡仲裁员的权利和义务，如果让仲裁员承担的义务大于其权利，且对其执业过程中的职业风险不能提供保障，这样的制度就不会对仲裁员产生很大的吸引力。当前，我国迫切需要结合当代国际商事仲裁的发展趋向对我国的仲裁法进行修订。

---

〔156〕 参见宋连斌：《理念走向规则：仲裁法修订应注意的几个问题》，载《北京仲裁》2004 年第 2 期。

〔157〕 See Christian Hausmaninger, "Civil Liability of Arbitrators—Comparative Analysis and Proposals for Reform", *Journal of International Arbitration*, Vol. 7, 1990, p. 48.

〔158〕 See Peter B. Rutledge, "Toward A Contractual Approach for Arbitral Immunity", *Georgia Law Review*, Vol. 39, 2004, p. 171.

第四章　仲裁员刑事责任论

第一节　部分国家及地区仲裁员刑事责任制度考证

一、仲裁员免予刑事责任论

考察大多数国家和地区制定的与仲裁相关的法律规定,发现很少有国家或地区在法律中对仲裁员的刑事责任进行规定,大多数国家或地区的法律主要对仲裁员在有限范围内承担的民事责任进行了规定。例如,英国《1996 年仲裁法》、[1]奥地利《民事诉讼法》、[2]秘鲁《民事诉讼法》[3]仅规定了仲裁员承担民事责任的情形,没有涉及仲裁员的刑事责任,并且在司法实践中几乎没有出现仲裁员承担刑事责任的

---

〔1〕 英国《1996 年仲裁法》第 29 条第 1 款规定:仲裁员不对其在履行或试图履行其职权过程中的任何作为或不作为承担责任,除非该作为或不作为表明其违反了诚信原则。

〔2〕 奥地利《民事诉讼法》第 584 条规定:仲裁员接受任命后没有在规定的期限内作出裁决,应负责赔偿当事人的损失。

〔3〕 秘鲁《民事诉讼法》第 577 条规定:仲裁员在接受任职后不在规定的期限内作出裁决的,应对当事人遭受的损失负责。

案例。

大多数国家都认为，仲裁员应免予承担刑事责任，只是对仲裁员的民事责任作了规定，刑事责任问题很少与仲裁员相关联，几乎没有这方面的案例或评论。不过，还是有些国家的法律提及了这一问题，一般都规定仲裁员可能在特定的情形中承担刑事责任。〔4〕 基于仲裁员的权力来源于当事人的合意，一般认为，仲裁员在裁判民商事纠纷时大都不会产生严重的社会危害性，因而，不对仲裁员的刑事责任作出规定，仅认为仲裁员要承担民事责任。

二、仲裁员承担刑事责任论

有些国家就明确规定仲裁员要对其在仲裁过程中的严重违法行为承担刑事责任。例如，德国《刑法典》(2002 年修订)第三十章“渎职犯罪”第 331 条规定了受贿；第 332 条第 2 款〔5〕对仲裁员与法官的受贿并列进行规定，把仲裁员纳入了犯罪主体；第 337 条规定，仲裁员背着一方当事人向另一方索要、让其允诺或收受利益，或当事人一方背着他方向仲裁员提供、允诺或给予的为犯罪，并针对“酬报仲裁员”的情形进行了解释，认为这是给予仲裁员利益；第 339 条规定，法官、公务员或仲裁员在领导或裁判案件时，为有利于一方当事人或不利于一方当事人而枉法的，处 1 年以上 5 年以下自由刑。〔6〕 考察欧洲其他国

---

〔4〕 See Gary B. Born, *International Commercial Arbitration*, Kluwer Law International, 2009, p. 1645.

〔5〕 德国《刑法典》第 332 条第 2 款规定：法官或仲裁员以为或将来为司法行为作为回报，为自己或他人索要、让他人允诺或接受他人利益的，处以 5 年以下有期徒刑或罚款。尝试上述行为者亦应处罚。

〔6〕 参见徐久生、庄敬华译：《德国刑法典》，中国方正出版社 2004 年版，第 167 ~ 169 页。

家的法律，如法国《刑法典》、[7] 西班牙《刑法典》[8] 也存在类似的规定。在瑞士，[9] 如果仲裁员的行为造成经济损失，则仲裁员要承担赔偿责任，构成犯罪的则要依刑法进行惩罚。[10]

非洲的乌干达《刑法典》[11] 将任何"公共服务行业受雇人员"界定为："任何从事仲裁员职业的人，其或根据成文法的规定或依据法院的批准或指定进行任何程序或处理提交仲裁的事项。"这使国内和国际仲裁员没有区别，该定义是有一定的启发意义的。并且，该法典规定授予司法人员总括的豁免，即"第 15 节规定除了本法典另有明文规定，司法人员不需对其在行使司法职能时的任何作为或不作为负刑事责任，虽然他的行为超过了他的司法权限或虽然他务必作为但疏漏没有作为"。《刑法典》虽没有规定司法人员的定义，但界定了司法程序的内涵，即包括：在任何法院、仲裁庭、调查委员会之前或正在进行的任何程序，其中，证据的认可可能采取宣誓方式。[12] 乌干达《刑法典》的这些规定涉及参与仲裁程序的仲裁员及当事人的违法行为被归类

[7] 法国《刑法典》第 439 条规定：司法官、陪审员或其他属于司法建制的任何人员、仲裁员……无权直接或间接索要、认可奉送、许诺、赠礼、馈赠或其他任何好处，以完成或放弃完成其职务范围之行为的，处 10 年监禁并科 150,000 欧元罚金。参见罗结珍译：《法国刑法典》，中国法制出版社 2003 年版，第 163 页。

[8] 西班牙《刑法典》第 419 条规定：当局或者公务员为自己或者他人牟利，由本人或者经由他人索贿，或者收受赠品、礼品或者接受对方的承诺，以作为或者不作为方式作出一项与其职务有关的并构成犯罪的行为的。第 421 条规定：为放弃执行其职务上应该执行的行为而索取、收受或者承诺礼品的。第 422 条规定：构成犯罪的规定同样适用于陪审员、仲裁员、专家和其他担任公职者。参见《西班牙刑法典》，潘灯译，中国政法大学出版社 2004 年版，第 152 ~ 153 页。

[9] 瑞士《联邦刑法典》第 322 条规定：审判机关或其他机关成员……仲裁员，为履行其职务行为而索取或接受非应得利益的、贿赂、提供利益、贿赂外国公务员等。可见，瑞士《联邦刑法典》第 322 条规定的贿赂、接受利益罪名中，也将仲裁员作为犯罪主体。参见《瑞士联邦刑法典》，徐久生、庄敬华译，中国方正出版社 2004 年版，第 101 页。

[10] 参见林一飞：《国际商事仲裁法律与实务》，中信出版社 2005 年版，第 209 页。

[11] 乌干达《刑法典》第 3 条规定了解释规则：该法典将根据在英国获得的法律解释规则进行解释。它所使用的表达方式将被推定，只要符合他们的上下文语境，除了另有明确规定要根据英国刑法的规定界定其含义外，将依此进行解释。

[12] See Jimmy M. Muyanja, "A Note on Arbitration and Criminal Liability in Uganda", *Journal of International Arbitration*, Vol. 16, 1999, p. 120.

为轻罪的情况。[13] 进而,该法典将仲裁员的违法行为分为几类,如欺诈行为、不披露相关利益的行为、发布错误裁决的行为、假冒仲裁员的行为,分别针对这些行为规定了相应的轻罪,有的被判处 1 年有期徒刑,有的被判处 3 年有期徒刑。[14] 这些条款的存在可以合理解释为什么在乌干达会出现诉讼优先于仲裁这一现象,也能进一步解释为什么乌干达没有成为当事人或仲裁员青睐选择的仲裁地点。

在亚洲国家和地区中,日本、泰国、韩国的法律及我国台湾地区的相关规定对仲裁员的刑事责任作了一些规定。考察日本的法律,虽然日本法律没有规定仲裁员民事责任相关问题,但规定了仲裁员承担刑事责任的问题。例如,日本《刑法典》规定了受贿罪,[15] 该罪的犯罪主体就包括仲裁员,即如果仲裁员在仲裁过程中存在受贿、索贿或约定收受与其享有的职权有关的贿赂行为,就可以构成贿赂的犯罪,仲裁员就要对此承担相应的刑事责任。日本《2004 年仲裁法》[16] 第 50

〔13〕 “不法行为”是指任何犯罪并不是一个“重罪”。乌干达《刑法典》第 4 条对犯罪定义为:“任何行为、疏忽,或由法律惩罚的尝试。”该条对重罪定义为:“任何被法律声明为重罪的犯罪,或者,如果没有被声明为不法行为的犯罪,具有可罚性,并没有之前犯罪的证据,判处死刑或三年或三年以上有期徒刑。”犯罪和不法行为在量刑上的区别在第 24 条中规定,即对不法行为的一般量刑是:在本刑法典没有为任何不法行为作出特别规定的惩罚时,应当被判处不超过 2 年的有期徒刑。

〔14〕 具体参见乌干达《刑法典》第 82 条、第 87 条、第 88 条、第 101 条、第 107 条、第 109 条、第 111 条。

〔15〕 日本《刑法典》第 197 条和第 198 条围绕贿赂犯罪进行规定,罪名分得很细,例如,单纯受贿罪(第 197 条第 1 项前段)、受托受贿罪(第 197 条第 1 项后段)、事前受贿罪(第 197 条第 2 项)、向第三者提供贿赂罪(第 197 条之 2)、加重受贿罪(第 197 条之 3 第 1 项)、事后加重受贿罪(第 197 条之 3 第 2 项前段)、事后加重向第三者提供贿赂罪(第 197 条之 3 第 2 项后段)、事后受贿罪(第 197 条之 3 第 3 项)、斡旋受贿罪(第 194 条之 4)、对贿赂的必要性没收、追缴(第 197 条之 5)、行贿罪(第 198 条)。参见[日]西田典之:《日本刑法各论》(第 3 版),刘明祥、王昭武译,中国人民大学出版社 2007 年版,第 378 页。

〔16〕 该法于 2003 年 8 月 1 日颁布,2004 年 3 月 1 日起生效。

条、[17]第51条、[18]第52条、[19]第53条、[20]第54条[21]分别规定了仲裁员若犯有受贿、索贿及接受委任前受贿,仲裁员向第三者提供贿赂、加重受贿及接受委任后受贿等行为,则要处以相应的有期徒刑、没收及征收等值金额或处以相应罚金。因而,从日本《刑法》规定的受贿罪的主体中删除了仲裁员。泰国《2002年仲裁法》第23条规定,仲裁员在履行仲裁员职责时,如果索要、接受或同意接受贿赂,将被处以最高10万泰国铢的罚款,或最长10年的监禁,或者罚款与监禁并罚。[22]韩国《刑法典》第129~131条规定,仲裁员若在行使仲裁权的过程中存有受贿、索贿或约定与其职权有关的贿赂行为,则要对其追究相应

---

〔17〕 日本《2004年仲裁法》第50条(受贿、索贿及接受委任前受贿)规定:仲裁员收受、索要或约定收受与职权相关的贿赂的,处5年以下徒刑。在该情况下,仲裁员同意按贿赂者提出的要求行事的,处7年以下徒刑。仲裁员的候选人员,收受、索要或约定收受与其即将接受委任的职权相关的贿赂的,如被选定为仲裁员,处5年以下徒刑。

〔18〕 日本《2004年仲裁法》第51条(向第三者提供贿赂)规定:仲裁员按贿赂者的要求行事,导致该与其职权相关的贿赂被提供给第三者,或要求或约定向第三者提供贿赂的,处5年以下徒刑。

〔19〕 日本《2004年仲裁法》第52条(加重受贿及接受委任后受贿):仲裁员犯前二条之罪,并因此进行不正当的行为,或没有按职责行事时,处1年以上有期徒刑。仲裁员进行不正当的行为或没有按职责行事与其收受、索贿或约定收受贿赂,或导致贿赂被提供给第三者、或要求或约定向第三者提供贿赂相关的,与前款同样处理。曾为仲裁员的人员,就其接受委任期间进行不正当行为或没有按职责行事,根据与贿赂者达成的协议,收受、索贿或约定收受贿赂的,处5年以下徒刑。

〔20〕 日本《2004年仲裁法》第53条(没收及征收等值金额)规定:触犯法律的仲裁员或知情的第三者收受的贿赂,应予以没收。无法没收所收贿赂的全部或一部分时,应征收与其等值的金额。

〔21〕 日本《2004年仲裁法》第54条(行贿)规定:对给予、提供或约定提供第50条至第52条规定的贿赂的人员,处3年以下的徒刑或250万日元以下的罚金。

〔22〕 参见陈建:《论仲裁员在市场经济中的地位》,对外经济贸易大学2007年博士学位论文,第114页。

的刑事责任。[23] 我国台湾地区"刑法典"[24]对仲裁员的刑事责任规定得比较详细,将仲裁员与公务员进行类比,涉及仲裁员受贿罪、行贿罪及枉法仲裁罪。

通过分析上述国家和地区的相关规定可以看出,追究仲裁员的刑事责任是基于其身份与审判人员和公务员相类似,仲裁员可能会因为其所拥有的职权而作出违法行为,不过主要是对仲裁员的索贿、受贿不法行为进行追究,但也存在对"枉法"裁判行为的追究。[25]

第二节 仲裁员刑事责任的追究

一、仲裁员刑事责任的承担范围

通过考察一些国家的立法和实践,仲裁员承担刑事责任的范围主要是基于两种行为:一是仲裁员索贿、受贿、向第三者提供贿赂的行为。仲裁员索贿行为,是指仲裁员利用自己职责范围内的权力或与此

---

〔23〕 韩国《刑法典》第129条(受贿、事前受贿)规定:"公务员或仲裁人,收受、索取或者约定与职务有关的贿赂的,处五年以下劳役。"加重处罚如下:受贿额5000万元以上的,处无期徒刑或者10年以上劳役。受贿额1000万元以上不满5000万元的,处5年以下有期劳役(1990年12月31日修正)。参见《韩国刑法典及单行刑法》,[韩]金永哲译,中国人民大学出版社1996年版,第22~23页。

〔24〕 我国台湾地区"刑法典"第121条规定:公务员或仲裁人对于职务上之行为,要求、期约或收受贿赂或其他不正利益者,处7年以下有期徒刑,得并科5000元以下罚金。犯前项之罪者,所收受之贿赂没收之。如全部或一部不能没收时,追征其价额。第124条规定:有审判职务之公务员或仲裁人,为枉"法"之裁判或仲裁者,处1年以上7年以下有期徒刑。

〔25〕 德国《刑法典》第339条规定:法官、公务员或仲裁员在领导或裁判案件时,为有利于一方当事人或不利于一方当事人而枉法的,处1年以上5年以下自由刑。参见《德国刑法典》(2002年修订),徐久生、庄敬华译,中国方正出版社2004年版,第169页。西班牙《刑法典》第419条规定:当局或者公务员为自己或者他人牟利,由本人或者经由他人索取,或者收受赠品、礼品或者接受对方承诺,以作为或者不作为方式作出一项与其职务有关并构成犯罪的行为的,处2年以上6年以下徒刑,并处获得赠品、礼品价值3倍的罚金,剥夺其从事职业或者担任公职的权利7~12年。其行贿或者承诺行为触犯其他刑法的,按数罪并罚处理。参见《西班牙刑法典》,潘灯译,中国政法大学出版社2004年版,第152页。

相关的便利条件，索取他人财物的行为；受贿行为，是指仲裁员非法收受一方当事人的财物，为该方当事人谋取利益的行为，而不论所谋取的利益是否正当，也不论该利益是否实现；向第三者提供贿赂的行为，是指仲裁员按照行贿者的要求行事，向与案件相关的第三者提供贿赂，为行贿者谋取利益的行为。二是仲裁员在裁判案件过程中存在枉法裁判的行为。具体而言，枉法裁判是指仲裁员故意违背案件事实、法律和相关裁判依据作出有利于一方当事人或不利于一方当事人的行为，如故意伪造与案件相关的证据材料，或者胁迫、引诱、贿买案件相关人士提供伪证，或者故意毁灭、篡改案件相关的证据材料，且该枉法行为的情节比较严重，主要是对公民、法人或其他组织造成了重大或巨大的经济损失。

二、仲裁员刑事责任的构成要件

贝卡里亚曾经指出："什么是衡量犯罪的真正标尺，即犯罪对社会的危害。这是一条显而易见的真理，尽管认识这类明了的真理并不需要象限仪和放大镜，而且它们的深浅程度都不超出任何中等智力水平的认识范围。"[26]这段话明确表明，犯罪的轻重是根据该罪所具有的社会危害性进行评判的。仲裁员的违法犯罪行为只有达到一定的社会危害性才能引起仲裁员刑事责任的追究。具体而言，需要结合一般刑事责任的构成要件来分析，因而，仲裁员刑事责任的构成要件主要表现在四个方面。

（一）责任主体

只有承担仲裁职责的人员实施了违法行为才可以追究刑事责任，没有履行仲裁职责的人员，如仲裁机构的工作人员不具备仲裁员身份，就不可能对其追究仲裁员的刑事责任。基于当前大多数仲裁机构

---

〔26〕［意］切萨雷·贝卡里亚：《论犯罪与刑罚》，黄风译，商务印书馆2001年版，第2页。

都备有仲裁员名册,只有接受当事人委任或仲裁机构的指定担任裁判争议的仲裁员,才能成为责任追究的主体。若享有仲裁职权的仲裁员在仲裁案件过程中实施了违法犯罪行为,才会引起对其追究刑事责任。仲裁员是裁判案件的主体,但是,基于仲裁管理过程中的特殊性,仲裁机构的相关人员承担辅助职能,如仲裁委员会主任、秘书长、专家委员会成员、仲裁裁决的核稿人,甚至参与仲裁工作的鉴定人员、证人、翻译人员,其行为对仲裁裁决结果也可能产生实体影响,虽不能单独成为本罪的主体,却可以成为共犯。〔27〕

（二）客体

当事人之所以青睐仲裁这一方式,就是期望仲裁员能够公平公正、高效快捷地进行仲裁,切实维护他们的合法权益。并且,因为仲裁实行一裁终局制,裁决一旦作出就会发生法律效力,当事人可以向法院申请承认和执行该裁决,这使仲裁活动具有一定的准司法性。依据我国《仲裁法》的规定,〔28〕仲裁员在仲裁案件时要依法合理进行裁判,如果其在仲裁过程中存在违法犯罪行为,会对当事人或第三人造成直接或间接的严重损失,乃至影响国家正常的裁判秩序。因此,仲裁员违法犯罪行为侵害的客体是当事人的合法权益。

（三）主观方面

行为人的主观方面是区分罪与非罪、此罪与彼罪的重要标准。主观方面主观恶性的大小是决定刑罚轻重的重要因素,行为人主观恶性的大小则由两个因素来决定:一是行为人的行为;二是行为人主观方面的罪过(行为人对自己的违法犯罪行为及其可能造成的危害后果所持的心理态度)。

对于仲裁员而言,其在裁判案件过程中享有一定的自由裁量权。对于其行为的合法与非法的评定不能轻易而定,需要判断该行为是否

〔27〕 参见宋连斌:《枉法仲裁罪批判》,载《北京仲裁》2007 年第 2 期。

〔28〕 我国《仲裁法》第 7 条规定:仲裁应当根据事实,符合法律规定,公平合理地解决纠纷。第 8 条规定:仲裁依法独立进行,不受行政机关、社会团体和个人的干涉。

是该仲裁员故意而为。只有存在这个主观动机才能评判其行为的违法性,即仲裁员对其行为的违法性有明确的认知并且积极而为或放任而为,才能追究其刑事责任,如果该行为情节严重,可以加重量刑。如果仲裁员是过失而为,出现事实认定错误或适用法律不当等仲裁行为,这类行为只能引起仲裁员承担民事责任,而不是刑事责任。如果把过失纳入仲裁员刑事责任认定的主观方面,只会引起当事人的滥诉行为和人们对担任仲裁员的恐慌,不利于仲裁事业的发展。

(四)客观方面

仲裁员的行为必须是违反了强制性或禁止性的法律规范,可以表现为作为或不作为。积极的作为表现为索贿、受贿、毁灭、伪造证据、徇私舞弊、制作虚假的裁决书等行为;消极的不作为表现为拒不收集应依职责收集的证据、拒不听取当事人正确的陈述等行为。如果仲裁员的行为只是违反法律的任意性规范或其他规范性文件,就不会产生仲裁员的刑事责任;如果其行为仅违反了法律的强制性、禁止性规定,但同时没有满足其他的责任要件,也不能产生刑事责任。就我国的立法而言,《仲裁法》和《刑法》同时规定了仲裁员不得索贿受贿、徇私舞弊。《刑法修正案(六)》还规定了枉法裁决行为,这些规定对仲裁员而言是强制性的、禁止性的规定,如果仲裁员实施了这些行为,同时又满足其他3个要件,那么,必须要承担相应的刑事责任。对此,我国台湾地区学者林山田认为,对于国家而言,刑罚是保护其法益和维护其秩序的最后手段,刑罚的界限应是内缩的,而不是外张的,如果能够采用其他手段可以达到维持社会共同生活秩序以及保护社会和个人的法益时,则务必放弃刑罚手段。[29]

三、仲裁员刑事责任的承担形式

刑事责任的承担主要是针对不同的违法行为苛以不同的刑罚。

---

〔29〕 参见张明楷:《外国刑法纲要》,清华大学出版社2007年版,第7~8页。

对于刑罚，意大利刑法学家贝卡里亚阐述道：“对于犯罪最强有力的约束力量不是刑罚的严酷性，而是刑罚的必定性，这种必定性要求司法官员谨守职责，法官铁面无私、严肃认真，而这一切只有在宽和和法制的条件下才能成为有益的美德。即使刑罚是有节制的，它的确定性也比联系着一线不受处罚希望的可怕刑罚所造成的恐惧更令人印象深刻。因为即便是最小的恶果，一旦成为确定的，就总令人心悸。”〔30〕

通过考察世界各国的刑法规定，可以发现，刑罚的区分标准大致有3类：其一，针对所剥夺的犯罪人的权益种类不同，可以分为生命刑、自由刑、财产刑、资格刑。生命刑就是剥夺犯罪人的生命，主要采取枪决和注射两种方式执行死刑；自由刑就是限制人身自由，有终身限制、中长期限制和短期限制3种；财产刑主要是没收财产刑和罚金刑两种；资格刑是剥夺犯罪人的某种资格。〔31〕 其二，目前大多数国家和地区采取的区分方法，以刑罚的量刑地位为依据分为主刑和附加刑。〔32〕 其三，有些国家以刑罚的轻重为依据分为重罪之刑、轻罪之刑和违警罪之刑。重罪之刑一般是指6年以上(含本数)的有期徒刑、无期徒刑或死刑；轻罪之刑一般是指6年以下的有期徒刑或罚金；违警罪之刑是指管制或拘役。新法国《刑法典》就在刑罚编中针对自然人

---

〔30〕［意］切萨雷·贝卡里亚：《论犯罪与刑罚》，黄风译，北京大学出版社2009年版，第62页。

〔31〕参见黎宏：《刑法学》，法律出版社2012年版，第332页。

〔32〕例如，日本现行《刑法典》第9条规定，死刑、惩役、监禁、罚金、拘留和科料为主刑；没收为附加刑。参见张明楷译：《日本刑法典》(第2版)，法律出版社2006年版，第10页。匈牙利《刑法典》规定的刑罚的种类包括的主刑有监禁、公益劳动、罚金，附加刑包括禁止从事公共事务、禁止执业、禁止驾车、驱逐、驱逐出境、没收财产、附加罚金等。其中，附加刑中的禁止从事公共事务和没收财产在没有判处主刑时可以独立适用。如果存在其他法定情节，除禁止从事公共事务和附加罚金以外的所有附加刑可以代替主刑独立适用。参见《匈牙利刑法典》，西北政法学院1998级刑法研究生译，西北政法学院中亚与东欧法研究中心2000年3月编，第14～15页。而我国台湾地区现行“刑法”使用的刑罚手段就分为主刑和从刑。主刑乃指得以独立科处的刑罚手段，包括死刑、无期徒刑、有期徒刑、拘役与罚金。从刑则指附随主刑科处的刑罚手段，包括褫夺公权与没收、追征、追缴或抵偿；于例外情况下，亦有单独宣告的从刑，如专科没收与违禁物的没收等规定。参见林山田：《刑法通论》(下册)(增订10版)，北京大学出版社2012年版，第308页。

适用的刑罚和法人适用的刑罚采用了这种分类。[33] 美国《刑法》对于刑罚种类的规定与该分类有些类似,各州的刑罚都包括监禁、缓刑和罚金,个别州存在一些独有的刑罚,如鞭笞、枷刑、国内放逐、没收财产(附加刑)等,而少数州的刑罚并不包含死刑、罚金。[34] 就我国而言,我国刑法采用的是第二种刑罚分类方法,将刑罚主要分为两大类:[35]一类是主刑,包括管制、拘役、有期徒刑、无期徒刑和死刑;另一类是附加刑,包括罚金、没收财产、剥夺政治权利和驱逐出境(针对外国人)。除了这两类刑罚之外,我国刑法还规定了"非刑罚处罚措施",主要适用于犯罪情节轻微免予刑事处罚的被告人,包括训诫或责令具结悔过、赔礼道歉、赔偿损失,或者由主管部门予以行政处分。[36]

对于仲裁员的刑事责任而言,要根据违法行为的情节轻重进行量刑,采取主刑和附加刑相结合的方式。一般而言,仲裁员若犯罪情节轻微无须判处刑罚时,施以"非刑罚处罚措施",即给予训诫、责令具结悔过、赔礼道歉、赔偿损失;[37]情节严重的,处短期自由刑或拘役、管制;情节特别严重的,处一定限度的长期自由刑和并处没收财产。

---

〔33〕 参见马克昌:《比较刑法原理:外国刑法学总论》,武汉大学出版社 2002 年版,第 839 页。

〔34〕 参见储槐植、江溯:《美国刑法》(第 4 版),北京大学出版社 2012 年版,第 258 ~ 265 页。

〔35〕 参见我国现行《刑法》第 3 章第 1 节的规定。

〔36〕 参见于阳:《论刑罚适应性及其实现》,吉林大学 2014 年博士学位论文,第 69 页。

〔37〕 但必须注意的是,赔偿损失并非指赔偿当事人的全部损失,因为仲裁案件标的额往往很大,即便仲裁员终其一生也难以赔偿数额巨大的损失,如果要求仲裁员赔偿全部损失,是不现实也不恰当的。

第三节　枉法仲裁罪与我国仲裁员刑事责任制度

一、枉法仲裁罪的立法与实践

（一）枉法仲裁罪的立法

基于不同的司法传统，两大法系国家及地区对待枉法仲裁罪的态度各不相同。在英美法系国家，没有设立枉法仲裁罪，甚至也没有设立枉法裁判罪。因为，英美法系国家大多实行判例法制度，法官裁判案件时一般需要遵循先例，但法官也享有一定的自由裁量权。如果法官认为，根据具体案情的分析需要突破传统的先例，可以造就新的符合时宜的判例，一般称为法官造法。大多数判例显示，如果法官在裁判过程中存在受贿、索贿等行为，一般是以受贿罪追究法官的刑事责任。如果是仲裁员在仲裁案件的过程中存在违法行为，直接按其违法行为的性质追究其刑事责任。考察大陆法系一些国家或地区的立法规定，有些国家的法律明确规定了枉法裁判罪，如俄罗斯《联邦刑法典》第299条、第300条和第305条，〔38〕德国《刑法典》第336条，〔39〕新加坡《刑法》第219条，〔40〕菲律宾《刑法》第204～206条，〔41〕蒙古《刑

〔38〕 1996年的俄罗斯《联邦刑法典》第299条、第300条和第305条规定：法官对明知无罪的人追究刑事责任，非法免除被指控犯罪的人的刑事责任，做出明显不公正的刑事判决、民事判决或其他审判文书的，追究法官的刑事责任。

〔39〕 德国《刑法典》第336条规定：法官、公务员或仲裁人在指挥或审判法律争端事件之际，为当事人一方之利益或不利益而曲解法律者，构成枉法裁判罪（曲解法律）。

〔40〕 新加坡《刑法》第219条规定：任何公务员在司法诉讼的任何阶段，恶意制作或发布任何明知是违背法律规定的报告、命令、裁决、决定的，处7年以下有期徒刑，或处罚金，或两罚并处。

〔41〕 该国《刑法》第204～206条所规定的罪名依次为：故意枉法裁判罪、疏忽大意枉法裁判罪、不公中间裁决罪。

法》第250条。[42] 另外,我国台湾地区的"刑法"第124条[43]也规定了枉法裁判罪,并且明确该罪适用于仲裁员。我国台湾地区学者分析该罪的制定理由是,"公务员就其裁判或仲裁之事件,应悟守法律,为严正公平之判断,若故行枉法,纵非贪婪,亦必徇情,均属妨害国家之威信、人民之法益,宜于处罚,而肃官常"。[44] 此外,日本、韩国等国家的刑法规定渎职罪时,明确仲裁员与国家公务员一样也适用该罪。例如,日本《刑法典》虽然以受贿罪对仲裁员的行为进行约束,但在受贿罪的规定中也提到了仲裁员的枉法行为[45]作为加重量刑情节。因为,仲裁员在日本是被视为依法行使仲裁职责的准司法人员。日本刑法的这一规定不局限于传统的法律规定,有一定的积极意义。[46] 此后,于2004年3月1日生效的日本《仲裁法》详细规定了仲裁员受贿的犯罪及处罚,但没有对仲裁员的枉法仲裁问题进行规定。

就我国而言,2006年的《刑法修正案(六)》第20条[47]涉及仲裁员在仲裁过程中故意违背事实和法律作枉法裁决,如何根据情节的严重性对其进行具体的量刑问题,2007年8月27日,最高人民法院、最高人民检察院通过了《关于执行〈中华人民共和国刑法〉确定罪名的补充规定(三)》,把《刑法修正案(六)》第20条所涉的罪名确定为"枉法

---

〔42〕 该条罪名为"做出非法裁判罪"。

〔43〕 我国台湾地区"刑法"第124条规定:有审判职务之公务员或仲裁人,为枉"法"之裁判或仲裁者,处1年以上7年以下有期徒刑。

〔44〕 孙嘉时编著:《刑法分则》(第3版),台北,三民书局股份有限公司1985年版,第87页。转引自宋连斌:《枉法仲裁罪批判》,载《北京仲裁》2007年第2期。

〔45〕 日本《刑法典》第197条第3款规定:仲裁员犯贿赂罪而为枉法行为,处1年以上有期徒刑。

〔46〕 参见罗国强:《枉法仲裁罪思辨——仲裁性质两分法与比较法下的考量》,载《中国刑事法杂志》2009年第1期。

〔47〕 我国2006年6月29日全国人大常委会通过的《刑法修正案(六)》第20条规定,在《刑法》第399条后增加一条,作为第399条之一:"依法承担仲裁职责的人员,在仲裁活动中故意违背事实和法律作枉法裁决,情节严重的,处3年以下有期徒刑或者拘役;情节特别严重的,处3年以上7年以下有期徒刑。"

仲裁罪”。[48] 更有学者将该条款称为“仲裁人头顶上的达摩克利斯之剑”。[49]

(二)枉法仲裁罪的实践

无论是法官还是仲裁员,如果其在裁判案件过程中存有枉法裁判行为,都会危害当事人的合法权益。目前,就我国而言,对仲裁员的管理和监督制度还不完善,出于利益的诱惑,仲裁员会作出一些违法行为,甚至会作出有失公允的裁决。这不仅侵害了当事人的合法权益,给当事人造成直接或间接的经济损失,而且对仲裁的声誉造成不良的影响。

目前,已经发生数起仲裁员作出违法行为的案件。早在2001年5月18日,江苏省连云港市中级人民法院就公开开庭审理了该市仲裁委员会副主任兼秘书长姜某职务犯罪一案。[50] 鉴于姜某在案发前主动自首交代案情,并把全部赃款退回,依法应从轻处理。最终认定姜某犯受贿罪,判处有期徒刑5年;犯贪污罪,判处有期徒刑1年;犯挪用公款罪,判处有期徒刑1年。最后,法院决定对姜某执行有期徒刑5年6个月。另外,还有比较著名的“贸仲第一案”,天津市第一中级人民法院于2008年7月7日对王某进行了宣判,因其构成私分国有资

---

〔48〕 参见陈伟:《枉法仲裁罪追诉方式之变更及其提倡——兼论仲裁责任的流转与刑事责任的确立》,载《中国刑事法杂志》2008年第4期。

〔49〕 董纯刚:《“枉法仲裁罪”刍议——仲裁人头顶的达摩克利斯之剑》,载万季飞、万鄂湘主编:《中国仲裁与司法》(2005年第6辑),法律出版社2006年版,第53页。

〔50〕 连云港市人民检察院起诉书指控:姜某利用职务之便,于1996年2月~2000年2月前后4年间,收受他人的钱物7.38万元,采取虚开发票、套取和私分等手段,贪污公款2万余元,同时还挪用公款8万余元归个人进行营利活动,分别构成受贿罪、贪污罪和挪用公款罪,应依法追究其刑事责任。连云港市中级人民法院审理认为:姜某身为国家工作人员、党员干部,利用职务之便,以为他人谋取利益为名,非法收受他人财物73,870元,采用虚开、私分、重复报销等手段,侵吞公款22,815元,姜某个人实得16,115元,并以单位名义为他人担保贷款、借为己用,挪用公款82,286元,分别构成受贿罪、贪污罪、挪用公款罪。参见《侍权弄法的连云港仲裁委原秘书长》,载壹心律师官方网站:http://www.gyxlawyer.com/news_content.asp? articleid=2053,最后访问日期:2016年12月12日。

产罪和受贿罪被判处5年有期徒刑。[51]

上述两起案件反映了对仲裁员违法行为进行追究的情形，但没有用枉法仲裁罪进行判定。我国首例以枉法仲裁罪追究仲裁员刑事责任的案例是发生在湖南省的一个案例。该案由湖南省衡阳市石鼓区人民法院审理，衡阳市仲裁委员会仲裁员刘某和秘书处书记员张某办理涉及8名申请人与被申请人刘某之间申请办理产权证的案件。在对这些案件进行审理的过程中，就有7起案件的申请人或其代理人没有到庭参加庭审，且所有案件都没有提供关键的证据材料（商品房购房销售发票），甚至有2起案件都没有告知仲裁员刘某，均由书记员张某一人进行审结。湖南省衡阳市石鼓区检察院基于获悉众多购房户因此事件的发生而利益受损，主动介入调查，积极获取相关的线索，依法对仲裁员刘某以涉外枉法裁判罪进行立案侦查。虽然我国2006年《刑法修正案（六）》已实施多年，但对于枉法仲裁罪的具体立案标准没有进行具体明确的规定，没有任何相关的经验可供该检察院予以借鉴。检察院走访了与此案相关的购房户，调查清楚案件事实，积极获取相关证据材料，向法院提起公诉。湖南省衡阳市石鼓区人民法院于2011年8月30日判决衡阳市仲裁委员会仲裁员刘某及秘书处书记员

〔51〕 2008年7月7日，"贸仲第一案"在天津市第一中级人民法院宣判，原中国国际贸易促进委员会法律事务部部长、贸促会下属的中国国际经济贸易仲裁委员会副主任兼秘书长王某因私分国有资产罪以及受贿罪，受到有期徒刑5年的刑事处罚。作为国内仲裁界首屈一指的人物王某，同时在国际商事仲裁委员会、伦敦国际仲裁院、斯德哥尔摩商会仲裁院等仲裁机构担任仲裁员，此案的出现引起了仲裁界的巨大反响，也在很大程度上影响了仲裁员的良好声誉和形象。通过刑事立法追究仲裁员的严重违法行为，一定程度上可以起到确保其公正裁决的作用。参见《贸仲第一案宣判》，载搜狐财经：http://business.sohu.com/20080729/n258440112.shtml，最后访问日期：2016年12月15日。

张某犯枉法仲裁罪要追究刑事责任,免予刑事处罚。[52]

另外,最近还发生了一起仲裁员枉法裁决的案例。[53] 该案中,担任首席仲裁员的李某(原青岛工学院校长办公室副主任)对案件进行实地调查时,仅对与食品公司有关系的人员询问了一些情况,而未进入公司仓库进行查看,就以此信息作出裁决。争议的另一方当事人向青岛市中级人民法院申请撤销裁决,该裁决被予以撤销。此后,胶州市人民检察院对该案仲裁员李某因涉嫌枉法仲裁和受贿进行立案侦查,并对该案的另一名仲裁员黄某和提供法律服务的工作者郑某涉嫌枉法仲裁进行立案侦查,后向即墨市人民法院提起公诉。法院经过审理以枉法仲裁罪判处李某有期徒刑 1 年 1 个月,并以非国家工作人员受贿罪判处拘役 6 个月,两罪并罚决定执行有期徒刑 1 年 1 个月;判处黄某、郑某犯枉法仲裁罪,免予刑事处罚。

法院在具体审理有关仲裁员不当行为的案件时,决定是否对仲裁员苛以枉法仲裁罪是经过严谨的考证的,不是随意套用法条的规定。因此,在我国的司法实践中,真正以枉法仲裁罪追究仲裁员刑事责任的为数甚少,也间接表明仲裁员在仲裁中存在的枉法仲裁行为并不十分严重。有学者进而认为,对于仲裁员还未达到需要以枉法仲裁罪对其苛以刑罚来制裁的地步,反而该罪的设立给一些心存不满的当事人

---

〔52〕 但是,这个案件的意义是深远的,因为,这是自 2006 年《刑法修正案(六)》实施以来湖南省出现的首例追究仲裁员枉法仲裁罪的案件。参见《湖南首例枉法仲裁案一审判决》,载《法制日报》2011 年 9 月 29 日,第 8 版。裁判文书按需要制作,而不是依据事实和法律。开发商刘某提起仲裁的最终目的是办理产权证,仲裁只是办理产权证的一个手段。仲裁过程中,刘某和张某对刘某申请的仲裁都是一路“绿灯”。该案的突破填补了湖南省多年来枉法仲裁案的空白。更多的是,通过检察机关的有力查处,维护了人民群众的合法利益,给那些怀有侥幸心理、企图通过枉法仲裁谋取私利的犯罪分子一沉重打击,有效地净化了社会风气。参见李建辉、肖衡生、雷玲:《湖南省首例枉法仲裁案件一审判决两被告人获刑》,载检察日报:http://news.jcrb.com/Biglaw/CaseFile/Criminal/201109/t20110926_724512.htm,最后访问日期:2016 年 12 月 15 日。

〔53〕《原青岛仲裁委仲裁员李某涉嫌枉法仲裁受贿被判刑》,载青网:http://www.qing5.com/2015/0718/66413.shtml,该案的具体案情可参见《枉法仲裁,首席仲裁员获刑》,载半岛都市报:http://bddsb.bandao.cn/data/20150816/html/10/content_6.html,最后访问日期:2016 年 12 月 15 日。

对仲裁裁决提起更多的非理性挑战。[54]

二、枉法仲裁罪[55]之剖析

(一)枉法仲裁罪的适用范围界定

因为法律没用明确进行界定,对于枉法仲裁罪的适用范围有不同的意见:一种意见认为,根据我国 1994 年《仲裁法》的调整范围,该罪只适用于民事商事仲裁;[56]另一种意见认为,应从广义上来理解该罪的适用范围,[57]不仅包括解决民商事争议的仲裁,还包括解决人事争议、劳动争议的仲裁,甚至包括解决体育纠纷的仲裁。这两种意见各有其理,本书仅限于讨论民商事仲裁中仲裁员的枉法裁决问题。该罪在学界和实务部门称为"枉法裁决罪",虽说只有两字之差,但容易引起误解,是否只针对仲裁裁决?是否涵盖仲裁过程中的程序性不当行为?如果仲裁员故意违背相关程序处理某一程序性问题,是否能够成立本罪?[58] 如果以枉法仲裁罪来判断,就可能会构成;如果以枉法裁决罪来判断,就不会构成。

---

〔54〕 参见宋连斌、颜杰雄:《申请撤销仲裁裁决:现状 · 问题 · 建言》,载《法学评论》2013 年第 6 期。该文通过对北京市第二中级人民法院在 1996 ~ 2010 年审理申请撤销北京仲裁委员会仲裁裁决案件所作的 563 份裁定中 66 份撤销裁决裁定进行实证研究,发现虽然在 66 份撤销裁定书中,有 45 次涉及"仲裁员在仲裁该案时有索贿受贿,徇私舞弊,枉法裁决行为的"事由,但所有依此项理由提出的申请,全部被法院裁定驳回。

〔55〕 《检察日报》2006 年 1 月 23 日专版讨论了"枉法仲裁该不该受刑法调整"的问题。但是,这场讨论的题目极具误导性,似乎枉法仲裁已客观存在,是否受刑法调整却存在争论。事实上,是否存在、有无可能存在枉法裁决的社会现象,才是在刑法上设立枉法裁决罪的前提。既已断定存在枉法仲裁,刑法上是否名之为"枉法仲裁罪"只是形式而已。参见宋连斌:《枉法仲裁罪批判》,载《北京仲裁》2007 年第 2 期。

〔56〕 参见吕途、杨贺男主编:《中华人民共和国刑法修正案(六)理解与适用》,中国法制出版社 2006 年版,第 85 页。

〔57〕 参见王海涛主编:《刑法修正案(六)罪名图解与案例参考》,中国法制出版社 2006 年版,第 285 页。

〔58〕 参见宋连斌:《枉法仲裁罪批判》,载《北京仲裁》2007 年第 2 期。

(二)枉法仲裁罪在实践中的可操作性分析

1. 如何认定"枉法"

枉法仲裁罪明确规定是针对仲裁员在仲裁过程中存在故意违背事实和法律的行为,但如何在实践中具体认定是否存在这一类行为呢?从法条规定来看,尚不可知。因为,仲裁裁判案件的要求不同于诉讼,在诉讼中奉行的是"以事实为依据、以法律为准绳"的裁判原则,而仲裁具有较大的灵活性。根据我国《仲裁法》的规定,[59]仲裁员在不违背法律强制性规定的前提下,可以适用当事人合意选择的法律(内国法、外国法)或国际条约、国际惯例来裁判案件,还可以适用"公平"原则裁判案件,并不以法律作为唯一的裁判依据。所以,在司法认定上如何认定"违背法律",是指违反内国法,还是违反外国法?是违反了当事人选择的国际惯例,还是违反了一般的公允善良原则?

此外,与法院的审判方式不同,仲裁以裁判依据为标准可分为依法仲裁和友好仲裁。友好仲裁在国际上是被普遍接受的做法,仲裁员依这种方式仲裁时,可以按照公认的衡平原则、公允善良原则进行裁判,可以不援引任何法律规定。虽然我国《仲裁法》对友好仲裁没有进行明文规定,但在仲裁实践中存在类似于友好仲裁的做法。在依法仲裁的情况下,仲裁员享有一定的自由裁量权,在实践中一般并不要求仲裁庭严格按照法律规定进行裁决。按照我国《仲裁法》[60]和考察我国仲裁实践,大多数仲裁员都是兼职的、来自各行各业的专业人士,不全是法律界的专家。有些仲裁员欠缺一定的法律训练,甚至有的不具备法律教育背景,没有一定的实务经验,如果由他们参与仲裁解决争议,能否准确理解和适用法律定分止争是存有疑问的。因为,他们既不能与接受了系统法律教育的仲裁员等量齐观,也不能与法官相提并

---

[59] 我国《仲裁法》第 7 条规定:仲裁应当根据事实,符合法律规定,公平合理地解决纠纷。

[60] 参阅我国《仲裁法》第 12 条、第 13 条。

论。[61] 基于仲裁员与法官存在的差异，如果他们在裁判案件的过程中对法律的理解不到位而作出了不太正确的裁决，那么，这种情形可不可以称为违背法律？若外籍仲裁员在我国进行仲裁的过程中存在违法行为，是否对其按照我国法律的规定追究其责任呢？并且，若仲裁员对案件持有不同意见，其拒绝在仲裁裁决书上签名，那如何判断其是否在裁判过程中存在"枉法"的行为呢？[62] 因此，为了避免我国司法实践中对枉法的表现形式存在认定不一的情形，最好通过颁布相对应的司法解释予以阐明。

2. 如何认定情节严重

对于枉法仲裁罪，只有情节严重才能够认定成本罪，但具体什么样的情节才构成严重的标准，目前，只有两个可以依据的标准，即最高人民检察院于1999年9月16日发布施行的《关于人民检察院直接受理立案侦查案件立案标准的规定(试行)》中的规定，[63] 以及最高人民检察院于2001年7月20日通过的《人民检察院直接受理立案侦查的渎职侵权重特大案件标准(试行)》中的规定。[64] 通过分析这两个规定的内容，情节严重的情形主要从证据方面、当事人合法权益受到侵

---

〔61〕 参见宋连斌：《枉法仲裁罪批判》，载《北京仲裁》2007年第2期。

〔62〕 参见徐前权：《仲裁员法律责任之检讨(下)——兼评"枉法仲裁罪"》，载《仲裁研究》2007年第1期。

〔63〕 其中规定：(六)民事、行政枉法裁判案(第399条)：民事、行政枉法裁判罪是指审判人员在民事、行政审判活动中，故意违背事实和法律作枉法裁判，情节严重的行为。涉嫌下列情形之一的，应予立案：1. 枉法裁判，致使公民财产损失或者法人或者其他组织财产损失重大的；2. 枉法裁判，引起当事人及其亲属自杀、伤残、精神失常的；3. 伪造有关材料、证据，制造假案枉法裁判的；4. 串通当事人制造伪证，毁灭证据或者篡改庭审笔录而枉法裁判的；5. 其他情节严重的情形。

〔64〕 其中，第5条规定：五、枉法追诉、裁判案：(一)重大案件 1. 对依法可能判处3年以上7年以下有期徒刑的犯罪分子，故意包庇不使其受追诉的；2. 致使无罪的人被判处3年以上7年以下有期徒刑的。(二)特大案件 1. 对依法可能判处7年以上有期徒刑、无期徒刑、死刑的犯罪分子，故意包庇不使其受追诉的；2. 致使无罪的人被判处7年以上有期徒刑、无期徒刑、死刑的。六、民事、行政枉法裁判案：(一)重大案件 1. 枉法裁判，致使公民的财产损失10万元以上、法人或者其他组织财产损失50万元以上的；2. 枉法裁判，引起当事人及其亲属精神失常或者重伤的。(二)特大案件 1. 枉法裁判，致使公民的财产损失50万元以上、法人或者其他组织财产损失100万元以上的；2. 引起当事人及其亲属自杀死亡的。

害的程度方面、社会影响方面进行界定。

仔细考量这两个规定所确定的情节严重的标准，发现这些界定情形存在一定的缺陷：首先，对于枉法仲裁的界定先以该罪存在的前提去查看具体的情形，带有先入为主的思维定势，因果关系颠倒；其次，基于我国目前民众法治理念的现状，即当事人如果对法院判决不满意，就会采取法律规定之外的方式（最典型的是上访）促使案件得以重审，甚至还可以获得法外补偿，那么，对于仲裁裁决而言，如果当事人心怀不满，就会存心误读法律的规定，无意中会助长当事人对司法的不信任；再次，不管最后对仲裁员的枉法裁判的指控结果如何，无形之中会影响到仲裁员的独立判断，甚至会阻碍一批优秀的专业人士担任仲裁员，损害仲裁事业的发展；最后，这些规定也表明，枉法裁判罪的存在是不必要的，若该罪名所涉的情形在裁判过程中发生，可援引《刑法》的其他规定亦可调整。〔65〕

（三）枉法仲裁罪的反思

有学者对枉法仲裁罪的入法表示出很大的争议，在刑法修正案起草的过程中，就有人指出仲裁界已不是所认知的净土，有些仲裁员在裁判案件的过程中，出现了徇私舞弊、滥用职权、非法收受当事人的财物，或以公开或暗示的方式向当事人索取财物等不法行为，并作出违背事实和法律的裁决。这类行为严重损害了仲裁制度的公正性，影响十分恶劣，应当规定为犯罪。〔66〕 一些赞同该罪的学者主要是从加强公权力对仲裁进行监督的角度进行论证，认为该罪的制定可以有效地对仲裁员的行为进行规制，维护仲裁制度的公信力。〔67〕 还有的学者认为，从仲裁的外部关系和其具有的准司法性来看，枉法仲裁罪的设立是合理的，是在尊重国际惯例的基础上根据我国的具体国情所采取

〔65〕 参见宋连斌：《枉法仲裁罪批判》，载《北京仲裁》2007 年第 2 期。

〔66〕 参见黄太云：《刑法修正案（六）解读之七——规范仲裁行为、维护仲裁公正》，载《人民法院报》2006 年 8 月 29 日，第 5 版。

〔67〕 参见夏有林：《刑法规制枉法仲裁有必要》，载《检察日报》2006 年 1 月 23 日，第 6 版。

的具体措施。[68] 不过,更多的学者对该罪名的设立持反对意见,认为从保护仲裁良序发展的目的出发,公权力应尽量少对私权范围内的仲裁进行干预,该罪的设定违背了仲裁的契约性属性。[69] 若对仲裁员的违法行为以该罪进行追究,只会导致仲裁员心生恐惧,谨小慎微,在仲裁过程中不能自由运用其专业知识裁判当事人之间的争议,会给仲裁的发展带来消极影响。还有的学者认为,枉法仲裁罪的设立本质上是反仲裁的,不能体现支持仲裁的政策。[70] 对法官、仲裁员设定枉法类罪名,只会使法官、仲裁员行使职权的行为失去保障。并且在国际仲裁实践中,如果一个国家或地区明确规定,当事人可因仲裁裁决的结果与裁判理由起诉仲裁员枉法裁决,那么,会不利于这个国家或地区的仲裁发展。P. Lalive 曾说过,如果对仲裁员滥用刑法,最好的方法就是改变仲裁地,到合适的地点去仲裁。[71]

从立法机关的视角[72]来分析,设立该罪主要针对目前存在的一些仲裁员的违法行为,为了维护当事人的合法权益,保障仲裁公正。

---

〔68〕 参见罗国强:《枉法仲裁罪思辨——仲裁性质两分法与比较法下的考量》,载《中国刑事法杂志》2009 年第 1 期。

〔69〕 参见徐前权:《枉法仲裁罪之批判》,载《广西民族学院学报》(哲学社会科学版)2006 年第 3 期。

〔70〕 参见宋连斌:《枉法仲裁罪批判》,载《北京仲裁》2007 年第 2 期。

〔71〕 See Pierre Lalive, "On the Transfer of Seat in International Arbitration, in Law and Justice in a Multistate World", *Essays in Honuor of Arthur T. von Mehren*, Transnational Publishers, New York, 2002, p. 515.

〔72〕 立法机关研究后认为:仲裁是决定当事人权利义务的一种争议解决机制,尽管采用了非官方的形式,但如同诉讼一样,它的精髓在于要求仲裁员公正不倚,依法裁判。法律规定,仲裁应当以事实为依据,依法独立公正作出裁决。失去公正,仲裁就没有了魂魄,仲裁的价值也无法体现。仲裁人员从身份上讲虽然有别于司法工作人员,但其仲裁活动是依据法律规定进行的,是决定当事人权利义务的准司法活动,并受到国家强制力保障。就法律效力而言,生效的仲裁裁决与法院判决并无明显区别。根据我国仲裁法和民事诉讼法的规定,生效的仲裁裁决与人民法院终审判决具有同等的法律效力,一方当事人不履行的,另一方当事人可以申请人民法院执行,受申请的人民法院应当执行。因此,对当事人权利义务造成的实质损害而言,枉法仲裁与司法工作人员的枉法裁判也无大的区别。从产生的社会危害性和必要性看,对枉法仲裁人员追究刑事责任,并无不妥。参见黄太云:《刑法修正案(六)解读之七——规范仲裁行为、维护仲裁公正》,载《人民法院报》2006 年 8 月 29 日,第 5 版。

虽然我国目前在实践中还不存在完善的仲裁员聘任和管理制度，仲裁员在仲裁案件中会受到各方面的影响，存在不公正裁决的情形，损害了当事人的合法权益，但通过枉法仲裁罪来追究仲裁员的刑事责任有些操之过急。像上文分析的两个以该罪追究仲裁员刑事责任的案例，仔细分析觉得用该罪名来进行定罪有些不妥。虽然该罪的设立弥补了我国的立法缺陷，有一定的进步意义。但从我国仲裁的发展来看，由于我国仲裁制度的确立才经过很短的时间，远不及发达国家的仲裁制度完善，现处于仲裁发展的关键时期，为鼓励仲裁的发展须审慎调整和规范相应的仲裁制度，尤其是在刑法立法的层面。〔73〕

对于刑事立法而言，其公正性主要表现为合理设定刑罚，只有对于确有必要运用刑罚规范进行调整的行为，才能苛以刑法，罚当其罪，罚当其行。我国刑法虽设置了枉法仲裁罪，但不能保证在仲裁实践中不会再发生枉法仲裁行为，就像枉法裁判罪的设定也没能有效地遏制住司法腐败一样。在市场经济中，对于刑罚的设定需要考虑社会的背景，并且，如果采用其他的救济方式可以处理当事人之间的矛盾、化解当事人之间的争议、维护社会秩序时，最好尽量避免适用刑罚。刑罚适用的条件是在运用其他救济措施不能维护社会秩序时，作为最后的手段予以应用。〔74〕 因此，如果能够运用行业规则和除刑罚外的其他法律责任能够保障仲裁的公信力，维护仲裁的良序发展，就没有必要规定枉法仲裁罪。〔75〕

此外，仲裁的法律适用不同于诉讼的法律适用，其具有一定的灵活性，如果对仲裁员违法行为科以“枉法”行为进行评判，那么，会影响到仲裁员不当行为的判断。实践中，真正对当事人的权益和社会公正产生重大危害的是仲裁员的严重不当行为，如索贿、受贿、向第三人提

---

〔73〕 参见刘晓红：《确定仲裁员责任制度的法理思考——兼评述中国仲裁员责任制度》，载《华东政法大学学报》2007 年第 5 期。

〔74〕 参见游伟、谢锡美：《非犯罪化思想研究》，载陈兴良主编：《刑事法评论》（第 10 卷），中国政法大学出版社 2002 年版，第 364 ~ 365 页。

〔75〕 参见陈忠谦：《论枉法仲裁罪的设立当缓》，载《仲裁研究》2006 年第 1 期。

供贿赂。基于此，有学者建议，以仲裁员的受贿罪来代替现行的枉法裁决罪，这种立法思路尚可参考日本《2004年仲裁法》第十章"罚则"的规定。[76] 另外，虽然我国台湾地区"刑法"对仲裁员枉法裁判作出了规定，但仲裁的观念却在不断发展、改进，我国台湾地区"司法院"发布的解释[77]中就对仲裁的契约性进行了肯定，认为"仲裁法"虽未将仲裁判断理由矛盾明定为得提撤销诉讼之事由，但该规定并不与公民享有"宪法"所规定的诉讼权利相抵触。对于刑法的性质，日本刑法学者平野龙一指出：当一项不当行为侵害了他人的合法权益，或对其生活利益产生了威胁，如果能够采取除刑法之外的社会或法律的救济方式予以解决，就不必借助于刑法。只有这些社会或法律的救济方式不充分时，或者其他社会统制手段（如私刑）过于强烈、有代之以刑法的必要时，才可以动用刑法。这叫刑法的补充性或谦抑性。[78] 基于刑法的谦抑性，对于仲裁员违法行为的追究需要对该行为的社会危害性进行衡量，鉴于我国《刑法修正案（六）》第7条规定了商业贿赂罪，可将该罪的主体扩大适用于仲裁员，如果对仲裁员的违法行为再苛以枉法裁决罪，实属画蛇添足。因此，有学者认为，我国《刑法修正案（六）》的有关规定只是我国在认识仲裁价值过程中的小花絮。[79]

---

〔76〕 参见范铭超：《商事仲裁视野下的枉法裁决罪》，载《河北法学》2009年第12期。

〔77〕 参见2005年3月4日我国台湾地区"司法院""大法官"解释（释字第591号），认定1998年6月24日修正公布之"仲裁法"规定（仲裁判断书应附理由而未附者），当事人得对于他方提起撤销仲裁判断之诉（第40条第1项第1款、第38条第2款前段），虽未将仲裁判断之理由矛盾列为得提起诉讼之事由，要属"立法"机关考量仲裁之特性，参酌国际商务仲裁之通例，且为维护仲裁制度健全发展之必要所为之制度设计，尚未逾越"立法"机关自由形成之范围，与保障民众诉讼权之本旨并无抵触。资料来源载中国民商法律网：http://old.civillaw.com.cn/article/default.asp?id=20867，最后访问日期：2016年12月15日。

〔78〕 参见[日]平野龙一：《刑法总论》，有斐阁1972年版，第47页。转引自张晓瑞：《我国建立仲裁员有限民事责任制度的合理性探析》，载《法大研究生》（第1辑）2014年第1期。

〔79〕 参见宋连斌：《枉法仲裁罪批判》，载《北京仲裁》2007年第2期。

三、我国仲裁员刑事责任制度完善构想

(一)仲裁员刑事责任的承担要罪责刑相适应

立法者确定一项刑罚时,不仅须考虑违法犯罪行为的社会危害程度,还须考虑行为人主观恶性的大小,以此为基础设定轻重相应的刑罚,做到罪责刑相适应,即重罪重罚、轻罪轻罚、罪刑相称、罚当其罪。[80] 这一理念在两大法系国家的刑法制度中得到体现,大陆法系国家因各国都制定有统一的刑法典,规定了犯罪与刑罚的适应性,体现了刑罚的确定性。虽然英美法系国家没有制定统一的刑法典,但大多数国家颁布了单行刑法和刑事条例,规定了犯罪与刑罚的问题,并且,英美法系国家存有"遵循先例"原则,这些先例也具有一些成文法的特点,体现了刑罚的确定性。[81]

我国《刑法》自 1979 年制定,1997 ~ 2015 年不断进行修订之后已经逐步完善,具备了大陆法系国家通行的法典化立法模式。这种形式用文字将法律的内容固定下来,并通过严密的逻辑结构实现了刑法规范高度的体系化,从而使刑法获得了极大的确定性。[82] 具体针对仲裁员的违法行为进行裁量时,要根据行为的性质和主观恶性的大小来进行判定,情节极其严重,性质十分恶劣的,处以中长期有期徒刑,附加没收财产,具体的量刑须由审判法官根据具体案情来进行裁量;情节严重,性质恶劣的,处以短期徒刑,附加没收财产;情节不严重的,处以拘役或管制,并处罚金。立法对仲裁员的违法行为进行裁量时,要根据该行为的不法性质进行定罪量刑,不能一概以枉法裁决罪入刑,上文考察外国的刑法规定时,大都规定有受贿罪、渎职罪等类别,因而,需要以不同的案情为基础进行裁量。根据刑罚体系的排列来看,

---

〔80〕 参见黎宏:《刑法学》,法律出版社 2012 年版,第 27 页。

〔81〕 这里需要明确的是,判例法虽不同于制定法,但也是以成文法为基本表现形式的,而成文法是和习惯法相对应的一个概念。在法律文本规定的成文性上,两大法系国家的刑法有着某种高度的契合性与相似性。

〔82〕 参见于阳:《论刑罚适应性及其实现》,吉林大学 2014 年博士学位论文,第 19 页。

主刑一般重于附加刑，而在主刑中死刑最重、无期徒刑次之、有期徒刑、拘役、管制再次之，附加刑中以没收财产最重，剥夺相应的权利次之，罚金最轻。以此形成一个刑罚梯度，做到相同罪名相同处理，重罪重罚、轻罪轻罚。[83] 因此，追究仲裁员刑事责任时应贯彻罪责刑相适应的原则。

（二）枉法仲裁罪追责时要明确追责主体和枉法的内涵

1. 责任主体要明确

枉法仲裁罪针对的对象是依法承担仲裁职责的人，因为，法律并没有明确限制该罪的主体是仲裁员。基于仲裁实行一裁终局的原则，但仲裁庭权力源自当事人的授权，而非公权力，由此衍生的仲裁权的性质属私权，法律设定枉法仲裁罪针对的是仲裁权，这与法官滥用公权进行枉法裁判有些差异。因此，在仲裁过程中，承担相应仲裁职责的人员都存在入罪的可能。虽然根据我国《仲裁法》的规定，仲裁员是裁判案件的主体，但基于仲裁管理过程中的特殊性，仲裁机构的相关人员承担辅助职能，[84] 如仲裁委员会主任、秘书长、专家委员会成员、仲裁裁决的核稿人，甚至参与仲裁工作的鉴定人员、证人、翻译人员，其行为对仲裁裁决结果也可能产生实体影响，虽不能单独成为本罪的主体，却可以成为共犯。[85]

2. 枉法内涵要明确

对于什么情形构成“枉法”，目前存在客观说和主观说两种学说。客观说主张，以成文的实体法和程序法的规定为判断标准，即已作出

---

〔83〕 参见刘邦明：《罪刑相适应原则研究》，西南政法大学 2011 年博士学位论文，第 108 页。

〔84〕 我国《仲裁法》第 52 条、第 54 条规定，裁决书（调解书）在发给当事人前，须经仲裁委员会加盖公章。这说明，仲裁裁决的作出以及法律上产生效力，是仲裁庭与仲裁委员会共同行为的后果。

〔85〕 参见宋连斌：《枉法仲裁罪批判》，载《北京仲裁》2007 年第 2 期。

的裁判是否与现有法律法规的规定相违背。[86] 这一学说将实践中的客观事实与成文法律法规进行对照，如果两者相一致就为适法行为，如果不相一致，就为枉法行为，不须考虑其他因素。主观说主张，根据行为人的主观信念来判定，如果其认为裁判活动与其裁判信念相冲突，就构成“枉法”。[87] 这两种学说各有千秋，单独适用其中一种不能解释实践中的各种情形，如司法人员在裁判案件过程中处理方式客观上都符合程序法的规定，并且对案件的处理结果表面上也符合实体法的规定，但仔细进行审查，发现司法人员对案件的裁判钻了法律的空子，违反了其承担的依法裁判的司法职责，严重破坏了司法公正，而如果依照客观说标准进行衡量则难以对该行为进行定罪。[88] 因此，对于“枉法”的判定需要结合具体实践和仲裁员的主观信念进行判定，并要结合考虑刑法的谦抑性，[89] 明确限定本罪的适用范围和判断标准。

（三）仲裁员刑事责任的追诉方式变更

考察我国《刑法》的规定，并没有明确规定如何对仲裁员的违法行为进行追诉，只是规定了仲裁员的枉法仲裁罪。[90] 对该罪的追诉在司法实践中是由检察机关提起公诉的方式进行。虽然这一条的规定仅针对一项犯罪，但进行类推可知，在我国，如果要对仲裁员的刑事责

---

〔86〕 持“客观说”的学者在德国主要有施本德（LK - Spendel）、莫拉赫（Maurach）、迈瓦特（Maiwald）、塞波德（Seebode）和卡麦尔（Sch - Sch - Cramer）等人，“客观说”是目前德国占主导地位的学说。

〔87〕 持“主观说”的学者在德国主要有摩博特尔（Mobrbot - ter）、查希特（Sarstedt）和韦伯（Weber）等人。他们认为，认定枉法的标准就不是法律或者普遍意义的公正，而是行为人的主观信念。

〔88〕 参见王安异：《刑法第 399 条中“枉法”的认定》，载《法学评论》2003 年第 2 期。

〔89〕 谦抑原则又称必要性原则，是指立法机关只有在该规范确属必不可少——没有可以代替刑罚的其他适当方法存在的条件下，才能将某种违反法秩序的行为设定成犯罪行为，以最小的支出获取最大的社会效益。参见屈学武：《刑法谦抑性原则的正确解读及其适用》，载《光明日报》2003 年 11 月 4 日，理论版。

〔90〕 即参见我国《刑法修正案（六）》第 20 条的规定：在《刑法》第 399 条后增加一条，作为第 399 条之一：“依法承担仲裁职责的人员，在仲裁活动中故意违背事实和法律作枉法裁决，情节严重的，处 3 年以下有期徒刑或者拘役；情节特别严重的，处 3 年以上 7 年以下有期徒刑。”

任进行追诉只能采取公诉这一方式。不过,这一方式在实践中会带来一定的弊端,基于仲裁员的一大特性——秘密性,如果采取公诉的方式会对当事人的一些信息(如商业秘密)产生一些不利的影响。[91] 因此,采用什么方式追究仲裁员的刑事责任须与仲裁员承担刑事责任的方式相对应。参照我国《刑法》规定的相应违法行为量刑的规定和亲告罪[92]的适用范围,若依法承担仲裁职责的人员在仲裁过程中实施了违法行为,侵害了当事人的商业秘密或毁坏了当事人的私人财物,但基于情节并不严重,可以结合刑法对侵害商业秘密罪和故意毁坏公私财物罪的相关规定,设定此类案件为仲裁当事人告诉才处理。因为,同公诉程序相比,法律对亲告罪的当事人赋予了选择自由,让其自己作出是否起诉的选择。并且,在起诉之后,当事人还享有撤诉的权利与达成和解的自由。亲告罪在刑事诉讼程序上无须经过公诉案件的侦查及检察机关审查起诉程序,从《刑法》的经济角度来看,可以大大缩短诉讼时间。一旦滥用刑罚,可能对仲裁员造成不必要的损害,因此,对于仲裁员刑事责任的追究要慎重,应摒弃重刑主义和泛刑罚化观念。[93]

对刑罚的恰当适用可以促进刑法对社会秩序的维护,正如孟德斯

---

〔91〕 尽管根据最高人民法院《关于执行〈刑事诉讼法〉若干问题的解释》第 121 条第 2 款之规定:“对于当事人提出申请的确属涉及商业秘密的案件,法庭应当决定不公开审理”。但是,这种保护显然不能满足选择仲裁的当事人的需要。因为,在枉法仲裁罪被公诉机关提起之后,因侦查机关的强制侦查活动的展开,检察机关的诉讼、双方律师的阅卷等,虽然到了法庭上该案件不被公开审理,但由于诉讼时间较长,介入人员较多,其自身的很多技术信息和商业信息已经被当事人之外的某些人员所知悉,这是当事人不愿看到的,更与当事人最初选择仲裁的初衷相违背。参见陈伟:《枉法仲裁罪追诉方式之变更及其提倡——兼论仲裁责任的流转与刑事责任的确立》,载《中国刑事法杂志》2008 年第 7 期。

〔92〕 我国《刑法》第 98 条规定:本法所称告诉才处理,是指被害人告诉才处理。如果被害人因受强制、威吓无法告诉的,人民检察院和被害人的近亲属也可以告诉。《刑法》上的“亲告罪”并不是罪名,是指受害人告诉(控告与上诉的简称)的才构成犯罪,受害人不告诉的情况下即使司法机关知道侵害事实的发生也不予处理。

〔93〕 刑法的经济性观念,是指国家在动用刑法手段调控社会生活时,必须以最小的投入量,获得最大的刑法效益。参见熊永明:《亲告犯的谦抑价值之解读——兼论“亲告罪”范围的扩大》,载《中国刑事法杂志》2005 年第 1 期。

鸠曾指出:“有两种腐化,一种是人民不遵守法律;另一种是人民被法律所腐化了。被法律腐化是一种无可救药的弊端,因为这个弊端就存在于矫正方法本身中。”[94] 什么范围内的犯罪可以归为亲告罪,合理地进行界定可以适度避免司法资源的消耗。如果仲裁员的违法行为情节比较严重,对当事人造成了较大的经济损失或危害社会秩序和国家利益,则由国家公诉机关进行追诉。法院一旦受理针对仲裁员提起的诉讼,必须经过审理才能决定仲裁员是否应对其违法行为承担责任,因为,任何人非经法院的依法审判程序不得确定其有罪。[95] 对于我国刑法所规定的枉法裁决罪,若根据仲裁员违法行为的轻重程度设定追诉方式,一定程度上尊重当事人的意愿,有利于维护仲裁的保密性,也有利于维护仲裁员与当事人之间的关系。[96]

本章小结

对于刑法的功能,法国刑法学者卡斯东·斯特法尼曾指出,对于任何一个领域内已经确定的规则确保其能够得到遵守,国家的立法者借助于刑法的帮助是正常的,但必须在明显存在必要的条件下才能这样做,而不能因为刑法运用简便而排除其他方法的运用。对于维护社会秩序和国家利益而言,借助刑事制裁是一种“最后手段”,在此之前,应当适用更为合适的“技术性制裁”。[97] 基于现代刑法理论从刑法的经济性出发,力求以最小的支出来获取最大的社会效益,因此,若要对

---

〔94〕 [法]孟德斯鸠:《论法的精神》(上册),张雁深译,商务印书馆 1961 年版,第 86 页。

〔95〕 参见我国《刑事诉讼法》第 12 条。

〔96〕 参见陈伟:《枉法仲裁罪追诉方式之变更及其提倡——兼论仲裁责任的流转与刑事责任的确立》,载《中国刑事法杂志》2008 年第 7 期。

〔97〕 参见[法]卡斯东·斯特法尼等:《法国刑法总则讲义》,罗结珍译,中国政法大学出版社 1998 年版,第 34 页。

犯罪进行根本的治理,不能仅依靠刑法进行规制,还需要借助于其他方式,如发展教育、促进经济的发展、改善福利等手段,并通过家庭、社区、学校、社团等各种社会组织综合治理和预防犯罪。[98] 并且,意大利的著名刑法学家贝卡里亚曾指出,犯罪若对公共利益产生的危害越大,就促使人们犯罪的力量越强,制止人们犯罪的手段就应该越强有力,这就需要刑罚与犯罪相对称。[99] 刑罚须适应具体的犯罪类型,对不同类型罪的量刑要体现一定的差异性,并且,罪与刑之间要有适度的平衡,先定罪后量刑。[100] 因此,仲裁员承担刑事责任的范围应是有限的、明确的,如果对于仲裁员的不当行为动辄就要追究其刑事责任,不仅无益于仲裁的发展,而且无视了当事人追求仲裁解决争议的初衷。大多数国家的仲裁实践普遍都认为,仲裁员故意或恶意实施了某些违法行为,如向当事人索贿受贿、伪造证据,造成了严重的后果,仲裁员应承担相应的刑事责任,且法院对其刑罚的确定要体现罪责刑之间的均衡,体现司法公正。

---

〔98〕 参见万选才:《刑法谦抑的司法实现》,武汉大学 2012 年博士学位论文,第 28 页。

〔99〕 参见[意]切萨雷·贝卡里亚:《论犯罪与刑罚》,黄风译,北京大学出版社 2009 年版,第 17 页。

〔100〕 参见于阳:《论刑罚适应性及其实现》,吉林大学 2014 年博士学位论文,第 52 页。

第五章　仲裁员纪律责任论

第一节　仲裁员纪律责任的规制路径

一、国家立法对仲裁员纪律责任的规定

考察国际和国内的立法，发现几乎很少有法律明确对仲裁员的纪律责任作出规定。仲裁员，不像其他专业人士或商业人士，其一般都不受制于具体的监管标准或公众监督。尽管许多仲裁员归咎于所谓的道德律令，但服从是自愿的，并只受制于私人自我实施。正如一位评论家所观察到的，仲裁机构“有经济诱因来执行他们的道德规范，还有就是仲裁机构内在的利益冲突，即他们必须强制执行道德规范来维持仲裁的好名声，但与其说他们产生了不必要的宣传和法律诉讼”。[1] 如果仲裁员在仲裁过程

---

〔1〕 See Cameron L. Sabin, “The Adjudicatory Boat Without a Keel: Private Arbitration and the Need for Public Oversight of Arbitrators”, *Iowa Law Review*, Vol. 87, 2002, p. 1335，文中作者描述了 JAMS、AAA、NASD 的案件数量增长指数，解释道德规则是无效的，因为有些机构承认未能实施道德规则，并且机构没有公开提供受到处罚或被开除的仲裁员名单，因而，其他机构和公众没有办法辨认和避开缺乏职业道德的仲裁员。

中存在严重违背道德规范或行为规范的行为，仲裁机构就要行使监督职责，对其追究相应的责任，如进行除名等。[2]

例如，西班牙《1988 年仲裁法》（曾经有效）第 14 条规定，禁止任命未曾履行职责的仲裁员，或是曾因履行职责不当而被追究法律责任的仲裁员。该规定明确规定了如何追究仲裁员的纪律责任，即禁止任命。阿根廷《刑法典》[3]规定，如果仲裁员作出的裁决明显违反法律或是依据虚假的事实，则该名仲裁员应被终身取消资格。另外，我国《仲裁法》也对仲裁员的纪律责任作出了明确规定。根据我国《仲裁法》第 38 条的规定，仲裁员私自会见当事人、代理人，或者接受当事人、代理人的请客送礼，情节严重的，或者仲裁员在仲裁该案时有索贿受贿，徇私舞弊，枉法裁决行为的，仲裁委员会应当将其除名。将我国的立法与西班牙的立法相比较，可以发现，都是从"应当"或"必须"给予仲裁员某种纪律处分进行规定的，采取的是强制性的规范形式。

二、机构仲裁规则对仲裁员纪律责任的规定

仲裁机构作为行政管理机构可以从多方面规制仲裁员在仲裁中的不规范行使仲裁职责的行为。一般而言，在机构仲裁中，大多数仲裁机构都会颁发《仲裁员行为规范》或《仲裁员道德守则》供仲裁员们遵守，一旦有所违反，就会追究他们的纪律责任。但在临时仲裁中，没有固定的机构对仲裁员的行为进行监督，这种仲裁方式目前尚欠缺一个主体对仲裁员进行纪律层面的监督，因此，在临时仲裁中无法追究仲裁员的纪律责任，通常在机构仲裁方式下存在对仲裁员的监督模式。[4]

通过具体分析大多数国际仲裁机构的仲裁规则，可发现 ICC、

---

〔2〕 Maureen A. Weston, "Reexaming Arbitral Immunity in an Age of Mandatory and Professional Arbitration", *Minnesota Law Review*, Vol. 88, 2004, p. 467.

〔3〕 参见阿根廷《刑法典》第 269 条。

〔4〕 参见胡荻：《国际商事仲裁权研究》，华东政法大学 2014 年博士学位论文，第 154 页。

LCIA、SCC 等国际上比较知名的仲裁机构也未明确规定仲裁员的纪律责任问题,而是借助于市场的力量对仲裁员进行筛选。如果一旦仲裁员违背公认的道德守则和行为规范,就会损害其社会声誉和形象,公众因此就会降低对他们的社会评价,从而降低指定他们担任仲裁员的机会。传统的做法就是用这种市场导向的方法来规制仲裁员的行为,因为,仲裁员的权力来源于当事人的授予,而其声誉是决定其能否担任仲裁员的一个关键因素。但对于这一做法,有些学者提出了质疑,认为单纯依靠市场导向来对仲裁员进行规制不仅效率不高,而且不够精确。从提升仲裁员质量和规范仲裁员的行为来看,未来的趋势和主流将是对仲裁员的不当行为进行明确的规定。[5]

不过,有些仲裁机构的仲裁规则明确规定,若仲裁员在仲裁过程中存有不当行为,仲裁机构要对其进行纪律处分。例如,AAA《仲裁规则》就明确规定,如果仲裁员没有适当披露其与仲裁案件的各种利害关系,那么,AAA 仲裁机构可能将该仲裁员从仲裁专家名单中除名。[6] 米兰国际仲裁中心(CAM)《仲裁规则》也规定,仲裁员一旦违反其《仲裁员道德准则》的规定,仲裁中心可能决定禁止该仲裁员参加日后的仲裁活动。[7] 此外,SIAC 在其"专家名单管理标准"中保留有允许或拒绝专家进入该名单的权力,采用间接方式明确了仲裁机构对

---

〔5〕 Rogers, Catherine A., "The Vocation of the International Arbitrator", *American University International Law Review*, Vol. 20, 2005, pp. 1008 – 1009.

〔6〕 参见 AAA 仲裁规则,其中规定,未能披露可能会导致该仲裁员从国家中立专家名册中删除。载 https://apps. adr. org/ecenter/neutralQualifications/Failure% 20to% 20Disclose% 20May% 20Lead% 20to% 20Removal% 20From% 20the% 20National% 20Roster% 20of% 20Neutrals. pdf,最后访问日期:2016 年 12 月 13 日。

〔7〕 参见 CAM《仲裁员道德准则》第 13 条。

仲裁员进行监督的权力。[8] SIAC《仲裁规则》(2013 年)第 11 条、[9] 第 12 条[10] 和第 13 条[11] 分别规定了仲裁员回避的理由、当事人发出回避通知的相关事项以及董事局委员会做出回避决定的相关事项;第

---

[8] 2013 年 4 月 1 日起施行的第 5 版 SIAC《仲裁规则》,载 http://siac. org. sg/images/stories/articles/rules/SIAC – Rules – 2013_Chinese_31072014. pdf,最后访问日期:2016 年 12 月 15 日。

[9] SIAC《仲裁规则》(2013 年)第 11 条规定:仲裁员回避:(1)当事人可以在下列情形下申请仲裁员回避:仲裁员存在中立性或者独立性可产生合理怀疑的情况,或者仲裁员未具备当事人约定的资格要求。(2)当事人可以对自己提名的仲裁员申请回避,但前提条件只能是:该方当事人收到指定通知之后,方得知其提名仲裁员存在回避情形。

[10] SIAC《仲裁规则》(2013 年)第 12 条(回避通知)规定:(1)当事人申请仲裁员回避,应当在收到关于仲裁员指定的通知之日起 14 日内发出回避通知,或者在当事人得知仲裁员存在回避情况 * 之日起 14 日内发出回避通知[* 本规则第 11 条第(1)款或者该条第(2)款所指的仲裁员回避情况,不包括本规则第 10 条第(6)款所指的仲裁员资格异议情况]。(2)当事人应当向主簿提交回避通知,同时发送另一方当事人、当事仲裁员以及仲裁庭的其他成员。回避通知应当以书面形式作出,并说明回避理由。主簿有权命令中止仲裁程序,直至回避问题得到解决。(3)一方当事人申请仲裁员回避的,另一方当事人可以同意;当事仲裁员也可以主动退出仲裁庭。出现其中任一事实情形,均不表示支持回避理由。(4)如遇本条第(3)款所指情形,随后替换仲裁员的指定程序应当适用本规则第 6 条,并视情况适用本规则第 7 条、第 8 条或者第 9 条的规定(即使在当事仲裁员提名过程中,一方当事人未行使提名权利)。本款述及的本规则各条规定中相应时限的起算时间,以收到另一方当事人关于同意仲裁员回避的通知之日,或者以收到当事仲裁员关于退出仲裁庭的通知之日起计算。

[11] SIAC《仲裁规则》(2013 年)第 13 条(回避决定)规定:(1)在收到回避通知之日起 7 日内,另一方当事人不同意仲裁员回避,并且当事仲裁员也没有主动退出仲裁庭的,董事局委员会应当决定是否支持回避申请。(2)董事局委员会支持回避申请的,随后替换仲裁员的指定程序应当适用本规则第 6 条,并视情况适用本规则第 7 条、第 8 条或者第 9 条规定(即使在当事仲裁员提名过程中,一方当事人未行使提名权利)。本款述及的本规则各条规定中相应时限的起算时间,应当从主簿向当事人发出董事局委员会决定的通知之日起计算。(3)董事局委员会驳回回避申请的,当事仲裁员应当继续进行仲裁。在董事局委员会作出回避决定之前,当事仲裁员有权继续进行仲裁程序,但主簿已命令中止仲裁程序[指本规则第 12 条第(2)款规定]的情形除外。(4)因申请回避程序产生的费用,董事局委员会有权确定费用金额,决定承担人及其负担份额。(5)董事局委员会依据本条作出的有关仲裁员回避决定,是终局决定,不可申诉。

14 条[12]就仲裁员的替换问题进行了规定;第 15 条规定替换仲裁员之后进行的重新聆讯程序等问题。

三、仲裁员行为守则或仲裁员道德规范对仲裁员纪律责任的规定

当前,大多数仲裁机构都制定有对仲裁员行为进行规范的仲裁员行为守则或道德守则,虽然内容大体上相似,但各个机构的具体要求各不相同。关于仲裁员的道德规则多被解释为“希望”,而非仲裁员有义务履行的实际义务。例如,相比之下,AAA 的道德规范规定了其准仲裁员必须披露事项的完整列表。

道德准则一般包括规制仲裁员行为和管理仲裁程序的规则。现有的准则如 AAA 的《商业纠纷仲裁员道德准则》《司法行为守则》[13]与《专业行为的示范规则》[14]可视为仲裁员的道德准则。此外,道德准则不仅应该包括行为规则,而且包括推进更公平的仲裁程序规则。例如,这可能包括要求书面意见,批准仲裁员以法律或公平原则为基础作出决定,并且,允许双方当事人可以获得对方当事人持有的所有证据。

此外,CIETAC 颁布了《仲裁员行为考察规定》,[15]该规定的第

[12] SIAC《仲裁规则》(2013 年)第 14 条规定(更换仲裁员):(1)仲裁期间仲裁员死亡或者辞职的,随后更换仲裁员的程序应当按照原仲裁员的提名和指定程序进行。(2)仲裁员拒绝或者未履行职责,或者发生在法律或事实上不可能履行职责,或者依据本规则规定或者在规定的期限内未尽到职责的,应当适用本规则第 11 条、第 12 条、第 13 条的全部条款以及第 14 条第(1)款规定,对仲裁员进行回避和更换。(3)主席征询当事人意见后,有权自主决定对拒绝或者未履行职责,或者发生在法律或事实上不可能履行职责,或者依据本规则规定或者在规定的期限内未尽到职责的仲裁员进行撤换。

[13] ABA Code of Judicial Conduct (1990).

[14] Model Rules of Prof'l Conduct (1983).

[15] 该规定于 2003 年 12 月通过,于 2009 年 1 月 8 日经仲裁委员会主任会议修改,自 2009 年 3 月 1 日起生效。

10 条、[16]第 11 条[17]详细规定了对仲裁员给予警告或解聘等情形，其中，就包括有仲裁员借故拖延办案时间、无正当理由不参加合议、调查或者开庭迟到的等怠权行为，以及未经仲裁委员会同意，擅自对外发表关于仲裁案件的不当言论的、故意隐瞒应当回避的事实、在案件审理中有违仲裁员的公正立场等滥权行为。CIETAC 明确对仲裁员不当行为引起的后果进行规定，可以充分发挥仲裁机构对仲裁员进行监督管理的作用，有益于规范仲裁员的行为和提升仲裁员的职业操守。[18]

目前，国际上需要有一个统一的或至少广泛的仲裁员行为规范，首先，可以让来自不同的法律传统和文化背景的仲裁从业者能够在国际共识上找到指导，即什么是道德上可以接受的行为。若缺失这个标准，他们只能转而依靠各国在仲裁领域中规定的道德准则，但

---

〔16〕 CIETAC《仲裁员行为考察规定》第 10 条规定：仲裁员违反仲裁员守则和仲裁员办案规范中的其他任何情形，综合各种因素，仲裁委员会认为对其行为存在合理怀疑，影响当事人对仲裁委员会的信任或损害仲裁委员会形象，但不宜回避、撤换、解聘的，均应予以警告。仲裁员应予警告的情形包括但不限于：1. 借故拖延办案时间的；2. 在庭审中存在接打电话、收发短信、随意离庭情形或着装不得体的；3. 在开庭审理及仲裁程序中，表现出偏袒倾向，包括代替或变相代替一方向另一方质证、辩论、提出请求或明显具有诱导性问题的；4. 无正当理由不参加合议、调查或者开庭迟到的；5. 确定开庭时间后又要求变更开庭时间的；未预留足够开庭时间，导致案件不得不再次开庭的；6. 未经仲裁委员会同意，擅自对外发表关于仲裁案件的不当言论的。

〔17〕 CIETAC《仲裁员行为考察规定》第 11 条规定：仲裁员聘任期限内有下列情形之一的，仲裁委员会有权将其解聘：1. 被法院定罪或因违反法律受到严重行政处罚的；2. 故意隐瞒应当回避的事实；3. 无正当理由不到庭审理案件；4. 不参加合议、调查两次或者一年内开庭迟到两次的；5. 一年内变更开庭时间两次的；或者一年内两次未预留足够开庭时间，导致案件不得不再次开庭的；6. 在案件审理中，有违仲裁员的公正立场的；7. 对案件审理严重迟延负有主要责任的；8. 向当事人透露本人看法或仲裁庭合议情况的；9. 违反仲裁员勤勉审慎义务，不认真阅卷，不熟悉案情，严重不负责任的；10. 徇私舞弊，枉法裁决的；11. 私自会见当事人，接受当事人请客、馈赠或提供的其他利益的；12. 仲裁员代人打听案件情况、请客送礼、提供好处和利益的；13. 执意支持一方当事人的请求和主张并/或坚决反对一方当事人的请求和主张，不能说明理由的；14. 私下联络同案仲裁员，不顾事实和法律，人为制造多数意见，为当事人谋求不正当利益的；15. 未按照仲裁员培训规定参加仲裁员培训的；16. 在一个聘期内被警告两次的；17. 其他违反仲裁员守则，不宜继续担任仲裁员的情形。

〔18〕 参见胡荻：《国际商事仲裁权研究》，华东政法大学 2014 年博士学位论文，第 154 页。

是,当国内的道德规范不符合预期的国际仲裁界标准时,可能会有严重的后果。[19] 其次,可以调和各国缺乏一致性的仲裁标准,例如,仲裁员披露义务的范围以及仲裁员是否承担披露利益冲突的勤勉义务。

一般而言,仲裁员职业纪律可能包括如下要求:(1)仲裁员向双方当事人披露过去与任何一方当事人的交易或对仲裁程序的结果有任何利害关系;(2)当存在利益冲突时,仲裁员要求予以回避;(3)仲裁员在仲裁进行过程中拒绝与任何一方进行任何单方面的讨论,并披露任何一方进入这种讨论的任何企图;(4)仲裁员维护仲裁程序的保密性;(5)仲裁员收取合理的费用;(6)仲裁员确保双方得到公平审理,为此,可能要求仲裁员对每一方提供决定的书面解释,要求仲裁员对当事人提供程序的缩写列表和仲裁员必须遵守的规则。[20] 没有道德规则,将很难让仲裁员对他们的行为负责。然而,许多支持不受管制的仲裁的人可能会说,仲裁的契约性质减少了问责制的必要性。但他们忽略了一个事实,即如果没有问责,总是会有当事人面临不知情的困境或无法避免仲裁不受管制的危险。此外,个人拥有强大的权力并无人看管必然会导致滥用权力。因此,道德准则在实践意义和保护意义上是必要的,即一方面,它们是实用的,因为它们让仲裁员关注他们的社会期望;另一方面,它们是保护性的,因为它们让社会公众消除疑虑,即仲裁员会适当地使用他们的权利。

---

〔19〕 See Sundaresh Menon, "Some Cautionary Notes for an Age of Opportunity", *Arbitration*, Vol. 79(4), 2013, p. 398.

〔20〕 See Cameron L. Sabin, "The Adjudicatory Boat without a Keel: Private Arbitration and the Need for Public Oversight of Arbitrators", *Iowa Law Review*, Vol. 87, 2002, p. 1371.

第二节 仲裁员纪律责任之仲裁员信息披露

一、IBA《关于国际仲裁利益冲突的指南》相关规定与实践运用之分析

(一)IBA《关于国际仲裁利益冲突的指南》(2014 年)相关规定之分析

在关于仲裁员信息披露规定方面,当前,最具代表性的属 IBA 于 2004 年颁发、2014 年进行修订的《关于国际仲裁利益冲突的指南》(以下简称《指南》),其对 IBA 1987 年的《道德规则》中的部分规定进行了变更。[21] 《指南》期待仲裁员是公正和独立的,即所有的仲裁员,包括当事人指定的仲裁员,被要求披露任何可能影响公正性或可能创建偏见外观的利益或关系。披露义务包括披露任何“已知”的利益或现有的或过去的关系;披露的范围包括那些“在当事人的眼中”可能会合理地影响公正或缺乏独立性的现有的或过去的财政的、商业的、专业的或个人关系。预选的仲裁员都需要做出合理的努力披露与自己相关的利益或关系,以及机构对于仲裁员是否披露的任何疑问将应作出有利于披露的决定。[22]

《指南》详细规定了关于公正、独立和披露的一般标准,主要创新

---

〔21〕 IBA《指南》由国际律师协会在 2004 年 5 月 22 日批准,取代了 1987 年的道德规则来处理相关事项,已经明确在 2004 年 IBA《指南》的序言中进行了规定。然而,IBA《道德规则》比《指南》覆盖了更多的主题,因此,在《指南》没有包括的范围,《道德规则》依然有效。因为《指南》仅针对公正性、独立性和披露问题,我们可以合理地认为职责能力、勤奋和谨慎仍应当由《道德规则》来规定。See Otto L. O. de Witt Wijnen, “Natalie Voser & Neomi Rao (for the Working Group) Background Information on the IBA Guidelines on Conflicts of Interest in International Arbitration”, Accessed December 1, 2016. http://www.ibanet.org/images/downloads/_Background%20Information.pdf.

〔22〕 Ben H. Sheppard Jr, “A New Era of Arbitrator Ethics for the United States: The 2004 Revision to the AAA/ABA Code of Ethics for Arbitrators in Commercial Disputes”, Accessed December 13, 2016. http://arbitration.oxfordjournals.org/content/21/1/91.

是列出那些实际应用于具体事实的一般原则模式，分为不可弃权的红色清单、可弃权的红色清单、推定弃权的橙色清单和绿色清单。两个红色清单的性质是不言自明的；橙色清单的目的是作为非详尽列举的情况，其中，在当事人看来，可能会对仲裁员的公正性和独立性产生合理怀疑的情形，以及必须披露但不一定回避的理由；绿色清单列举的情形并没有要求披露。[23]

法律谚语云："每个人不能当自己的法官。"这是利益冲突的根源之所在。仲裁员是否需要披露及回避，取决于案件当事人与仲裁员的利益关联程度。具体而言，不可弃权的红色清单所列举的须披露的利益冲突情形，如果仲裁员存有这些情形之一，即使仲裁员进行了主动披露，都不能消除潜在的利益冲突，无论如何都不得继续担任该案的仲裁员。可弃权的红色清单包括各种重大但不严重的利益冲突情形，只有双方当事人知晓仲裁员存在该清单中所涵盖的利益冲突时，但仍明确同意由该仲裁员继续进行仲裁，才视为当事人对该利益冲突放弃了异议权。橙色清单所列举的情形主要是以当事人的视角来确定的，即可能引起当事人对仲裁员的独立性或公正性产生合理怀疑的情形，但并不是穷尽式的列举，仲裁员对是否存在这些情形承担披露的义务。一旦仲裁员进行了披露，但当事人没有及时提出异议，则推定当事人已接受该仲裁员。绿色清单所列举的情形是基于相应的客观角度，即涵盖在表面上或实质上没有利益冲突的具体情形，也是非穷尽式列举，仲裁员对这些情形没有义务进行披露。正如在对《指南》一般标准的解释中所指明的，应基于合理性原则对披露作出限制。在仲裁实践中，有些利益冲突的情形优先适用客观检验标准，而不是优先适用以当事人视角为基础的纯粹主观检验标准。[24] 2014 年 IBA《指南》

---

〔23〕 See James H. Carter, "Reaching Consensus on Arbitrator Conflicts: The Way Forward", *Dispute Resolution International*, Vol. 6, 2012, p. 18.

〔24〕 See Judge Dominique Hascher, "Independence and Impartiality of Arbitrators: 3 Isssues", *American University International Law Review*, Vol. 27, 2012, p. 795.

修订时考虑到了国际仲裁实践中的一些新情况，例如，参与国际仲裁的法律实体背后有第三方出资人的情况、[25]仲裁员同时在从事国际仲裁工作的众多大型国际律师事务所之一担任合伙人的情况。[26] 同时，修订并更新了《指南》一般标准第二部分的适用清单，以将过去10年的经验考虑在内，并对可能出现的常见实际披露问题的处理提供指引。[27]

如果被任命的仲裁员有任何不可弃权之红色清单所包括之情况时，那么，仲裁员是不可以担任仲裁员的，可弃权之红色清单则包括严重但并非绝对不行之关系。在此情形下，只要仲裁员自动履行告知义务且在当事人知情以及明示同意下，就可有效成为仲裁员。橙色之清单中包含一些会引起当事人合理怀疑仲裁员之公正性或独立性之情形。如果有橙色之清单中的情况，仲裁员就必须尽到自动告知之义务，在尽到自动告知之义务后，如果当事人没有即时提出异议，就可视

〔25〕 经修订的《指南》一般标准第6(b)条如今要求向仲裁庭及其他各方均披露第三方出资的事实(但无须披露出资的条款)。

〔26〕《指南》一般标准第6(a)条已经修改，表明被提议的仲裁员为律师事务所的合伙人的，则为冲突检索之目的，个人必须以该律师事务所的身份参加。这一变更试图避免一种指定，即预期仲裁员作为个人可能并无冲突，但律师事务所可能与仲裁的一方存在联盟或有其他方面的冲突。为处理冲突之目的，一般标准第6条的注释在大律师协会与律师事务所之间做出区分。然而，注释确有规定，“鉴于律师、当事方或法律顾问之间的关系，可能需要做出披露”。一般标准第7(b)条已经修改，要求从起初即向仲裁庭及其各方通知由各方指定的所有法律顾问的身份。每一方均需依次向其他各方告知法律顾问与一名或多名仲裁员之间任何已知的关系。该信息将包括下列详情，即法律顾问与仲裁员是否来自同一大律师协会、是否(且在何等情形下)曾作为共同律师共同参加另一相关的仲裁或是否曾在另一不相关的仲裁中互为抗辩者。

〔27〕 绿色清单(无披露义务)如今明确承认，领先的从业者与法律顾问可能通过参加会议、教学角色或同在专业协会供职或同为工作方成员而进行接触。橙色清单(可能对公正性或独立性产生质疑的具体情形)得到扩充。可在第3.3.7条及第3.3.8条找到特定利益的两处修订。前者考虑到参加仲裁的仲裁员与法律顾问之间“存在故意”的情形。假定这可能需要成为第三方(如果不可见)已知的“敌意”，而且，其强调了在领先的从业者之间仲裁范围内可能出现的私人动态，同时，承认需要避免质疑由其产生的仲裁裁决。第3.3.8条规定，针对由同一法律顾问或律师事务所连续指定同一位仲裁员的越发常见的案例。3年期限内指定超过3次，如今成为必须做出披露的界限。虽然2014年《指南》明确声明橙色清单并非详尽无遗，但留意其他具体情形加入清单。

为当事人接受仲裁员之任命。绿色清单所涵盖之情形包括了没有实际利益冲突存在之关系。因此,在绿色清单下的情形,仲裁员没有自动告知的义务。[28]

(二)IBA《指南》(2014 年)实践运用之分析

最近,英国高等法院驳回了一起关于仲裁员的利益冲突案件,[29]认为如果一名仲裁员曾经是为一方当事人的关联公司提供法律服务的律师事务所的合伙人,那么,并不必然存在利益冲突,而 IBA《指南》(2014 年)的规定存在缺陷。挑战该仲裁员裁决的一方当事人,是一家注册在英属维尔京群岛(BVI)的公司,该当事人试图依照 IBA《指南》(2014 年)的规定,要求否认仲裁裁决的效力。该案具有更广泛的意义,因为,原告强调和依靠的利益冲突正好处于 IBA《指南》(2014 年)不可放弃的红色清单中第 1.4 条的规定范围内,即仲裁员或其所在的工作单位,为当事人或该当事人的关联机构提供日常服务,且仲裁员或其所在的工作单位从中获取实质经济收入。《指南》规定了当事人可以向法院申请质疑仲裁裁决因其存在严重不当影响仲裁庭、仲裁程序或裁决的因素,该案原告同时依据英国《1996 年仲裁法》第 68 条第 2 款[30]规定的"严重不规范"行为规定,引用了其中 3 种。虽然 IBA《指南》(2014 年)中说,如果仲裁员"或者他/她所在的律所在为一方当事人或其关联主体"提供定期咨询中"获得重大经济利益",那

〔28〕 参见吴光明、俞鸿玲:《国际商务仲裁理论与发展》,台北,翰芦图书出版有限公司 2013 年版,第 117 页。

〔29〕 [2016] EWHC 422 (Comm). Accessed December 18, 2016. http://www.bailii.org/ew/cases/EWHC/Comm/2016/422.html.

〔30〕 英国《1996 年仲裁法》第 68 条第 2 款规定:严重不规范行为是指下列一种或几种不规范行为,且法院认为对申请方已造成或将造成实质性的不公正。(a)仲裁庭违反第 33 条(仲裁庭的一般义务);(b)仲裁庭超越其权限(除超出实体管辖权外:见第 67 条);(c)仲裁庭未根据当事人约定的程序进行仲裁;(d)仲裁庭未处理当事人请求的所有事项;(e)由当事人授予有关仲裁程序或裁决权力的仲裁机构、其他机构或个人超越其授权范围;(f)裁决的效力不确定或模棱两可;(g)裁决因欺诈获取,或裁决或获取裁决的方式违背公共秩序;(h)裁决形式不符合要求;(i)进行仲裁程序及裁决中存在不规范行为,且为仲裁庭或当事人授予其相关权力的仲裁机构、其他机构或个人无可否认。

么,就存在利益冲突。然而,高等法院 Knowles J. 法官称,任何“公平而熟悉该案的旁观者”(fair minded and informed observer)都不会得出仲裁员在该案中存在偏见的结论。该法官说,尽管 IBA《指南》在“国际仲裁领域起到突出作用”,但本案显示,这些规定还存在一些“缺陷”。利益冲突一直是法律行业非常敏感的话题。在仲裁中,如果一名仲裁员曾经是为一方当事人的关联公司提供法律服务的律师事务所的合伙人,那么,是否存在利益冲突?现在英国法院判决称,仅存在此种情形并不必然意味着利益冲突。[31]

英国法院的这一决定与法国最高法院最近审理的一起案例[32]的决定形成鲜明对比。法国最高法院对该案作出裁定,认为因该独任仲裁员未能披露他的公司在涉及与仲裁一方当事人的母公司进行交易时所担任的角色,这一情形“以致合理地导致对该仲裁员独立性和公正性的怀疑”,因此法院认为,仲裁庭的组成存在不当,因而,所作出的部分裁决不能强制执行。[33] 该案重申了法国法下的仲裁员承担披露义务的广泛范围。仲裁员在整个仲裁程序过程中承担持续的披露义务,不仅包括可能对他们的独立性和公正性引起怀疑根据的个人情形,而且包括他们工作的律师事务所的实际情况。另外,当事人自己仅被要求在仲裁开始之前搜索已公开的并容易获得的信息。虽然目

---

〔31〕 [2016] EWHC 422 (Comm). Accessed December 18, 2016. http://www.bailii.org/ew/cases/EWHC/Comm/2016/422.html.

〔32〕 Cour de Cassation, Civ. 1, 16 December 2015, N°D14 -26.279.

〔33〕 Clyde and Co LLP, W Ltd v M SDN BHD, Conflict of interest: apparent bias of arbitrator, arbitrator's law firm acting for affiliated company of defendant. 2014 IBA Guidelines 'Non-Waivable Red List' criticised by English High Court judge as having "weaknesses", Accessed December 20, 2016. http://www.bailii.org/ew/cases/EWHC/Comm/2016/422.htm.

前法国《民事诉讼法典》(2011 年)第 1456 条[34]规定了广泛的披露范围,然而,可能会导致实践中实施的困难,因为,从业者不一定知道他们公司的每一个客户的信息(虽然在大多数律师事务所里配有以计算机为基础的调查系统,这有助于提高对潜在冲突的意识)。需要强调的是,这项新规定只是反映了法国《民事诉讼法典》(2011 年)第 1456 条制定时法国判例法的情形,因此,就该规定而言,它并没有改变法国法院在这方面的立场。在任何情况下,对利益冲突界定的严格要求在促进法国法院维护国际仲裁的完整性目标方面发挥了重要作用。[35]

实际上,英国法院裁判上文所述案件的情形在英国法下不能满足明显偏见的标准,本案涉及的是 IBA《指南》(2014 年)所规定的不可弃权之红色清单情形(Non-Waivable Red List),但 IBA《指南》(2014 年)的规定并不具有强制约束力。IBA 指南(2014 年)的制定要考虑全球范围方方面面的因素,有的情形在一些国家可能构成利益冲突,有的情形则可能不构成,很多时候也和一个国家的文化有关。如何判断一个仲裁员不存在偏见、不存在利益冲突,是一个主观标准和客观标准交织的问题。IBA《指南》(2014 年)尽可能列举了各种客观标准(如存在各种冲突关系),当然,存在客观利益冲突的仲裁员主观上未必会做出不公正的裁判。实际上,独立性和公正性的判断标准非常抽象,为此,IBA《指南》(2014 年)列举了可能会影响仲裁员独立性和公正性的具体情形(尽管不是穷尽的)。按照《指南》,当拟任仲裁员存在规定的利益冲突情形时,有披露义务。披露之后能否继续担任仲裁

---

〔34〕 法国《民事诉讼法典》(2011 年)第 1456 条规定:仲裁庭的组成在仲裁员接受委任时完成。自该日期始,仲裁庭受理争议。接受委任前,仲裁员应披露可能影响其独立性或公正性的任何情况。接受委任后,仲裁员也应及时披露可能产生的任何此种情况。如当事人未能就某一仲裁员的解职达成一致,则由负责管理仲裁的人,或在没有仲裁管理人时,由协助仲裁的法官,在披露或发现产生争议的事实时起一个月内,对该问题做出决定。

〔35〕 Herbert Smith Freehills LLP, French Cour de Cassation emphasizes principle of independence of arbitrators-Alvarez decision on conflict of interest upheld Arbitration notes, Accessed December 20,2016. http://www.lexology.com/library/detail.aspx? g = d855880a - 747d - 413e - bc33 - 2a3a322d4f74.

员，取决于该种情形是否严重、是否经过当事人的同意，或者当事人是否在特定期限内予以反馈等。

二、机构仲裁规则相关规定之分析

仲裁员披露的程度，各国仲裁法和大多数仲裁机构的仲裁规则的规定存在差异。多数国家和多数仲裁机构的仲裁规则规定，仲裁员候选人或仲裁员只需披露可能对其独立性和公正性产生正当或合理怀疑的情形，这项披露义务是持续性的，仲裁员在接受任命之时起到作出仲裁裁决之时止，都须随时披露任何可能影响案件公正审理的利益冲突。例如，ICC、LCIA 和 AAA 的仲裁规则中规定，仲裁员须披露可能会合理影响他们公正的一些利益关系。具体而言，ICC《仲裁规则》(2012 年)要求仲裁员候选人披露可能“在当事人眼中”产生对仲裁员独立性质疑的情形，〔36〕LCIA《仲裁规则》(2014 年)需要披露“他所知的可能对他的公正性和独立性产生合理怀疑的情形”。〔37〕 AAA《仲裁规则》(2000 年)规定，仲裁员对利益冲突的披露，所指的事实是可能“合理”影响仲裁员公正性，或一个“有理性”的人可能认为会影响公正性。〔38〕 并且，AAA 在其披露标准的前两个小节多次使用了“应当”一词，在其第三小节指出，披露是一种“义务”并“要求”持续披露。通过分析发现这些规则细微差别不大，只是略有不同。

相较之下，多数仲裁规则关于披露方式的规定要明确得多且非常一致，即仲裁员不仅应当向所有当事人及仲裁庭的其他仲裁员进行披露，而且必须采用书面的方式进行披露。关于披露方式的这类规定分

---

〔36〕 ICC Arbitration Rules art. 11(2).

〔37〕 LCIA Arbitration Rules art. 5.3. Also see the 2013 HKIAC-administered Arbitration Rules.

〔38〕 AAA 准则中声明，仲裁员应尽合理的努力来报告可能影响他们公正性的与他们自己有关的关系和利益。RUAA 规则声明，仲裁员要对可能合理影响其公正性的事实进行“合理调查”。CJC 标准声明，仲裁员必须作出合理努力报告他或她自己任何可能引起公正性问题的事项。See Keisha I. Patrick, “A New Era of Disclosure: California Judicial Council Enacts Arbitrator Ethics Standards”, *Journal of Dispute Resolution*, Vol. 1, 2003, p. 284.

别体现于ICC《仲裁规则》(2012年)第14条第1款和第3款、[39] LCIA《仲裁规则》(2014年)第5条第4款[40]及SCC《仲裁规则》(2010年)第14条第3款[41]等。对于选择这些仲裁规则的当事人而言,这类规定都是强行的。

我国《仲裁法》未专门规定仲裁员的信息披露义务问题。我国《仲裁法》第34条[42]规定:我国仲裁回避的法定事由基于仲裁的特殊性进行列举式规定,这些理由与民事诉讼法的规定略有不同。根据该条文,我国仲裁法规定的是仲裁员的回避情形;回避类型为仲裁员自行回避和当事人提请回避;回避的法定事由具体有4个方面。关于申请

---

〔39〕 ICC《仲裁规则》(2012年)第14条规定:仲裁员回避:(1)当事人提请仲裁员回避无论是因为仲裁员缺乏中立性或独立性还是其他原因,均应向秘书处提交书面陈述,说明该回避请求所依据的事实和情况。(2)提出要求仲裁员回避申请的当事人应当在收到该仲裁员的任命通知后30日内提交;或者,如果当事人收到确认该仲裁员任命的通知后才得知申请回避所依据的事实和情况,则应当在得知该事实和情况之日起30日内提交。(3)仲裁院应对是否接受回避请求,在秘书处给予有关仲裁员、对方当事人和仲裁庭其他成员在适当期限内提出书面评论的机会后,对回避请求的实质问题作出决定。前述评论应当告知各当事人和仲裁员。

〔40〕 LCIA《仲裁规则》(2014年)第5条第4款规定:在仲裁院委任仲裁员前,仲裁员应向登记员(根据后者的要求)提供关于其职业身份的书面简历(过去和现在);并且应书面同意仲裁收费表规定的报酬比率及签署一份声明,表明:(i)是否目前存在为候选人已知的可能引起任何当事人对他或她的公正性和独立性产生合理怀疑的任何情形,如果有,就要在声明中全面说明这样的情形;(ii)候选人是否做好准备,愿意并且能够投入足够的时间,勤勉以保障迅速、高效地开展仲裁。候选人应向登记员及时提供此类协议和声明。

〔41〕 SCC《仲裁规则》(2010年)第14条规定:独立与公正:(1)仲裁员必须独立公正。(2)拟被指定为仲裁员的人在接受指定前应当披露可能对其独立公正性产生合理怀疑的任何情形。如果他继而被指定为仲裁员,则应当向秘书处提交业经签署的独立公正性声明,披露可能对其独立公正性产生合理怀疑的任何情形。秘书处将独立公正声明的副本转交双方当事人以及其他仲裁员。(3)如果在仲裁程序中出现第(2)款所指的任何情形,仲裁员应当立即书面通知当事人双方和其他仲裁员。

〔42〕 我国《仲裁法》第34条规定:仲裁员有下列情形之一的,必须回避,当事人也有权提出回避申请:(1)是本案当事人或者当事人、代理人的近亲属;(2)与本案有利害关系;(3)与本案当事人、代理人有其他关系,可能影响公正仲裁的;(4)私自会见当事人、代理人,或者接受当事人、代理人的请客送礼的。

回避的程序和回避的效力,《仲裁法》第 35 条、[43]第 36 条[44]和第 37 条[45]进行了规定。在仲裁实务中,对于仲裁员信息披露问题主要通过机构的仲裁规则加以填补。例如,CIETAC《仲裁规则》(2015 年)第 31 条[46]规定了披露、《北京仲裁委员会仲裁规则》(2014 年)第 21 条规定[47]了仲裁员信息披露问题,都吸纳了国际仲裁实践中先进的规定。

第三节　仲裁员纪律责任的追究

一、仲裁员纪律责任的承担范围

仲裁员缺乏独立性和/或公正性的情形即纪律责任的承担范围,实践中,什么情况会导致仲裁员不公正、不独立,或者什么情形在熟悉情况的理性的人看来,能够引起对仲裁员公正性和独立性的正当怀

---

〔43〕 我国《仲裁法》第 35 条规定:当事人提出回避申请,应当说明理由,在首次开庭前提出。回避事由在首次开庭后知道的,可以在最后一次开庭终结前提出。

〔44〕 我国《仲裁法》第 36 条规定:"仲裁员是否回避,由仲裁委员会主任决定;仲裁委员会主任担任仲裁员时,由仲裁委员会集体决定。"

〔45〕 我国《仲裁法》第 37 条规定:仲裁员因回避或者其他原因不能履行职责的,应当依照本法规定重新选定或者指定仲裁员。因回避而重新选定或者指定仲裁员后,当事人可以请求已进行的仲裁程序重新进行,是否准许,由仲裁庭决定;仲裁庭也可以自行决定已进行的仲裁程序是否重新进行。

〔46〕 CIETAC《仲裁规则》(2015 年)第 31 条(披露)规定:(1)被选定或被指定的仲裁员应签署声明书,披露可能引起对其公正性和独立性产生合理怀疑的任何事实或情况。(2)在仲裁程序中出现应披露情形的,仲裁员应立即书面披露。(3)仲裁员的声明书及/或披露的信息应提交仲裁委员会仲裁院并转交各方当事人。

〔47〕 《北京仲裁委员会仲裁规则》(2014 年)第 21 条(仲裁员信息披露)规定:(1)仲裁员任职后,应当签署保证独立、公正仲裁的声明书,声明书由秘书转交各方当事人。(2)仲裁员知悉与案件当事人或者代理人存在可能导致当事人对其独立性、公正性产生合理怀疑的情形的,应当书面披露。(3)当事人应当自收到仲裁员书面披露之日起 10 日内就是否申请回避提出书面意见。(4)当事人以仲裁员披露的事项为由申请仲裁员回避的,适用本规则第 22 条第 1 款、第 2 款、第 4 款、第 5 款、第 6 款的规定。(5)当事人在上述第 3 款规定的期限内没有申请回避的,不得再以仲裁员曾经披露的事项为由申请回避。

疑,应具体问题具体分析。大多数国家的仲裁法、主要仲裁机构的仲裁规则、示范法以及IBA《指南》都没有对什么情形构成“正当怀疑”予以明确的界定。因此,针对实践中可能会对仲裁员的公正性和独立性产生影响的事实或情形需要根据具体案件进行分析,进而判断这一事实或情形是否可以引起“正当怀疑”。

一般而言,大多数国家的仲裁法和仲裁机构的仲裁规则中都会规定,仲裁员须披露可能对他的公正性和独立性产生任何正当怀疑的情形,如果仲裁员未予以披露,仲裁员可能会在其任命之前或之后或在程序过程中受到挑战。[48] 当事人可能会对仲裁员提出异议,目的是取消他行使仲裁权的资格。然而,在仲裁实践中,当事人对仲裁员提出异议的情形为数不多,如果在仲裁中出现仲裁员空缺的情形,通常是因为仲裁员的死亡或辞职。[49] 英国《1996年仲裁法》第24条[50]规

---

〔48〕 See Olanike S. Odewale, “A Comparative Appraisal of the Process of Removal of Arbitrators”, Accessed December 21, 2016. https://www. academia. edu/4134431/A_comparative_appraisal_of_the_process_of_removal_of_arbitrators.

〔49〕 See Alan Redfern, M. Hunter, Nigel Blackaby, *Law and Practice of International Commercial Arbitration*, Sweet & Maxwell, 4th ed., 2004, p. 245.

〔50〕 英国《1996仲裁法》第24条(法院撤换仲裁员的权力)规定:(1)基于下列理由,仲裁程序的一方当事人(经通知另一方当事人、当事仲裁员和其他仲裁员后)可申请法院撤换仲裁员。(a)存在当事人对该仲裁员的公正性产生具有正当理由的怀疑的事由。(b)该仲裁员不具备仲裁协议所要求的资格。(c)该仲裁员身体或心智上不能进行仲裁程序或对其进行仲裁程序的能力产生具有正当理由的怀疑。(d)该仲裁员拒绝或没有:(i)适当进行仲裁程序;(ii)合理迅捷地进行仲裁程序或作出裁决。且已经或将对申请方产生实质性的不公正。(2)如当事人已经授权某个仲裁机构或其他机构或某个人撤换仲裁员,则法院就不能行使其撤换权,除非认为申请方已首先用尽了前述机构或个人的救济。(3)根据本条向法院提出的申请尚未审结,仲裁庭可以继续仲裁程序直至作出裁决。(4)法院撤换仲裁员时,可以作出其认为合适的关于该仲裁员对报酬或开支的请求权(如有)或返还已支付的报酬或开支的命令。(5)法院根据本条作出命令之前,当事仲裁员有权出席并接受法院的聆讯。(6)针对本条项下法院决定的上诉应取得法院的准许。

定了法院可基于什么理由撤换仲裁员，第25条[51]规定了仲裁员可基于什么理由提出辞职。

通过分析LCIA从1996～2010年的28例判决，其中，包括一些在单个案件中多次处理提出的异议的裁决，这些案件的仲裁地点都位于伦敦，并且，所有的异议是根据英国法律进行处理。分析关于这些异议的决定，可以发现，被告针对仲裁员提出的异议理由主要包括：(1)仲裁员在开庭休息的时间私下与申请人的律师在休息室会面；(2)仲裁员在没有征求双方当事人同意的情况下删除开庭笔录中的部分内容；(3)仲裁员谴责被申请人律师在其不在场的情况下擅自进入供仲裁员休息的房间，而被申请人律师则称自己没有进去过。[52]

LCIA的异议涉及利益冲突的情况和主张仲裁员在案件的处理过程中存在不当行为的指控，许多裁决涉及已在IBA《指南》中所规定的情形。LCIA摘要披露了每个异议裁决中部门成员的名字，而这个数据无疑也有其未来的潜在用途。IBA《指南》所规定的红色、橙色和绿色清单包括可能经常遇到的一些潜在冲突和其他可能被视为比较不同寻常的冲突，每一类都用数字进行编码，因此，国际仲裁界可以简单

[51] 英国《1996仲裁法》第25条(仲裁员辞职)规定：(1)当事人可与仲裁员自由约定其辞职后的下列有关事项：(a)获取报酬或开支的权利(如有)；(b)由其因此所引致的任何责任。(2)在且仅在无此约定的情况下，适用下列规定。(3)辞职之仲裁员(经通知所有当事人后)可向法院申请：(a)免除其由此所引致的责任；(b)作出法院认为合适的关于其对报酬或开支的请求权(如有)或偿还已支付的报酬或开支的命令。(4)如法院认为关于该仲裁员辞职的所有事由均是合理的，则其可根据第3款第a项以其认为合适的条件免除该仲裁员的责任。(5)针对本条项下法院决定的上诉应取得法院的准许。

[52] LCIA在其决定中指出，仲裁员与一方当事人私下会面并不必然产生偏袒的真实可能性("正当怀疑")，但LCIA不赞成这种私下会面，因为，这会使其他当事人或者外部旁观者怀疑仲裁员缺乏公正性。该决定认为，因为存在这些情况：(1)本案仲裁员有与当事人的私下会面并讨论案件实体问题的情形；(2)在对被告代理律师的指控问题上，仲裁员与被告代理律师发生激烈争议时仍坚决坚持该项指控，仲裁员与代理律师之间发生明显的冲突，这本身与仲裁员应当保持行为中立的原则不相符合；(3)仲裁员对仲裁程序的控制与裁量权并不允许他擅自删除听证笔录；所以从知悉情况的合理第三人看来，仲裁员不仅存在表面偏袒，而且存在实际偏袒的真实可能性。See James H Carter, "Reaching Consensus on Arbitrator Conflicts: The Way Forward", *Dispute Resolution International*, Vol. 6, 2012, p. 22.

地予以使用,目前国际商会已经采取了这种做法。[53]

一般而言,根据国际判例法和实践,有几种情况被视为仲裁员可能缺乏独立性和/或公正性的情形,其中包括以下内容:[54]

1. 仲裁员对仲裁标的物有或可能有直接利益。[55]

2. 仲裁员与一方当事人有一个持续的财政、专业、或隶属关系,或之前有过这样的关系,这个范畴包括该仲裁员是或曾经是当事人一方的律师。在这方面,主要的先例是美国的 Fertilizer Corporation of India v. IDI Management, Inc. 案,[56] 和英国的 Laker Airways v. FLS Aerospace Limited 案。[57] 从国际商会仲裁规则的角度来看,在 Laker Airways 案中讨论的问题已经被评论如下:在英国法的实践中,处于同一室的大律师的独立性被认为是普遍接受的原则,但很难说这种实践具备通行的性质,即至少在非英国方当事人眼中可能会对仲裁员的独立性引起怀疑。因此,这种情况下应该由仲裁员向国际商会秘书处披露并可能引起关于这一关系的进一步问题,甚至是对律师之间存在紧

---

〔53〕 See Jason Fry and Simon Greenberg, "The Arbitral Tribunal: Applications of Articles 7 – 12 of the ICC Rules in Recent Cases", *ICC Ct Bull* 12, Vol. 20(2), 2009, pp. 17 – 18, 附录:当在 ICC 案例中决定仲裁员的独立性时引用 IBA《指南》。

〔54〕 See William Laurence Craig, William W. Park, Jan Paulsson, *International Chamber of Commerce arbitration*, 3rd Edition, Oceana Publications, 2000, p. 225.

〔55〕 这方面有个英国的先例,参见 Colin Reid Sellar v. The Highland Railway Company & Others [1919] S. C. (H. L.) 19, 即当出现仲裁员在争议一方当事人的铁路公司拥有一定数量的股票时,裁决会被撤销。

〔56〕 See 517 E. Supp. 948 (S. D. Ohio, 1981), 该案中,其中一名仲裁员没有声明他已经在一些诉讼案件中担任过一方当事人的律师。然而,法院认为在仲裁程序处于紧要关头的情况下,该仲裁员与一方当事人存在以前的专业参与的情形并未引起仲裁员作出有利于该方当事人的"偏袒"行为,因此,给予承认和执行该裁决。

〔57〕 在这个案例中,美国籍当事人试图取消一名仲裁员的资格,因为,该仲裁员的身份是律师,并且,与对方当事人的律师共处一个办公室,并且声称在这种情况下,任何人可以合理怀疑仲裁员的公正性。Rix J. 法官驳回了对该仲裁员取消资格的申请,并认为申请人没有提出一个论点,即事实上,律师事务所中律师之间的关系到了如此程度以致对律师身份的仲裁员的公正性引起合理怀疑。See Merjian, Caveat Arbitor, "Laker Airways and the Appointment of Barristers as Arbitrators in Cases Involving Barristers-Advocates from the same Chambers", *Journal of International Arbitration*, Vol. 31, 2000, p. 51.

密联系的一个挑战,然而,单独而论,这种关系将不会导致取消仲裁员的资格。[58]

3. 仲裁员已经对仲裁过程中利害相关的问题给予了他的观点:这很可能是他被取消资格的一个原因。此外,若仲裁员曾在之前的与本案不相关的仲裁程序中担任了仲裁员,只是两案涉及相同的一方当事人,则仲裁员不应被取消资格。

4. 仲裁员已经在相关的程序中担任过仲裁员。事实上,仲裁员虽担任了涉及相同或相关的问题的相关争议的仲裁员,但这一事实本身不能作为一个异议的理由。不过,仲裁员一定要小心不要在第二个仲裁中私下或秘密地使用或引用在第一个仲裁中接收到的信息。因为,这样做会使一方当事人有权对此提出异议。[59]

5. 在仲裁过程中,仲裁员的行为不符合适当的行为标准。根据国际商会仲裁实践,一些关于仲裁员与当事人之间以及仲裁庭成员之间通信的行为标准已经确定,只是没有进行“编纂”。有些仲裁机构,如ABA和AAA制定了《商事争议仲裁员道德准则》、[60] IBA制定了《国际仲裁员道德规则》、[61]特许仲裁员研究所和温哥华海事仲裁协会也制定了《道德准则》,都规定仲裁员若根据这些机构的仲裁规则进行仲裁程序,则必须遵守这些道德准则。

6. 在仲裁过程中,仲裁员(们)未能给予对方当事人或其他人程序上的平等对待,进而否认一方当事人的正当程序权利。[62]

---

〔58〕 See Brown, Did Rix J., "Really Get it Wrong in Laker Airways?" *Journal of International Arbitration*, Vol. 32, 2001, p. 125.

〔59〕 See Tiziana Tampieri, "International Arbitration and Impartiality of Arbitrators—The Italian Perspective", *Journal of International Arbitration*, Vol. 18, 2001, p. 562.

〔60〕 ABA/AAA, Code of Ethics for Arbitrators in Commercial Disputes, Y. B. COM. ARB. X 131, 1985.

〔61〕 IBA, Rules of Ethics for International Arbitrators, Y. B. COM. ARB. XII, 1987, p. 199.

〔62〕 See Forbes, "Rules of Ethics for Arbitrators and their Application", *Journal of International Arbitration*, Vol. 3, 1992, pp. 25 - 26.

通过结合实践来分析上述6个理由发现,对仲裁员提出异议的理由主要基于两点:其一,如果存在对他的公正性和独立性产生任何正当怀疑的情形;其二,如果他不具备当事人约定的资格。利益和/或偏袒是对一个人的公正性和独立性产生不利影响的两个因素。如果仲裁员显示或有倾向地显示出偏爱一方当事人甚于对方当事人,那么,仲裁员是有偏见的。仲裁员对争议事项的利益可能直接或间接产生。最常见的情况是,仲裁员在仲裁过程中产生了间接利益,即一方当事人和仲裁员存在雇主和雇员的关系。[63]

偏见是一种精神状态,可能来自各种各样的原因。如果有合理理由怀疑一个人有偏见,最不可取的是任命他担任仲裁员,或如果已经任命,则让他终止担任仲裁员。如果一方当事人或者当事人双方知道仲裁员不具备双方商定的资格,但仍然任命他或同意该任命,那么,他们在仲裁员任命后禁止基于资格问题对仲裁员提出异议。

二、仲裁员纪律责任的追究程序

(一)纪律责任追究启动程序

当事人意思自治原则是贯穿仲裁过程始终的一项基本原则,对于仲裁庭的权力,当事人可以约定终止。一旦双方当事人一致认为某一仲裁员应予回避,则针对该名仲裁员的回避申请大都会得到支持。一方当事人不能单方面随意中止或终止仲裁员享有的权力,那么,如果一方当事人有终止某一仲裁员任命的诉求,他必须通过适当的程序提出合理的异议。[64]

---

〔63〕 See G. Ezejiofor, *The Law of Arbitration in Nigeria*, Longman Nigeria Plc. Lagos, 1997, p.55.

〔64〕 例如,英国《1996年仲裁法》第23条第3款规定:仲裁员的权力不能废止,除非:(a)当事人一致同意。AAA《仲裁规则》(2000年)第8条也规定:AAA一收到回避要求,就应通知其他当事人。一方当事人对某一仲裁员提出回避要求时,其他当事人可同意接受该要求,如果同意,那么该仲裁员应当离职。

1. 英国追究程序

根据英国《1996年仲裁法》的异议追究程序，[65]当事人向法院提出撤除仲裁员的申请是基于法律规定的理由。英国法案是比较全面的，因为，它引入了一些理由。例如，精神上无行为能力或身体丧失工作能力作为仲裁员可能被提出异议的理由，同时，规定仲裁协议所需的必要资格条件也是仲裁员可能被提出异议的依据。

LCIA在其规则中以类似的方式规定了异议程序。根据LCIA《仲裁规则》（2014年）的相关规定，仲裁员如果被发现存有对其独立性和公正性产生合理怀疑的情形，当事人可对其提出异议。LCIA仲裁程序的另一个显著改进在于，仲裁员可能会受到异议时限的约束。这主要是为了维护仲裁的高效性，加强公众对这个程序的信心。按照LCIA《仲裁规则》（2014年）异议程序的规定，质疑程序非常详细，即打算对仲裁员提起异议的一方当事人必须于仲裁庭设立的15天内或在知悉合理异议情形的15天内发送书面的异议理由到LCIA。[66]除非被异议的仲裁员辞职或对方当事人在受到书面理由声明的15天内同意该异议，LCIA决定该异议是否应该得到支持。如果伦敦法院确定被任命者由于缺乏独立性或公正性而不适合时，法院在其自由裁量权下决定是否按照原来的任命程序允许当事人参与或是否直接再任命。

根据LCIA《仲裁规则》（2014年）的规定，一方当事人打算对仲裁员提起异议必须发送一份书面的异议理由的声明，LCIA在15天内组成仲裁庭或意识到异议合理性的情形。除非被异议的仲裁员辞职或

---

〔65〕 英国《1996年仲裁法》第24（1）条规定：（1）仲裁程序的一方当事人（经通知其他当事人，有关的仲裁员以及其他仲裁员），可以向法院申请依下列任何理由之一撤除仲裁员：（a）存在对他的公正性产生合理怀疑的情形。（b）他不具备仲裁协议所要求的资格。（c）他在身体上或精神上无能力进行程序或对他这样做的能力有正当怀疑。（d）他已拒绝或未能：（i）正确地进行程序；（ii）使用所有合理的自由裁量权进行程序或作出裁决，并将对或已对申请人造成重大的不公正。

〔66〕 LCIA《仲裁规则》（2014年）第10条。

另一方在书面理由声明提交的15天内同意该异议,LCIA决定是否支持该异议。

2. 美国追究程序

根据AAA《仲裁规则》(2000年)规定的异议程序,当事人可以对仲裁员提起异议:"只要存在对仲裁员的公正性或独立性产生合理怀疑的情形。"[67] 目前,对异议的管理是美国仲裁协会(AAA)。根据AAA《仲裁规则》,只要存在对仲裁员的公正性或独立性产生合理怀疑的情形,当事人便可以质疑仲裁员。异议书提交给作为管理员的AAA,如果仲裁的对方当事人同意该异议,则仲裁员被撤回。该仲裁员也可自愿回避。如果对方当事人不同意该项异议,仲裁员不撤回;相反,对异议的决定应当由管理员自行决定做出。[68]

一般来说,管理仲裁的机构规定了在任命过程和仲裁程序的过程中对仲裁员提起异议的程序。[69] 例如,AAA可能会开除仲裁员,如果他或她显示:(1)偏袒或缺乏独立性;(2)不能或拒绝用勤劳和真诚履行其职责;(3)任何根据准据法存在的异议理由。[70] 有趣的是,AAA放开了其自行启动异议程序的方式,而不只是依当事人一方的请求启动。芝加哥国际争端解决协会的《仲裁规则》第12条第2款规定也允许当事人对仲裁员提起异议,"如果存在对仲裁员的公正性和独立性产生合理怀疑的情形"。[71]

---

〔67〕 See G. Ezejiofor, *The Law of Arbitration in Nigeria*, Longman Nigeria Plc. Lagos, 1997, p.58.

〔68〕 参见AAA《仲裁规则》(2000年)第9条规定。

〔69〕 一个罕见的例外是海事仲裁协会,总部位于纽约,在其规则中规定被提出异议的仲裁员可以继续庭审纠纷,到期保留异议者在裁决作出后向适当的美国地区法院寻求救济的权利。See Maritime Arbitration Rules, Sec. 9, available at http://www.smany.org/sma/about6-1.html, visited on 22 Dec. 2016.

〔70〕 参见AAA《仲裁规则》(2000年)第17条规定。

〔71〕 See Yulia Andreeva, "How Challenging is the Challenge, or can U.S. Courts Remove Arbitrators before an Arbitration has come to an End?" *American Review of International Arbitration*, Vol.19, 2008, p.129.

3. UNCITRAL《仲裁规则》的异议程序

根据UNCITRAL《仲裁规则》，如果存在对仲裁员的公正性或独立性产生合理怀疑的情形，任何仲裁员可能受到异议。此外，当事人可以对他任命的仲裁员提起异议，但只有当事人在该仲裁员被任命之后才察觉到原因时。[72] UNCITRAL《仲裁规则》规定，指定机构有异议决定权，即当一个异议已被递交和对方不同意异议或仲裁员不自行回避，决定是由一方当事人认定的指定机构或由常设仲裁法院秘书长任命的机构作出。

当事人可自由约定异议程序，但在没有此类协议时，打算对仲裁员提出异议的一方当事人须在知悉仲裁庭的组成或知悉在《仲裁规则》第12条第2款提到的情形后15日内提出，将所提异议的书面理由声明送交到仲裁庭。除非被异议的仲裁员辞职或另一方当事人同意该异议，仲裁庭应对异议作出决定。[73]

仲裁员的独立性和公正性是仲裁的基本要求，在仲裁员向当事人披露了所有相关信息之后，当事人应慎重考虑是否对仲裁员的公正性或独立性存有任何怀疑。如果当事人存有疑虑，则可能需要该方当事人提出异议：一方面，对仲裁员的异议可能只是一个战术行动，旨在保护程序上的优势，而不是导致去除仲裁员，这些异议通常能有效地导致仲裁程序的延迟；另一方面，异议可能是基于当事人真正想移除仲裁员的动机而被提起，担心他被任命后可能不会公正处理纠纷。

(二)纪律责任追究机构

如果当事人没有对仲裁员的异议达成一致，且仲裁员也没有主动辞职，在这种情况下，谁可以处理针对仲裁员的异议或仲裁员的回避，是当事人还是法院？是仲裁庭还是仲裁机构？各国的法律对此有不同的规定。

---

〔72〕 UNCITRAL Arbitration Rules, Article 10.1.

〔73〕 UNCITRAL Arbitration Rules, Article 12.

1. 由仲裁机构作出决定

如果当事人对仲裁员存有异议,其中就包括当事人自己指定或参与指定的仲裁员,可以在规定的期限内予以提出要求仲裁员回避。有些国家法律规定,由仲裁机构针对仲裁员的异议作出决定。例如,我国《仲裁法》第 36 条[74]规定,由仲裁委员主任对仲裁员是否回避作出决定,若仲裁委员主任担任仲裁员,就由仲裁委员会集体作出决定。ICC《仲裁规则》(2012 年)也明确规定,[75]由仲裁院作出仲裁员是否回避的决定,并明确仲裁院作出的决定是终局的。[76] 在 ICC 仲裁中,仲裁员人选必须经过 ICC 仲裁院的同意,在确定人选时,ICC 仲裁院会排除那些明显不具有独立性的人选,从而尽量避免在仲裁程序开始后因对被提出异议的仲裁员进行考量而给仲裁程序带来不必要的耽搁。一项研究表明,在 ICC 仲裁中,当事人在确定人选前拒绝仲裁员的指定成功率为 72%,而在指定仲裁员后,对仲裁员异议成功的概率仅为 12%。[77]

2. 由法院作出决定

有些国家规定,由法院对仲裁员的异议作出决定。例如,波兰《民事诉讼法》第 703 条第 2 款规定:法院可以以不公开方式就仲裁员或首席仲裁员的回避问题作出决定。瑞士《联邦苏黎世州民事诉讼法》

---

〔74〕 我国《仲裁法》第 36 条规定:仲裁员是否回避,由仲裁委员会主任决定;仲裁委员会主任担任仲裁员时,由仲裁委员会集体决定。

〔75〕 ICC《仲裁规则》(2012 年)第 7 条第 4 款规定:"提请仲裁员回避,无论是称其缺乏独立性或由于其他原因,应向秘书处书面提出……仲裁院应就回避申请的可接受性,以及如果必要的话,同时就回避的实质问题作出决定。"

〔76〕 实践中,在当事人提出申请时,各国法院仍然对 ICC 仲裁院做出的是否支持对仲裁员异议的决定予以司法审查。例如,ICC 所在地的法国法院认为,ICC 内部规则具有民间性,法院仍有权核实仲裁员的公正性与独立性,当事人不满意 ICC 仲裁院对异议的决定,向法国法院提起诉讼时,法院是有权受理的。英国法院也曾受理过当事人因不满 ICC 对仲裁员独立性做出的决定,而向英国法院提起的诉讼。See Emmanuel Gaillard , John Savage, *Fouchard Gaillard Goldman on International Commercial Arbitration*, CITIC Pub. House, 2004, p.583.

〔77〕 参见吴淑美:《论仲裁员的独立性与公正性》,厦门大学国际法学 2008 年硕士学位论文,第 48 页。

第 242 条第 5 款规定：申请回避，应向高级法院提出。除此之外，在西班牙、希腊等国家也有类似的规定。[78] 另外，根据 UNCITRAL《仲裁规则》(2010 年)的规定，对仲裁员所提出异议的理由是否成立，将由任命该仲裁员的机构作出决定。这意味着，如果任命仲裁员的机构是法院，则由法院对异议理由是否成立作出决定；如果任命仲裁员的机构是仲裁院，则由仲裁院最终决定异议是否成立。[79]

3. 先由当事人向仲裁庭提出，如果当事人的申请被驳回，则可由法院最终决定

考察国际立法和各国仲裁法，可以发现，有些国家赋予了法院最终处理当事人提出的仲裁员异议的权力。[80] 例如，埃及《国际仲裁法案》第 19 条[81]规定，当事人可以对仲裁员回避的程序进行约定，如果没有约定，那么，当事人应在知悉仲裁庭组成或回避情形之后 15 天内向仲裁庭提出书面申请，仲裁庭对此作出决定。如果仲裁庭驳回当事人提出的回避申请，那么，当事人可向法院提出申请，由法院作出决

---

〔78〕 参见丁建忠编著：《外国仲裁法与实践》，中国对外经济贸易出版社 1992 年版，第 102 页、第 194 页。

〔79〕 参见乔欣：《仲裁公正性基础：披露与回避制度的完善》，载《民事程序法研究》2013 第 2 期。

〔80〕 在有些国家的实践中，初审法院对仲裁员异议做出的判决也并不是终局的，当事人还可以上诉，当事人若异议不成功而一直走到上诉程序，甚至申诉到最高法院。即使成功更换了仲裁员，已经进行的仲裁程序还得重新来过，造成时间与成本的极大浪费，影响仲裁的效率。随着法院对仲裁干预的减少，若没有出现明显的不公正，法院倾向于支持仲裁，因而，当事人很可能经历了层层讼累以后仍然回到起点一无所获，而仲裁程序却因此受到不必要的拖延，浪费了许多时间与成本。而且，异议程序常常被败诉一方当事人作为最后的救命稻草，希望能够达到拖延仲裁程序或阻止仲裁程序的目的。因此，为了保证仲裁程序的顺利进行以及裁决的有效性，仲裁员最好在仲裁开始之前就作充分的披露，当事人做出选择以后就不能再以此为由提出异议或请求撤销裁决。See Forbes, Williamo, Malley, "Rules of Ethies for Arbitrators and their Application", *Journal of International Arbitration*, Vol. 9, 1992, pp. 11 – 15.

〔81〕 埃及《国际仲裁法案》第 19 条规定：仲裁当事人有权约定要求仲裁员回避的程序，没有约定的，回避请求应在请求一方知悉仲裁庭组成或知悉回避情形后 15 天内，以书面形式向仲裁庭提交，如果被要求回避的仲裁员不放弃其职位或另一方反对，仲裁庭应作出决定。如果回避请求被驳回，提出请求的一方可以请求法院就回避请求作出决定。法院必须将回避请求作为紧急事项作出决定。

定。英国《1996年仲裁法》第24条就赋予当事人向法院申请要求撤换仲裁员的权利。[82] 此外,UNCITRAL《示范法》、[83]保加利亚《国际商事仲裁法》等也作了与此相类似的规定。

一般而言,首先,当事人可以在仲裁协议中约定如何对仲裁员提出回避的程序。[84] 其次,仲裁机构有权受理当事人针对仲裁员提出的异议,并对该异议作出决定。最后,如果仲裁员的回避事由[85]不成立,当事人可以请求法院针对该回避理由作出决定。并且,最好法律能够规定在法院或仲裁机构对异议事由进行审查的时限内,仲裁程序继续进行,这既可以加快法院或仲裁机构的审查速度,也可以防止当事人恶意破坏仲裁程序。这方面可以借鉴《示范法》第13条的规定,[86]可在一定程度上减少恶意当事人故意提起回避异议的机会。[87]

---

〔82〕 依据英国《1950年仲裁法》,法院对仲裁员的管制主要来自第23节规定的仲裁员的"不良行为"(misconduct),依照《1950年仲裁法》,该行为会遭受法院的干预。但这种法院监督管制过严的情况遭到许多人的反对,所以,英国在1996年的仲裁法中对此作了修改,取消了"不良行为",代之以"严重不正常",英文为"serious irregularity"。该法在第68节中规定了"严重不正常"的具体情形,在第24(1)条中明确规定对于此种情形,当事人可以提请法院干预,将该仲裁员赶走。参见杨良宜:《国际商务仲裁》,中国政法大学出版社1997年版,第260~280页。

〔83〕 UNCITRAL《示范法》第13条第3款明确规定,当事人若对仲裁庭做出的对仲裁员的异议的决定不服时,可以申请有管辖权的法院或者权力机构对此项异议做出终局的判决。

〔84〕 例如,《示范法》第13条第1款规定:"当事各方有权对仲裁员提出回避的程序达成协议,但须服从本条第(3)款的规定。"而该条第3款规定:"如根据当事各方协议的任何程序或本条第(2)款的程序提出的回避不成立,提出回避的一方当事人可以在收到驳回其所提出的回避的决定通知后30天内请求第6条规定的法院或其他机构就该回避作出决定,该决定不容上诉;在等待对该请求作出决定的同时,仲裁庭包括被提出回避的仲裁员可以继续进行仲裁程序和作出裁决。"

〔85〕 参见《示范法》第11条关于"对仲裁员的回避请求"的内容。参见李双元主编:《国际私法教学参考资料选编》(中册),北京大学出版社2002年版,第1328页。

〔86〕 《示范法》第13条规定,当事人可以依照规则或协议提出仲裁员回避,如果被驳回,可在收到驳回通知后30天内请求法院就该回避问题作出决定。当事人在等待决定的过程中,仲裁程序继续进行。

〔87〕 参见杜新丽:《论国际商事仲裁的司法审查与立法完善》,载《现代法学》2005年第6期。

三、仲裁员纪律责任的承担形式

(一)仲裁员的自行回避或离职

在仲裁实践中,如果一方当事人对仲裁员存有对其公正性和独立性的正当怀疑,因此提出异议,另一方当事人也同意该异议,不管异议是否能够成立,基于当事人的合意,该仲裁员就应当主动予以回避。一般而言,仲裁员自行回避的情形主要是两种:其一,仲裁员对于自己在仲裁案件过程中是否能够独立和公正的作出裁决表示怀疑,或者仲裁员与一方当事人存在利益关系可能会在仲裁过程中存在偏袒的情况,为了避免因该事由引起撤销裁决的情形而事先辞职。但是,这一情况在实践中很少发生,因为,仲裁员一般在接受指定之前会接受仲裁机构的审查,查看是否存在需要进行披露的事实或情形,一旦仲裁员对自己的公正性或独立性心有疑虑,为了自己的声誉(特别是有声望的仲裁员),大都不会接受指定。其二,仲裁员对自己的独立性和公正性可以确信,但不能确保当事人可以信赖他们,则为了保证仲裁庭整体的公信力,仲裁员有时会考虑主动进行回避。[88]

(二)仲裁员被撤换(替换、撤销委任)

在仲裁程序开始之后,如果仲裁员拒绝履行其职责或未能适当履行其职责,则仲裁机构或法院可以对该仲裁员予以撤职并进行替换。

---

〔88〕 郭晓文:《怎样保证仲裁员的独立性》,载陈安主编:《国际经济法论丛》(4),法律出版社2001年版,第555页。

例如,ICC《仲裁规则》(2012 年)第 15 条详细规定[89]了仲裁员的替换程序。此外,如 SCC《仲裁规则》(2010 年)第 17 条、[90] LCIA《仲裁规则》(2014 年)第 10 条[91]规定了仲裁员撤销委任的问题,《仲裁规则》第 11 条第 1 款[92]还规定了仲裁员的替换问题,而且有些国家和一些地区的仲裁立法也作了类似的规定,例如,瑞典和中国香港地区。[93]

---

〔89〕 ICC《仲裁规则》(2012 年)第 15 条(替换仲裁员)规定:(1)仲裁员死亡时、仲裁院接受仲裁员辞呈时、仲裁院支持当事人的回避申请时、或者仲裁院接受全体当事人要求时,仲裁员应予替换。(2)仲裁院认为仲裁员在法律上或事实上不能履行仲裁员职责,或者未按照仲裁规则或未在规定期限内履行职责时,可对该仲裁员予以替换。(3)仲裁院根据所知情况考虑适用第 15 条第(2)款时,应当先给予有关仲裁员、各方当事人和仲裁庭其他成员在适当期限内提出书面评论的机会,然后才作出决定。前述评论应当告知各当事人和仲裁员。(4)替换仲裁员时,是否按照原提名程序重新提名仲裁员由仲裁院斟酌决定。仲裁庭重新组成并要求当事人进行评论后,仲裁庭应对已经进行的程序作出是否以及在何种程度上重新进行的决定。(5)程序终结后,仲裁院在其认为适当的情形下可以决定对死亡的仲裁员或根据第 15 条第(1)款或第 15 条第(2)款免职的仲裁员不进行替换,而由余下的仲裁员继续仲裁。做出该决定时,仲裁院应考虑余下的仲裁员和各当事人的意见以及其认为适当的其他因素。

〔90〕 SCC 仲裁规则(2010 年)第 17 条(仲裁员的替换)规定:(1)如果仲裁员根据第十六条被解除指定,或者仲裁员死亡,理事会应当指定新的仲裁员。如果被替换的仲裁员是由一方当事人所指定,除非理事会另行认为适当,该方当事人应当指定新的仲裁员。(2)如果仲裁庭由三名或者多名仲裁员组成,理事会可以决定其他仲裁员应当继续进行仲裁程序。在做决定时,理事会应当考虑仲裁程序所进展的阶段以及其他相关情形。在做决定前,应当给予当事人以及仲裁员提交意见的机会。(3)如果某仲裁员被替换,新组成的仲裁庭应当决定是否以及在多大范围内重复先前程序。

〔91〕 LCIA 仲裁规则(2010 年)第 10 条(撤销对仲裁员的委任)规定:10.1 如(1)任何仲裁员书面告知仲裁院其不再担任仲裁员的意愿,并将该通知抄送当事人及其他仲裁员(如有),或(2)任何仲裁员死亡,病重,拒绝,或不能或不适合担任仲裁员,则在当事人提出回避或经其余仲裁员请求的情况下,仲裁院可以撤销对该仲裁员的委任并另行委任一名仲裁员。在所有情况下,如仲裁院认为合适,仲裁院应决定对前任仲裁员工作(如有)支付报酬和开支。10.2 如果某一仲裁员故意违反仲裁协议(包括本规则)或该仲裁员在双方当事人之间没有公平公正行事,或没有以合理的勤勉进行或参与仲裁,避免不必要的拖延或开支,则仲裁院可以认为其不适合担任仲裁员。10.3 如果存在对仲裁员的独立公正产生具有正当理由怀疑的事由,则当事人也可以要求该仲裁员回避。当事人可以对其提名的仲裁员,或曾经参与委任的仲裁员提出回避,但仅限于当事人仲裁员委任后才知晓回避事由的情况。

〔92〕 LCIA 仲裁规则(2014 年)第 11 条(仲裁员的提名和替换)规定:11.1 如仲裁院确认被提名者不合适或不独立公正或者如果已被委任的仲裁员基于某种理由应被替换,则仲裁院可自行决定是否遵循原提名程序。

〔93〕 瑞典《仲裁法》(1999 年)第 8 条,中国香港特别行政区《仲裁(修订)条例》第 25 条。

(三)仲裁员被不予续聘或解聘、除名

大多数仲裁机构都备有仲裁员名册,当事人可以从中选取仲裁员裁判案件,这样,任何一名仲裁员都有裁判案件的机会。为了保障仲裁员公正裁判案件,同时,为了维护仲裁机构自身的信誉,仲裁机构的仲裁规则中大都规定了对仲裁员进行除名的权力,对仲裁员的行为进行约束。如果仲裁员的不当行为情节严重的,仲裁机构不予续聘或解聘,甚至除名。例如,《北京仲裁委员会关于提高仲裁效率的若干规定》(2003 年修订)〔94〕规定了对于审理迟延的仲裁员不予续聘或解聘。《北京仲裁委员会仲裁员聘用管理办法》〔95〕进一步作了规定。不予续聘或解聘仲裁员的目的与替换或撤换仲裁员的目的大致类似,都是排除仲裁员参与仲裁(或短期或长期)。不过,两者之间存在一些差异:其一,不予续聘或解聘仲裁员不仅针对已经接受任命的仲裁员,而且涉及可能会被任命(候选)的仲裁员,可以在仲裁程序进行之外进行追究;而替换或撤换仲裁员只是针对已经被有效指定并正在履行其仲裁职责的仲裁员。其二,聘任关系的存在主要是因为仲裁员纳入了仲裁机构的仲裁员名册之中,仲裁机构要对仲裁员进行管理,只能由仲裁机构来决定是否对该仲裁员续聘或解聘,而不能由法院来行使。

因此,可以得出结论,仲裁员拥有当事人赋予他们的权力,但这些权力的行使不是无限的。当事人可以选择删除仲裁员或仲裁员可以决定辞职。然而,根据机构仲裁规则的规定,这必须存在仲裁员有不

---

〔94〕《北京仲裁委员会关于提高仲裁效率的若干规定》(2003 年修订)第 12 条第(5)项规定:"仲裁员审理迟延,本会将视情况减少其办案报酬,达到不予续聘或解聘程度的,本会将不予续聘或予以解聘。"

〔95〕《北京仲裁委员会仲裁员聘用管理办法》第 9 条规定了"暂不列入仲裁员名册制度",即仲裁员"在聘任期内,如有证据使本会有理由怀疑其存在违反《仲裁员守则》及本办法有关公正、独立规定,应予解聘但需要查证核实之情形,由纪律委员会进行调查……纪律委员会调查期间,该仲裁员暂时不列入仲裁员名册(以下简称名册)","在不列入名册期间,该仲裁员不得接受当事人的选定办理新的案件,本会主任亦不再指定其担任仲裁员,其正在审理的案件按照《北京仲裁委员会章程》第 18 条第 4 款规定办理"。参见王红松:《关于〈仲裁员守则〉、〈仲裁员聘用管理办法〉、〈章程〉的修改说明》,载《北京仲裁》2006 年第 3 期。

当行为或不作为的情形。通过对大多数国家仲裁法和仲裁机构的仲裁规则进行分析,可以看出,仲裁规则和法律基本上是相同的,虽然也有轻微的差异,主要表现在对异议的管辖权是法院还是仲裁机构,但在开除仲裁员的方式上有了实质性的统一。

此外,当事人在仲裁过程中发现了可以追究仲裁员纪律责任的事由但未提出异议,即当事人弃权。[96] 当事人弃权,一是担心提出异议会冒犯仲裁员;二是担心一旦异议被驳回,被提出异议的仲裁员会心存记恨而做出不利于自己的裁决。但裁决结果若是一方当事人败诉了,则有的案件的当事人又会选择向法院申请撤销该仲裁裁决。对此,较为通行的做法是:当事人弃权,仲裁裁决作出后又以同样的理由向法院申请撤销该仲裁裁决或向执行地法院申请不予执行该仲裁裁决,法院不予支持。

例如,在 ANR Coal Co. v. Cogentrix of North Carolina 案中,首席仲裁员接受指定后就披露了他与对方当事人存在的联系,对此,ANR 公司并没有提出新的异议,因为其担心一旦提出异议被驳回可能会对该仲裁员造成冒犯。该案审结完毕,仲裁裁决判决 ANR 公司败诉。ANR 公司败诉之后向法院提起撤销该裁决,主张裁决作出后才发现首席仲裁员与对方当事人的关系比之前所披露的关系更加紧密。如果法院不支持撤销仲裁裁决申请,那么,当事人是否可以请求执行地法院拒绝执行该仲裁裁决呢?在英美法系国家,认为仲裁员缺乏公正和独立是有违自然公正的,一般来说是违背国家的公共政策,但执行地国法院对此拥有一定的自由裁量权,如果是因当事人弃权不能撤销仲裁裁决而提出拒绝执行裁决的申请,那么,法院可基于支持仲裁裁

---

〔96〕 英国等英美法系国家的法律和仲裁机构的仲裁规则通常将利益冲突分为当事人可以弃权和当事人不可以弃权的两大类,而 IBA《指南》将利益冲突分为三类,即不可弃权的红色清单、可以明示弃权的红色清单、推定弃权的橙色清单。"不可弃权的红色清单"中规定了不允许当事人根据意思自治放弃利益冲突的情形,而"可弃权的红色清单"所规定的情形,只有所有当事人充分知悉该利益冲突情形的存在但仍明确地表示愿意由该人士担任仲裁员时,该利益冲突才是可以放弃的。参见 IBA《指南》一般标准第 4 条第 a 款、第 b 款、第 c 款。

决执行的政策考量,不予受理当事人的申请。[97]

第四节 我国仲裁员纪律责任的现状及发展趋势

一、我国仲裁员纪律责任追究现状实务考察

目前,我国仲裁实践中有一例仲裁员承担纪律责任的案例,即富士施乐仲裁案。[98] 从该案的具体案情来分析,戚某所谓的理由不能构成其可以辞去仲裁员一职的正当理由,如果戚某当时主动辞职只能当作仲裁员的消极不作为。但戚某私自会见当事人,并且就案情发表了意见,这是违反仲裁员独立性和公正性的严重情节,可以让其承担被除名的纪律责任。如果当事人得知戚某这一情形,但没有及时告知仲裁庭,可视为放弃这一权利,不能在事后再对其主张民事赔偿。另外,对于戚某的行为,当事人可以基于《仲裁法》第 58 条第 1 款第 3 项的规定,即"仲裁庭的组成或者仲裁的程序违反法定程序",向有管辖权的法院申请撤销该案的仲裁裁决。

富士施乐一案显示出目前我国法律对于仲裁员的公正性和独立性问题的规定还不完善,需要进一步借鉴外国仲裁立法的先进规定。

---

〔97〕 参见杨良宜等:《仲裁法——从 1996 年英国仲裁法到国际商务仲裁》,法律出版社 2006 年版,第 642 页。

〔98〕 参见章柯:《富士施乐身陷"贿赂门"》,载《第一财经日报》2006 年 1 月 17 日,第 A1 版及 A4 版。该案具体案情是富士施乐公司实业发展(上海)有限公司与天津某大学出版社就合同争议提交到天津仲裁委仲裁,大约是出于对天津仲裁委的仲裁裁决不满,一方当事人将手中的一段仲裁员与当事人吃饭的录像提交媒体。由于发现被人录像,戚某仲裁员回北京后给天津仲裁委员会写了情况汇报。但不知何故,天津仲裁委员会最后还是动员该仲裁员参加了 2005 年 8 月 30 日的开庭。等到媒体的曝光之后,中伦金通律师事务所很快对张某律师作出了处理,天津仲裁委 2006 年在 2 月 9 日将戚某除名。参见《天津仲裁委员会关于将戚某先生由〈天津仲裁委员会仲裁员名册〉中除名的决定》,并上报国务院法制办。2006 年 2 月 13 日,国务院法制办公室向全国各仲裁委下发通知,要求"如有聘任戚某担任仲裁员的,应予除名,今后亦不得再聘任"。参见国务院法制办公室:《关于天津仲裁委员会仲裁员戚天常违反仲裁法的规定私自会见当事人被除名的通报》(国法函〔2006〕24 号)。如此,戚某成为了我国仲裁法实施以来首个被仲裁界"终身禁入"的仲裁员。

例如，对我国的《仲裁法》进行修订时，首先，应在其中建立仲裁员操守的约束机制，明确仲裁员承担责任的制度，对仲裁员的行为加以适度的约束，督促仲裁员行使职责时保持公正性和独立性；其次，将仲裁员承担的公正性和独立性义务提升到原则性规定中，规定仲裁员承担法定的披露义务并完善仲裁员的回避程序，明确一旦当事人发现仲裁员存有影响其公正性和独立性的利益冲突时，可及时针对该仲裁员提出回避申请；再次，明确仲裁员职业道德的基本原则，最好能够统一各个仲裁员委员会规定的仲裁员行为规范的内容；最后，尽快组建仲裁协会，对仲裁委员会和仲裁员进行行业监督。[99]

二、我国仲裁员纪律责任规制路径现状及其不足

对我国的与仲裁相关的法律规定进行全面考察，发现法律对仲裁员公正性和独立性问题的规定存在一些漏洞。因为，仲裁员是否公正行事是追究仲裁员纪律责任的一个依据，但是，我国法律对仲裁员公正性的衡量依据和裁判程序规定存在疏漏。首先，在衡量依据上，我国《仲裁法》中尚欠缺一个原则性条款的规定，对仲裁员的公正性和独立性没有明确予以提及。尽管我国《仲裁法》第 7 条规定仲裁是公平合理解决纠纷的一种方式，第 13 条规定仲裁员的聘任要从“公道正派”的人员中选择，其内涵可以间接地推导出仲裁员需要保持公正和独立以及承担披露义务，不过还是缺乏对仲裁员提出明确、具体的要求。我国《仲裁法》第 34 条列举了仲裁员的法定回避情形，不过，其他规定并未对，如“与本案有利害关系”“有其它关系，可能影响公正仲裁”“私自会见当事人、代理人”等情形加以明确，显然过于弹性。并且，这四项事由变成了一个穷尽列举，可能限制这一条规定的情形在司法实践中的可援用性。其次，在追究仲裁员纪律责任的程序方面，

---

〔99〕 参见萧凯：《从富士施乐仲裁案看仲裁员的操守与责任》，载《法学》2006 年第 10 期。

我国《仲裁法》对仲裁员的自行披露义务并未提及,需要当事人对仲裁员是否公正和独立承担举证责任。我国大多数仲裁机构都制定有仲裁员行为守则或仲裁员行为规范,但大多数的规范都只是原则性地规定了仲裁员的披露义务,而没有详细列举规定仲裁员需要披露可能影响其独立性和公正性的情形,这样,就不能产生消除当事人疑虑的效果,也不便于切实为仲裁员的行为提供指引。如此,当事人、司法机关、社会公众就不能对仲裁员进行有效的评价。

目前,有些仲裁机构颁布了一些与仲裁员行为规范相关的新规定,如 CIETAC 的《仲裁员行为考察规定》,该规定明确了如何对仲裁员追究纪律责任,是一个创新性的规则规定。此外,郑州仲裁委员会于 2009 年 6 月颁布了《郑州仲裁委员会仲裁员纪律处分办法》,该办法第 4 条规定:仲裁员违反《仲裁员守则》的,本委对其不予续聘或者给予处分。处分种类包括:(1)诫勉谈话;(2)书面警告;(3)停止执业 1 年;(4)解聘;(5)除名。[100] 2014 年 8 月 5 日颁布的《济宁仲裁委员会违法违纪仲裁员除名办法》中规定,本办法所称仲裁员的违法违纪行为包括下列情形:(1)严重违反《仲裁法》第 34 条第 4 项规定的;(2)违反《仲裁法》第 58 条第 6 项规定的;(3)严重违反《济宁仲裁委员会仲裁员管理办法》第 13 条规定的。本会对当事仲裁员的处理决定为终局决定。本会主任会议作出处理决定后,本会应当在 3 日内将处理决定书送达当事仲裁员。本会决定将当事仲裁员除名的,应当予以公告。[101]

值得一提的是,2010 年 4 月 7 日我国的司法部部务会议审议并通

---

〔100〕 载枣庄市仲裁委员会:http://www. zzac. org. cn/zhongcaiyuan/jilvchufen/chufenbanfa. htm,最后访问日期:2016 年 12 月 23 日。

〔101〕 载中国仲裁在线:http://www. cnarb. com/Item/2471. aspx,最后访问日期:2016 年 12 月 23 日。

过了《律师和律师事务所违法行为处罚办法》,[102] 该办法出台的目的是规范律师的执业行为,特别禁止律师身份的仲裁员在原任职或现任职的仲裁机构中担任代理人。但与之相比,我国《仲裁法》还未规定律师身份的仲裁员的回避问题。目前,在我国的仲裁机构中,北京仲裁委员会率先在其《仲裁员守则》中进行了规定:仲裁员不得在本会的仲裁案件(包括申请撤销或不予执行本会仲裁裁决的案件)中担任代理人,亦不得代人打听案件情况或代人向仲裁庭成员、秘书实施请客送礼或其他提供好处和利益的行为。[103]

基于我国《仲裁法》未对仲裁员施加法定的披露义务,以及我国大多数仲裁委员会制定的仲裁员行为守则比较粗略,因而,如何对仲裁员的行为进行监督、在当事人心目中树立公正仲裁的信念,这些问题的存在会减损仲裁所具有的公信力。而且,仲裁员回避与否是由仲裁机构来决定,[104] 排除了法院的司法审查,既无益于保障当事人的公平审判权,又为日后当事人申请撤销或不予承认与执行仲裁裁决留有隐患。

鉴于担任仲裁员人士的身份来源是多元化和分散性的,就决定了对于仲裁员的回避应采用"自行主动披露"和"严格限定标准"相结合的原则。"自行主动披露",是指预期的仲裁员在履行仲裁职责之前应将其可能对仲裁结果产生影响的事项或个人无法确定的事项如实进行披露,以书面方式向仲裁机构呈送自己是否适合担任仲裁员的报告。如果仲裁员不主动披露或刻意隐瞒,披露的相关事项,且若因其

---

〔102〕 该办法自 2010 年 6 月 1 日起施行,该办法第 7 条规定,有下列情形之一的,属于《律师法》第 47 条第 3 项规定的律师在同一案件中为双方当事人担任代理人,或者代理与本人及其近亲属有利益冲突的法律事务的违法行为:……(五)曾经担任仲裁员或者仍在担任仲裁员的律师,以代理人身份承办本人原任职或者现任职的仲裁机构办理的案件的。载中国政府网:http://www.gov.cn/gongbao/content/2010/content_1713712.htm,最后访问日期:2016 年 12 月 23 日。

〔103〕 参见 2006 年《北京仲裁委员会仲裁员守则》第 9 条。

〔104〕 我国《仲裁法》第 36 条规定:仲裁员是否回避,由仲裁委员会主任决定;仲裁委员会主任担任仲裁员时,由仲裁委员会集体决定。

不予披露的行为影响了案件的裁判结果，仲裁机构在查清事实之后，应对该仲裁员进行处理，根据其行为性质的恶劣程度，追究相应的纪律责任，甚至民事责任、刑事责任。“严格限定标准”，是指仲裁机构在界定仲裁员必须披露和可披露的情形时要严格进行限定，具体可以参照IBA《指南》中不可弃权的红色清单和可弃权的红色清单中列明的情形。如果仲裁机构发现了仲裁员未披露属于可披露的相关事项，可能影响其所裁判案件的公正性，可主动做出该仲裁员应回避的决定。该决定并不剥夺其担任仲裁员的资格，只是不能在所裁判的案件中担任仲裁员。在具体办案过程中，仲裁员应有“如履薄冰”之感，如接到当事人电话或当事人要求接触请求时，应及时采取适当方式加以妥善解决，如告知其可以以书面或口头形式向仲裁机构反映，切不可就案件实体问题与当事人交换意见，以免自我毁失仲裁员资格。[105]

三、我国仲裁员纪律责任的发展趋势

（一）明确仲裁员行为的监督机构

目前，我国各地的仲裁机构的数量已有235家之多。从我国1994年《仲裁法》颁布之后，仲裁机构受理仲裁的案件数量从1995年的千余件增长至2014年的11万余件，每年受案的标的金额从数十亿元人民币增长到约2600亿元，并且，案件的当事人遍布70多个国家和地区。[106] 面对如此迅猛发展的势头，如何对仲裁员裁判案件进行监督、对仲裁员的行为予以规范，是当前需要及时处理的重要问题。根据我国《仲裁法》[107]的规定，仲裁协会对内要对各地的仲裁委员会进行行

---

〔105〕 参见王国峰：《我国仲裁员制度的反思与整合》，载《行政与法》2004年第6期。

〔106〕 载新华网：http://news.xinhuanet.com/legal/2015-09/25/c_1116683703.htm，最后访问日期：2016年12月25日。

〔107〕 《仲裁法》第15条规定：中国仲裁协会是社会团体法人。仲裁委员会是中国仲裁协会的会员。中国仲裁协会的章程由全国会员大会制定。中国仲裁协会是仲裁委员会的自律性组织，根据章程对仲裁委员会及其组成人员、仲裁员的违纪行为进行监督。中国仲裁协会依照本法和民事诉讼法的有关规定制定仲裁规则。

业监督,对外要承担宣传仲裁的职责。仲裁协会的设立可促使我国仲裁事业健康、良序的发展。从我国法律的规定可知,我国当前的仲裁监督体系包含3 种方式,即内部监督、行业监督和司法监督。内部监督主要是通过各地的仲裁委员会来进行,由他们监督仲裁员行使仲裁职责的行为以及仲裁程序性问题;行业监督是由仲裁协会对整个仲裁行业进行宏观和微观的监督;司法监督是指通过人民法院监督仲裁的程序性问题和仲裁裁决。但是,目前只有两种方式得以实施,即内部监督和司法监督,而行业监督因为直到现在我国还一直未成立仲裁协会,当前是由国务院法制办代为行使相关的职责。〔108〕 不过,国务院法制办代为行使的仲裁协会行业监督职能与我国《仲裁法》确立的仲裁基本制度不相适应,而且无论如何也摆脱不了行政干预之嫌。〔109〕 这样的监督形式若一直持续下去,会对我国仲裁事业的对外影响产生不利影响。

一个成功的仲裁员责任制度需要一个监督机构——一个组织,由其来监督和规范仲裁员的行为。因此,我国要尽快成立仲裁协会,由该协会来监督仲裁员,制定章程和道德规则来规制仲裁员的行为,听取针对仲裁员的不满,并在必要时惩罚仲裁员的不当行为。由一个全国性的仲裁协会承担行业监督的职能,不仅可以切实督促仲裁员在仲裁过程中规范自己的行为,而且有利于促进仲裁的发展,维护仲裁的公正性。该协会将由国家立法机关或其他指定机构指定的个人组成。协会成员可以包括专业仲裁员、曾任或现任法官、社区成员或仲裁协会的代表。会员费和登记费将在财政上支持协会的运作。

因此,我国仲裁协会设立的标准应围绕以下几点来进行:(1)突出

---

〔108〕 2002 年,国务院法制办发布了《关于进一步加强仲裁员、仲裁工作人员管理的通知》(国法〔2002〕55 号),通知要求对仲裁员、仲裁工作人员的违法违纪现象进行监督;2006 年,国务院法制办又发布了《关于天津仲裁委员会仲裁员戚天常违反仲裁法的规定私自会见当事人被除名的通报》(国法函〔2006〕24 号),更是直接对仲裁员的违纪行为进行处理。

〔109〕 根据我国《仲裁法》第 14 条规定:仲裁委员会独立于行政机关,与行政机关没有隶属关系,行政机关对仲裁机构没有行政管理权。

仲裁协会的民间性;(2)明确仲裁协会承担的服务性职能;(3)明确仲裁协会会员需具备一定的自律性,仲裁协会具有对会员进行适度监督和管理的行政职能。我国仲裁协会设立的宗旨是促进我国仲裁制度的发展,对各地仲裁委员会的工作进行宏观管理,为各地仲裁委员会顺利进行仲裁工作提供便利。仲裁协会本身是一个自律性组织,强调会员的行业自律性,自觉遵守相应的职业纪律。一旦仲裁协会发现会员存有违纪行为,就要根据章程的规定进行相应的纪律处分。[110]

(二)仲裁员选聘的优胜劣汰

仲裁事业不断发展的动力和源泉依赖于一支具有高素质的仲裁员队伍,既要保持队伍人数的稳定,又要与时俱进,补充既懂法又精通专业知识、符合法定条件的人士来担任仲裁员,同时需要解聘、淘汰不能胜任仲裁职责的人士。仲裁员的素质高低会对案件的裁决结果产生影响,一旦发现仲裁员存在违法违纪行为,必然会对仲裁产生消极影响。如果确认仲裁员在认定事实、适用法律和/或在仲裁程序上造成重大失误给仲裁机构造成不良影响,或者利用仲裁权徇私舞弊以及其他不适宜担任专业仲裁员的情形,应当将该仲裁员予以除名,将其从仲裁员队伍中清除出去。仲裁机构对于被除名的仲裁员,要适时地通过简报的方式予以通报,使其他仲裁机构能够及时知晓相关情况,以防其混入仲裁员队伍之中。[111] 一旦仲裁员被除名,仲裁机构不会再将其纳入仲裁员名册之中,保持仲裁员队伍有良好的职业操守。

从仲裁员的管理角度来看,对仲裁员实行优胜劣汰机制是应有之义。一般而言,仲裁员都具有较高的社会地位和名望,仲裁机构对其予以聘任是对仲裁员的专业素质和业务水平的肯定。如果他们一旦不被仲裁机构续聘,这也是有损其自尊的结果。一旦将仲裁员的不当

[110] 参见张小建:《中国仲裁协会基本问题研究——兼论我国《仲裁法》有关条款的修改》,载《仲裁研究》2006 年第 2 期。

[111] 参见崔之夫:《加强对仲裁员履职行为的监督》,载《厦门仲裁通讯》2002 年第 2 期。

行为进行公开宣布，会对其社会声望造成严重影响。因此，仲裁员要严于律己，不能随便踏入“雷池”——仲裁员的纪律规范。

（三）仲裁员行为规范内涵要明确

仲裁员在履行仲裁职责过程中需要有强烈的责任感和自我评价能力，成为受到当事人和社会公众尊重和认可的精英群体，拒绝诱惑、守住信仰、秉公裁判案件。具体而言，仲裁员需要在以下几个方面注意自己的行为规范：其一，接受委任或指定后要注意与当事人保持适当距离，立场保持中立；其二，在开庭时注意营造和谐的氛围，避免当事人之间的情绪激化，产生对抗心理，并且在仲裁过程中不能对任何一方当事人存有偏向意见，不能暗示、提醒一方当事人，更不可发表带有倾向性或结论性的言论；其三，在 3 名仲裁员组成的仲裁庭中，由当事人选定的仲裁员也须对委任方当事人保持中立，因为，我国目前的仲裁法律和机构仲裁规则的规定中没有采纳外国的“非中立仲裁员”形式；其四，仲裁员在接受任命后要有充足的时间保证，不能盲目、轻率地接受案件；其五，时刻注意仲裁“高效”“便捷”的原则。在仲裁实践中，会出现有些仲裁员在开庭前不做好充分的准备、不对案件的事实进行仔细的斟酌、不积极与仲裁庭其他成员进行讨论、不及时提出自己的裁决意见等问题。虽然仲裁员大都是兼职的专业人士，通常工作比较繁忙，但一旦其接受委任担任仲裁员，就要承担起相应的仲裁职责。当事人既然支付了仲裁费用，就期望他们之间的争议能够公平高效地予以解决。因此，如果仲裁员接受委任或指定后，不遵守职业纪律、没有效率意识、拖拉成风，这种消极不作为或不积极的行为不仅耽误了当事人解决争议的时间、损害当事人的利益，而且会对仲裁的公信力产生影响。[112]

（四）异议处理的发展趋势——仲裁庭为主，法院拥有最终决定权

对于仲裁员异议行为的处理应当区分不同的情况予以对待。首

---

〔112〕 参见王国峰：《我国仲裁员制度的反思与整合》，载《行政与法》2004 年第 6 期。

先,仲裁庭对于当事人提出的针对仲裁员的异议有初步的决定权。基于仲裁庭是行使仲裁权的主体,其中的关键是要仲裁员要保证自身的公正性,仲裁员的中立和公正是保证仲裁权的公正行使的首要条件,因此,仲裁庭可初步确定仲裁员是否需要予以回避。其次,大多数仲裁机构都备有仲裁员名册,列入名册的仲裁员都经过了仲裁机构的资格审查,并且,机构还会对仲裁员行使仲裁职责的行为进行监督。因此,若仲裁员自己披露了与案件有关的利益关系或当事人对仲裁员提出异议,由仲裁机构来决定仲裁员是否回避或给予纪律处分是比较适宜的。最后,许多国家的法律都允许法院参与仲裁员的指定,特别是在临时仲裁的方式下,法院的作用是无可替代的。所以,法院对仲裁员的异议处理拥有最后的决定权,这是毋庸置疑的。[113]

本章小结

仲裁员在社会上的地位如何主要是由其本人的行为决定,与其他专业人士相比有一定的比较优势。有学者谈及美国仲裁员的社会地位时,虽然美国没有对仲裁员实行严格的行业监督,但仲裁员却成为美国社会中最令人尊重的群体,很少存在腐败行为,关键在于仲裁员有严格的自律性。[114] 自律性即每个仲裁员都能恪守职业道德、职业纪律,切实履行自己的仲裁职责,不受各种利益的诱惑,全面掌握双方当事人主张的事实和证据,独立进行判断,排除人为影响,公正、客观裁判案件,作出的仲裁裁决可以经得起法律和社会的检验。

博登海默曾说过,“法律的稳定性和确定性本身并不足以为我们提供一个行之有效的富有生命力的法律制度。法律还必须服从进步

〔113〕 参见乔欣:《仲裁公正性基础:披露与回避制度的完善》,载《民事程序法研究》2013 年第 2 期。

〔114〕 参见潘俊星:《仲裁文化概论》,西安出版社 2003 年版,第 135 页。

所提供的正当要求。一个法律制度，如果跟不上时代的需求或者要求，而是死死抱住上个时代的只具有短暂意义的观念不放，那显然是不可取的。在一个变幻不定的世界中，如果把法律视为一种永恒的工具，那么它就不可能有效地发挥作用”。[115] 立法虽然强调实证，立足于实践，但最终依赖的还是制定者的知识储备，实证与理论两者并不互相排斥。特别对于《仲裁法》的修订，要高度重视知名仲裁员和仲裁机构管理人员的经验。一项新的法律条文的制定要珍视不同的声音，兼听则明。[116] 在提升仲裁员的职业道德时，不仅要重视对仲裁员进行法律方面的专业培训，还要积极引导仲裁员自身的自律性，使之在与仲裁活动相关的实践中做到自尊、自爱，并以从事仲裁工作而引以为豪。在仲裁实践中，通过仲裁员不断对照道德规范和行为规范来规制自己的信念，引导自己的行为，以获得社会尊重和维护仲裁的公信力为目标，不断促进我国仲裁制度的发展。

---

〔115〕 ［美］E. 博登海默：《法理学——法律哲学与法律方法》，邓正来译，中国政法大学出版社 1999 年版，第 326 页。

〔116〕 参见宋连斌：《岂伊地气暖、自有岁寒心——评最高人民法院关于适用〈中华人民共和国仲裁法〉若干问题的解释》，载《北京仲裁》2006 年第 4 期。

结　语

目前,我国的仲裁处于不断发展的关键时期,如何进一步提升仲裁的质量,提升仲裁的公信力,最为重要的是拥有一批有责任感和相当专业水平的仲裁员。仲裁机构、仲裁员身处仲裁实践的第一线,最能感受到仲裁的发展规律与需求,对仲裁制度的促进作用不可忽视。〔1〕我国现行的《仲裁法》对仲裁员的规范较为简单,目前,主要是通过仲裁机构来发挥对仲裁员进行规范管理的作用。大多数仲裁机构制定的仲裁规则、仲裁员守则、仲裁员行为规范等文件中对仲裁员的专业素质进行了明确规定,吸纳了国际仲裁实践中的一些先进做法。仲裁员是一个比较高尚的职业,民众选择仲裁解决他们之间的纠纷,对仲裁员寄予了很高的期望,希望仲裁员能公平、公正地裁判纠纷。优秀的仲裁员不仅具备一定的法律素养,而且具有明断是非的判断力,找准纠纷的争议点,熟练运用法律

---

〔1〕 参见宋连斌:《〈仲裁法〉实施后中国仲裁制度的新发展》,载《北京仲裁》2010 年第 3 期。

高效率地解决纠纷,有效地实现法律的价值。

仲裁制度的发展不仅要求仲裁员具有丰富的专业知识、法律知识,更需要仲裁员具有崇高的道德修养和极强的自我约束力。当事人将争议提交仲裁解决是基于对仲裁制度的信赖。为了保障仲裁的公信力,如果仲裁员在仲裁过程中存有民事不当行为,甚至实施违法犯罪行为,一旦被证明是属实的,就要对仲裁员追究相应的责任,因而,可使仲裁员谨慎行事、自觉规范自己的言行,并对自己的言行后果负责,使责任的追究起到应有的警示作用。从仲裁制度的实践来看,仲裁解决纠纷的效果、质量与仲裁员的责任心具有直接关联,仲裁制度的发展离不开仲裁员责任制度的有力支持。并且,仲裁员仲裁案件的责任心在一定程度上与有无健全的责任机制有一定的联系,完善的仲裁员责任制度可以是建立仲裁员独立裁判的立足点,促使仲裁工作的高效进行,公正裁判争议,可以实现责任、权力、利益、效率的高度统一。

在仲裁实践中,确实有一些仲裁员滥用权力、徇私舞弊,造成恶劣影响,这直接导致当事人、法院乃至全社会对仲裁独立和公正的怀疑。就我国而言,对仲裁员进行规范管理的方式须构建一个比较完善的仲裁员责任制度,大体包括仲裁员民事责任、刑事责任、纪律责任 3 个方面。这 3 种类型的责任具有责任的共性,即责任的承担基础都是以仲裁员所承担的义务为基础,责任相对的是权力,义务相对的是权利。权利和义务之间是相互的关系,权力与责任之间的关系是单向性的,责任是由权力强加的;义务之不履行或不适当履行,则由有关职能机关认定责任,甚至还会引起一定层面上的法律责任,责任之不为则可以直接予以强制。仲裁员纪律责任产生的原因是仲裁员违反职业道德规范的行为,仲裁员民事责任产生的原因是仲裁员的民事违法行为,仲裁员刑事责任产生的原因是仲裁员的刑事违法行为。如果仲裁员所为的不当行为不仅破坏了仲裁员所应具的职业操守,而且破坏了民事法律关系,甚至触犯了刑事法律,构成犯罪,会产生纪律责任、民事责任和刑事责任3种责任同时并存。对于责任的实现,刑事责任的实现主要是采取相应的刑罚的方式来实现,涉及对刑事被告人重大权益(如自由、生命)的限制或剥夺,而民事责任、纪律责任的实现方式与之相比就要轻缓一些。因而,如果出现3种责任同时存在的情形之下,刑事责任处于优先受追究的地位,因为,国家对刑事责任享有优先的追究权。基于刑事责任的实现直接涉及当事人的生命、自由等重大权利,各国刑法都确定了罪刑法定原则、主客观相统一等原则来确定刑事责任,这比确立民事责任、纪律责任的原则要严格许多。相比而言,民事责任的确立并不要求行为人主观上存在过错,基于仲裁员承担民事责任的情形有违约行为或侵权行为,对于违约行为引起的民事责任并不一定要求仲裁员主观上存在过错。并且,纪律责任的确定也不会适用像刑事责任那样的严格确认规则。[2]

一方面,仲裁员应具有相应的裁判能力和经验;另一方面,也须具备较高的职业操守,遵守和执行相应的行为规范,具备良好的品德。只有对仲裁员违反职业道德规范的行为给予一定的纪律责任追究,才能对仲裁员产生一种道德和纪律约束,以防仲裁员做出损害当事人利益的不当行为。

通过考察大多数国家对于仲裁员民事责任的立法规定,仲裁员承担民事责任的范围并非完全一致。从适用绝对豁免权的国家到不承认任何豁免的国家或地区,立场各不相同,但大多数国家在不同程度上主张,仲裁员应享有民事责任的有限豁免。因此,我国立法规定仲裁员民事责任问题时可借鉴有限豁免的标准,仲裁员裁判案件过程中须始终保持公正性和独立性,如因故意、恶意或重大过失违反该义务给当事人造成损害,应当承担民事责任,但仲裁员正当履行职务的行为或轻微过失的行为享有民事责任豁免。

而对于仲裁员承担刑事责任的情形,应当被限定在极少数情况

---

〔2〕 参见徐立:《刑事责任根据论》,中国法制出版社2006年版,第40页。

下,因为,刑罚的施加乃是一种基于理性考量不得已的最后手段,唯有在别无其他法律可为制裁方法,或其他法律不能较刑法更具有效果的前提下,始得加以考虑。[3] 鉴于目前我国法律对仲裁员承担刑事责任的相关规定过于简单,而且现状与尊重仲裁的原则相矛盾,无法实现仲裁员公正判裁的目标,需要进行适当的改革。因此,在未来我国对仲裁员的刑事责任进行规定时,要遵守刑法的谦抑性。一方面,在立法上须审慎拟定仲裁员的何种行为须科以刑罚;另一方面,在司法上法官对仲裁员的违法行为进行审判时,须结合该不法行为的构成要件予以审慎认定,进而定罪量刑。当前,对仲裁的司法审查秉承的理念是尊重仲裁,革新法律规定的目标是设计一个有效的机制以确保仲裁过程中的公平和公正,并同时保持尊重仲裁。[4]

政策之用,在于影响、改变个人特定领域之行为,而此等政策正是相对应立法之起点,立法内容,所采用之干预方法或因果法则,必须考虑到立法所欲干预的个人行为领域独有之特殊问题,这又包含特定行为领域之性质或特质,以及特定行为领域独有之政策工具或特殊原理,立法者于立法时应审慎考虑这两点。[5] 当前,在我国仲裁理念不断更新、仲裁不断发展的大背景下,对《仲裁法》进行修订的时机已经成熟,我们应进一步借鉴国际先进的仲裁立法经验,参考主要仲裁机构仲裁规则中比较先进的规定,结合我国仲裁实践,对仲裁的价值予以进一步界定,对仲裁员的责任承担问题作出切实可行的规定,在仲裁员的权力和当事人的权益之间实现一个平衡。

---

〔3〕 参见张明伟:《学习刑法:总则编》(修订第3版),台北,五南图书出版股份有限公司2015年版,第28页。

〔4〕 See Deng Ruiping, Duan Xiaosong, "Promoting Impartiality of International Commercial Arbitrators through Chinese Criminal Law: Arbitration by 'Perversion of Law'", *Brigham Young University International Law & Management Review*, Vol. 10, 2014, p. 134.

〔5〕 参见陈铭祥:《法政策学》,台北,元照出版公司2011年版,第142页。

参考文献

一、中文部分

(一)著作(含编著、译著)

1. 张明伟:《学习刑法:总则编》(修订第 3 版),台北,五南图书出版股份有限公司 2015 年版。

2. 兰虹主编:《财产与责任保险》,台北,元华文创股份有限公司 2015 年版。

3. 吴光明、俞鸿玲:《国际商务仲裁理论与发展》,台北,翰芦图书出版有限公司 2013 年版。

4. 李莉、乔欣编著:《东盟国家商事仲裁制度研究》,中国社会科学出版社 2012 年版。

5. 赵秀文:《国际商事仲裁法》,中国人民大学出版社 2012 年版。

6. 黎宏:《刑法学》,法律出版社 2012 年版。

7. 林山田:《刑法通论》(下册)(增订 10 版),北京大学出版社 2012 年版。

8. 储槐植、江溯:《美国刑法》(第 4 版),北京大学出版社 2012 年版。

9. 石现明:《国际商事仲裁:当事人权利救济制度研究》,人民出版社 2011 年版。

10. 杨玲:《国际商事仲裁程序研究》,法律出版社 2011 年版。

11. 陈铭祥:《法政策学》,台北,元照出版公司 2011 年版。

12. 黄进主编:《国际商事争议解决机制研究》,武汉大学出版社 2010 年版。

13. 宋连斌主编:《仲裁法》,武汉大学出版社 2010 年版。

14. 刘晓红、袁发强主编:《国际商事仲裁》,北京大学出版社 2010 年版。

15. 林一飞主编:《国际贸易法律与诉讼仲裁实务》,对外经济贸易大学出版社 2010 年版。

16. 于健龙主编:《〈纽约公约〉与国际商事仲裁的司法实践》,法律出版社 2010 年版。

17. 杜新丽主编:《国际民事诉讼和商事仲裁》,中国政法大学出版社 2009 年版。

18. 杜新丽:《国际商事仲裁理论与实践专题研究》,中国政法大学出版社 2009 年版。

19. 蔡虹、刘加良、邓晓静:《仲裁法学》,北京大学出版社 2009 年版。

20. 刘晓红主编:《国际商事仲裁专题研究》,法律出版社 2009 年版。

21. [意]切萨雷·贝卡里亚:《论犯罪与刑罚》,黄风译,北京大学出版社 2009 年版。

22. [瑞典]费恩·迈德森:《瑞典商事仲裁》(第 3 版),李虎、顾华宁译,法律出版社 2008 年版。

23. 黄进、宋连斌、徐前权:《仲裁法学》,中国政法大学出版社 2007 年版。

24. 缪蒂生:《当代中国司法文明与司法改革》,中央编译出版社

2007 年版。

25. [日]西田典之:《日本刑法各论》(第 3 版),刘明祥、王昭武译,中国人民大学出版社 2007 年版。

26. 张明楷:《外国刑法纲要》,清华大学出版社 2007 年版。

27. 屈广清主编:《国际民事程序与商事仲裁法》,法律出版社 2006 年版。

28. 于喜富:《国际商事仲裁的司法监督与协助:兼论中国的立法与司法实践》,知识产权出版社 2006 年版。

29. 逯宇铎、张建东、周会斌、孙开功编著:《国际贸易》,清华大学出版社、北京交通大学出版社 2006 年版。

30. 杨良宜等:《仲裁法:从 1996 年英国仲裁法到国际商务仲裁》,法律出版社 2006 年版。

31. 詹礼愿:《中国内地与中国港澳台地区仲裁制度比较研究》,武汉大学出版社 2006 年版。

32. 潘修平、杨学波、邓晓光、徐颖编著:《债权法原理 · 规则 · 案例》,清华大学出版社 2006 年版。

33. 朱晓娟、戴志强编:《人身权法:原理 · 规则 · 案例》,清华大学出版社 2006 年版。

34. 杨立新:《侵权行为法》,中国法制出版社 2006 年版。

35. 宁雪娟主编:《财产保险》,清华大学出版社 2006 年版。

36. 张明楷译:《日本刑法典》(第 2 版),法律出版社 2006 年版。

37. 吕途、杨贺男主编:《中华人民共和国刑法修正案(六)理解与适用》,中国法制出版社 2006 年版。

38. 王海涛主编:《刑法修正案(六)罪名图解与案例参考》,中国法制出版社 2006 年版。

39. [英]艾伦 · 雷德芬、马丁 · 亨特等:《国际商事仲裁法律与实践》,林一飞、宋连斌译,北京大学出版社 2005 年版。

40. 宋连斌主编:《仲裁理论与实务》,湖南大学出版社 2005 年版。

41. 林一飞:《国际商事仲裁法律与实务》,中信出版社 2005 年版。

42. 王泽鉴:《民法学说与判例研究》(第 1 册),中国政法大学出版社 2005 年版。

43. 赵秀文主编:《国际商事仲裁案例解析》,中国人民大学出版社 2005 年版。

44.《俄罗斯联邦仲裁程序法典》,黄道秀译,中国人民公安大学出版社 2005 年版。

45. 樊成玮:《民商法律责任通论》,中国法制出版社 2005 年版。

46. 王潇:《走向司法公正的制度选择》,中国法制出版社 2005 年版。

47. 刘志刚主编:《简明保险教程》,清华大学出版社 2005 年版。

48. 吴光明:《商事争议之仲裁》,台北,五南图书出版股份有限公司 2005 年版。

49. 宋连斌、林一飞译编:《国际商事仲裁资料精选》,知识产权出版社 2004 年版。

50.《德国刑法典》,徐久生、庄敬华译,中国方正出版社 2004 年版。

51.《西班牙刑法典》,潘灯译,中国政法大学出版社 2004 年版。

52.《瑞士联邦刑法典》,徐久生、庄敬华译,中国方正出版社 2004 年版。

53.《德国刑法典》(2002 年修订),徐久生、庄敬华译,中国方正出版社 2004 年版。

54. 王玲、郑敏编著:《国际商法》,清华大学出版社、北京交通大学出版社 2004 年版。

55. [德]卡尔·拉伦茨:《德国民法通论》,王晓晔、邵建东、程建英、徐国建、谢怀栻译,法律出版社 2003 年版。

56.《法国刑法典》,罗结珍译,中国法制出版社 2003 年版。

57. 郑远民、吕国民、于志宏编著:《国际私法——国际民事诉讼法与国际商事仲裁法》,中信出版社 2002 年版。

58. 张民安:《过错侵权责任制度研究》,中国政法大学出版社 2002 年版。

59. 马克昌:《比较刑法原理:外国刑法学总论》,武汉大学出版社 2002 年版。

60. 乔欣:《仲裁权研究——仲裁程序公正与权利保障》,法律出版社 2001 年版。

61. [意]切萨雷・贝卡里亚:《论犯罪与刑罚》,黄风译,商务印书馆 2001 年版。

62. 宋连斌:《国际商事仲裁管辖权研究》,法律出版社 2000 年版。

63. [美]E. 博登海默:《法理学——法律哲学与法律方法》,邓正来译,中国政法大学出版社 1999 年版。

64. 陈荣传:《国际私法各论集》,台北,五南图书出版股份有限公司 1998 年版。

65. [法]卡斯东・斯特法尼等:《法国刑法总论精义》,罗结珍译,中国政法大学出版社 1998 年版。

66. 杨良宜:《国际商务仲裁》,中国政法大学出版社 1997 年版。

67.《韩国刑法典及单行刑法》,[韩]金永哲译,中国人民大学出版社 1996 年版。

68. 林俊益:《法院在商务仲裁之角色》,台北,永然文化出版股份有限公司 1996 年版。

69. [奥]凯尔森:《法与国家的一般理论》,沈宗灵译,中国大百科全书出版社 1995 年版。

70. 张新宝:《中国侵权行为法》,中国社会科学出版社 1995 年版。

71. 黄进主编:《国际私法与国际商事仲裁》,武汉大学出版社 1994 年版。

72. [英]施米托夫:《国际贸易法文选》,赵秀文译,中国大百科全书出版社 1993 年版。

73. 陈治世:《国际法》,台北,商务印书馆 1990 年版。

74. [法]孟德斯鸠:《论法的精神》(上册),张雁深译,商务印书馆 1961 年版。

(二)硕士、博士学位论文

1. 于阳:《论刑罚适应性及其实现》,吉林大学 2014 年博士学位论文。

2. 胡荻:《国际商事仲裁权研究》,华东政法大学 2014 年博士学位论文。

3. 万选才:《刑法谦抑的司法实现》,武汉大学 2012 年博士学位论文。

4. 范铭超:《仲裁员责任法律制度研究》,华东政法大学 2012 年博士学位论文。

5. 刘邦明:《罪刑相适应原则研究》,西南政法大学 2011 年博士学位论文。

6. 陈建:《论仲裁员在市场经济中的地位》,对外经济贸易大学 2007 年博士学位论文。

7. 侯登华:《仲裁协议制度研究》,中国政法大学 2004 年博士学位论文。

8. 王燕红:《论中国仲裁员民事责任制度》,山西大学 2012 年硕士学位论文。

9. 罗艳:《论我国商事仲裁员的法律责任》,山东大学 2012 年硕士学位论文。

10. 宁玲:《论仲裁员责任制度》,华东政法大学 2012 年硕士学位论文。

11. 苗蕾:《论仲裁员的责任》,苏州大学 2012 年硕士学位论文。

12. 李超:《国际视野下商事仲裁员法律责任比较研究》,上海社会科学院 2012 年硕士学位论文。

13. 李玉婷:《论仲裁员的法律责任》,中国政法大学 2011 年硕士学位论文。

14. 陈楚阳:《仲裁员民事责任之探析》,中国政法大学 2011 年硕士学位论文。

15. 袁芳:《论中国特色的仲裁员法律责任制度》,北京邮电大学 2010 年硕士学位论文。

16. 贺梅花:《国际商事仲裁员责任问题研究》,贵州大学 2009 年硕士学位论文。

17. 张静:《枉法仲裁罪的犯罪构成研究》,上海交通大学 2008 年硕士学位论文。

18. 黎藜:《仲裁员法律责任制度初探》,湘潭大学 2008 年硕士学位论文。

19. 包文捷:《仲裁员责任制度探析》,华东政法大学 2008 年硕士学位论文。

20. 王芳:《国际商事仲裁中仲裁员的法律责任研究》,大连海事大学 2007 年硕士学位论文。

21. 向琼芳:《完善我国仲裁员的民事责任制度》,华东政法大学 2007 年硕士学位论文。

22. 尹灿:《论仲裁员责任》,华东政法大学 2007 年硕士学位论文。

23. 王小红:《论我国商事仲裁责任制度》,中国政法大学 2007 年硕士学位论文。

24. 郭楠:《论仲裁员的权力和责任》,中国政法大学 2007 年硕士学位论文。

(三)期刊论文

1. 马占军:《我国商事仲裁员任职资格制度的修改与完善》,载《河北法学》2015 年第 7 期。

2. 马占军:《缺员仲裁法律制度的修改与完善》,载《法学论坛》2015 年第 4 期。

3. 谢鸿飞:《违约责任与侵权责任竞合理论的再构成》,载《环球法律评论》2014 年第 6 期。

4. 张晓瑞:《我国建立仲裁员有限民事责任制度的合理性探析》,载《法大研究生》(第 1 辑)2014 年第 1 期。

5. 宋连斌、颜杰雄:《申请撤销仲裁裁决:现状 · 问题 · 建言》,载《法学评论》2013 年第 6 期。

6. 郭宁:《法官豁免权的存在空间及其限度——基于两大法系的比较视角》,载《山东师范大学学报》(人文社会科学版)2013 年第 6 期。

7. 朱伟东:《法国最新〈仲裁法〉评析》,载《仲裁研究》2013 年第 3 期。

8. 乔欣:《仲裁公正性基础:披露与回避制度的完善》,载《民事程序法研究》2013 年第 2 期。

9. 刘晓红、李超、范铭超:《国际商事与贸易仲裁员(公断人)责任制度比较——兼评中国商事贸易仲裁员责任制度》,载《世界贸易组织动态与研究》2012 年第 3 期。

10. 范铭超:《商事仲裁员职业责任保险:制度思考、方式选择与现实困境》,载《企业经济》2011 年第 7 期。

11. 李凤琴:《我国仲裁机构民事责任制度探析》,载《法治研究》2011 年第 11 期。

12. 王凌:《英国仲裁员制度研究》,载《仲裁研究》2011 年第 4 期。

13. 范铭超、李超:《商事仲裁员职业责任保险:制度思考、方式选择与现实困境》,载《企业经济》2011 年第 7 期。

14. 石现明:《略论我国仲裁员与仲裁机构民事责任制度的构建》,载《理论与改革》2011 年第 4 期。

15. 马占军:《国际商事仲裁员披露义务规则研究》,载《法学论坛》2011 年第 4 期。

16. 韩平:《论仲裁员的民事责任》,载《武汉大学学报》(哲学社会科学版)2011 年第 3 期。

17. 石现明:《论商事仲裁的性质与仲裁员的权力义务》,载《政法论丛》2010 年第 5 期。

18. 李玉婷:《试论仲裁员责任》,载《学理论》2010 年第 21 期。

19. 赵维加:《商事仲裁员刑事责任研究》,载《上海财经大学学报》2010 年第 3 期。

20. 范铭超:《商事仲裁视野下的枉法裁决罪》,载《河北法学》2009 年第 12 期。

21. 李继霞:《关于仲裁员法律责任制度的若干问题》,载《山东社会科学》2009 年第 6 期。

22. 张圣翠:《仲裁民事责任制度探析》,载《上海财经大学学报》2009 年第 1 期。

23. 罗国强:《枉法仲裁罪思辨——仲裁性质两分法与比较法下的考量》,载《中国刑事法杂志》2009 年第 1 期。

24. 陈伟:《枉法仲裁罪追诉方式之变更及其提倡——兼论仲裁责任的流转与刑事责任的确立》,载《中国刑事法杂志》2008 年第 4 期。

25. 石现明:《仲裁员民事责任绝对豁免批判》,载《仲裁研究》2008 年第 3 期。

26. 宋连斌:《枉法仲裁罪批判》,载《北京仲裁》2007 年第 2 期。

27. 徐前权:《仲裁员法律责任之检讨(下)——兼评“枉法仲裁罪”》,载《仲裁研究》2007 年第 1 期。

28. 宋连斌:《岂伊地气暖、自有岁寒心——评〈最高人民法院关于适用《中华人民共和国仲裁法》若干问题的解释〉》,载《北京仲裁》2006 年第 4 期。

29. 刘晓红:《确定仲裁员责任制度的法理思考——兼评述中国仲裁员责任制度》,载《华东政法大学学报》2007 年第 5 期。

30. 萧凯:《从富士施乐仲裁案看仲裁员的操守与责任》,载《法学》2006 年第 10 期。

31. 宋连斌:《中国仲裁的国际化、本土化与民间化——基于 2004

年〈北京仲裁委员会仲裁规则〉的个案研究》,载《暨南学报》(哲学社会科学版)2006 年第 5 期。

32. 张小建:《中国仲裁协会基本问题研究——兼论我国〈仲裁法〉有关条款的修改》,载《仲裁研究》2006 年第 2 期。

33. 黄雅屏:《浅析仲裁员之责任制度(上)》,载《仲裁研究》2005 年第 3 期。

34. 黄志勇:《仲裁员的民事赔偿责任之比较研究》,载《行政与法》2005 年第 3 期。

35. 邓瑞平、易艳:《商事仲裁责任制度简论》,载《重庆大学学报》(社会科学版)2005 年第 1 期。

36. 熊永明:《亲告犯的谦抑价值之解读——兼论"亲告罪"范围的扩大》,载《中国刑事法杂志》2005 年第 1 期。

37. 王国峰:《我国仲裁员制度的反思与整合》,载《行政与法》2004 年第 6 期。

38. 宋连斌:《理念走向规则——仲裁法修订应注意的几个问题》,载《北京仲裁》2004 年第 2 期。

39. 詹礼愿:《试评中国内地与港澳台仲裁员责任制度》,载《仲裁研究》2004 年第 1 期。

40. 王安异:《刑法第 399 条中"枉法"的认定》,载《法学评论》2003 年第 2 期。

41. 张泽平:《国际商事仲裁中的责任制度探析》,载《当代法学》2001 年第 8 期。

42. 杨大明、李民、傅容:《英国法下仲裁员独立与公正行事的责任——最新发展(节选)》,载《中国海商法年刊》2001 年卷。

43. 宋连斌:《中国仲裁员制度改革初探》,载黄进、肖永平、刘仁山主编:《中国国际私法与比较法年刊》(第 4 卷),法律出版社 2001 年版。

44. 乔欣:《论仲裁权的不当行使及其救济》,载《政法论坛》2001

年第2期。

45. 郭玉军:《国际商事仲裁中的惩罚性赔偿判决》,载《法学评论》2000年第1期。

46. 宋雷:《意大利司法官责任法简介》,载《现代法学》1991年第1期。

二、英文部分

(一)著作类

1. Gary B. Born, *International Commercial Arbitration*, 2nd edition, Kluwer Law International, 2014.

2. Elliott Geisinger and Nathalie Voser eds., *International Arbitration in Switzerland: A Handbook for Practitioners*, 2nd edition, Kluwer Law International Press, 2013.

3. Jacob Grierson and Annet van Hooft, *Arbitrating under the* 2012 *ICC Rules*, Kluwer Law International Press, 2012.

4. Karel Daele eds., *Challenge and Disqualification of Arbitrators in International Arbitration*, Kluwer Law International Press, 2012.

5. Gary B. Born, *International Arbitration: Law and Practice*, Kluwer Law International Press, 2012.

6. Karl Pörnbacher and Inken Knief, *Liability of Arbitrators—Judicial Immunity versus Contractual Liability*, Juris Publishing, Inc., 2012.

7. Gary B. Born, *International Arbitration: Cases and Materials*, Aspen Publishers, 2011.

8. Simon Greenberg, Christopher Kee, J. Romesh Weeramantry, *International Commercial Arbitration: An Asia-Pacific Perspective*, Cambridge University Press, 2011.

9. Luke Nottage, Richard Garnet, *International Arbitration in*

Australia, The Federation Press, 2010.

10. Peter Binder, *International Commercial Arbitration and Conciliation in UNCITRAL Model Law Jurisdictions*, Sweet & Maxwell, Thomson Reuters, 2010.

11. International Arbitration Congress, 50 *Years of the New York Convention*, Kluwer Law International Press, 2009.

12. Pedro J. Martinez-Fraga, *The American Influence on International Commercial Arbitration: Doctrinal Developments and Discovery Methods*, Cambridge University Press, 2009.

13. Tibor Várady, John J. Barceló, T. von Mehren, *International Commercial Arbitration: A Transnational Perspective*, Thomson/West Press, 2009.

14. Gary B. Born, *International Commercial Arbitration*, Wolters Kluwer Law & Business Press, 2009.

15. Nigel Blackaby et al., *Redfern and Hunter on International Arbitration*, 6th edition, Oxford University Press, 2009.

16. Philippe Fouchard et al., *Fouchard Gaillard Goldman on International Commercial Arbitration*, CITIC Pub. House, 2004.

17. Julian D. M. Lew, Loukas A. Mistelis, Stefan Michael Kröll, *Comparative International Commercial Arbitration*, Kluwer Law International, 2003.

18. John Savage, Emmanuel Gaillard, *Fouchard Gaillard Goldman on International Commercial Arbitration*, Kluwer Law International, 1999.

19. Alan Redfern, Martin Hunter, *Law and Practice of International Commercial Arbitration*, 3rd Edition, Sweet & Maxwell, 1999.

(二)论文类

1. Dario Alessi, "Enforcing Arbitrator's Obligations: Rethinking

International Commercial Arbitrators' Liability", *Journal of International Arbitration*, Vol. 31, 2014.

2. Deng Ruiping and Duan Xiaosong, "Promoting Impartiality of International Commercial Arbitrators through Chinese Criminal Law: Arbitration by 'Perversion of Law'", *Brigham Young University International Law & Management Review*, Vol. 10, 2014.

3. Franz T. Schwarz, Christian W. Konrad, "The Revised Vienna Rules-An Overview of Some Significant Changes and a Preview of the New Austrian Arbitration Law 2014", *ASA Bulletin*, Vol. 31, 2013.

4. Matthew Bricker, "The Arbitral Judgment Rule: Using the Business Judgment Rule to Redefine Arbitral Immunity", *Texas Law Review*, Vol. 92, 2013.

5. Ben Giaretta, "Duties of Arbitrators and Emergency Arbitrators under the SIAC Rules", *Asian International Arbitration Journal*, Vol. 8, Issue 2, 2012.

6. James H Carter, "Reaching Consensus on Arbitrator Conflicts: The Way Forward", *Dispute Resolution International*, Vol. 6, 2012.

7. Judge Dominique Hascher, "Independence and Impartiality of Arbitrators: 3 Isssues", *American University International Law Review*, Vol. 27, 2012.

8. Susan Saab Fortney, "Law as a Profession: Examining the Role of Accountability", *Fordham Urban Law Journal*, Vol. 40, 2012.

9. Karin Calvo Goller, "The 2012 ICC Rules of Arbitration—An Accelerated Procedure and Substantial Changes", *Journal of International Arbitration*, Vol. 29, 2012.

10. Sara Roitman, "Beyond Reproach: Has the Doctrine of Arbitral Immunity been Extended too Far for Arbitration Sponsoring Firms?" *Boston College Law Review*, Vol. 51, 2010.

11. J. Waincymer, "Reconciling Conflicting Rights in International Arbitration: The right to Choice of Counsel and the Right to an Independent and Impartial Tribunal", *Arbitration International*, Vol. 26, Issue 4, 2010.

12. Pietro Ferrario, "Challenge to Arbitrators: Where a Counsel and an Arbitrator Share the Same Office—The Italian Perspective", *Journal of International Arbitration*, Vol. 26, 2009.

13. Jenny Brown, "The Expansion of Arbitral Immunity: Is Absolute Immunity a Foregone Conclusion? ", *Journal of Dispute Resolution*, Vol. 1, 2009.

14. Emmanuela Truli, "Liability v. Quasi-Judicial Immunity of the Arbitrator: the Case Against Absolute Arbitral Immunity", *American Review of International Arbitration*, Vol. 17, 2006.

15. Anne K. Hoffmann, " Duty of Disclosure and Challenge of Arbitrators: The Standard Applicable Under the New IBA Guidelines on Conflicts of Interest and the German Approach", *Transnational Dispute Management*, Vol. 2, 2006.

16. John O. Haley, "The Civil, Criminal and Disciplinary Liability of Judges", *American Journal of Comparative Law*, Vol. 54, 2006.

17. Peter B. Rutledge, "Toward a Contractual Approach for Arbitral Immunity", *Georgia Law Review*, Vol. 39, 2004.

18. Piero Bernardini, " The Role of the International Arbitrator", *Arbitration International*, Vol. 20, Issue 2, 2004.

19. Maureen A. Weston, "Reexaming Arbitral Immunity in an Age of Mandatory and Professional Arbitration", *Minnesota Law Review*, Vol. 88, 2004.

20. Matthew Rasmussen, " Overextending Immunity: Arbitral Institutional Liability in the United States, England, and France",

Fordham International Law Journal, Vol. 26, 2003.

21. Hong-Lin Yu, Laurence Shore, Herbert Smith, "Independence, Impartiality, and Immunity of Arbitrators—Us and English Perspectives", *International and Comparative Law Quarterly*, Vol. 52, 2003.

22. Alvin C. Yeo and Andre Maniam, Singapore, "Removal of Arbitrators—Arbitrator Removed for Misconduct in Domestic Arbitration", *International Arbitration Law Review*, Vol. 6(1), 2003.

23. Keisha I. Patrick, "A New Era of Disclosure, California Judicial Council Enacts Arbitrator Ethics Standards", *Journal of Dispute Resolution*, Vol. 1, 2003.

24. Carrie Menkel-Meadow, "Ethics Issues in Arbitration and Related Dispute Resolution Processes: What's Happening and What's Not", *University of Miami Law Review*, Vol. 56, 2002.

25. Chiara Giovannucci Orlandi, "Liability of Arbitrators in the Italian Legal System", *International Business Law Journal*, Vol. 7, 2002.

26. Christoph Liebscher, "Reform of Austrian Arbitration Law", *Journal of International Arbitration*, Vol. 18, 2001.

27. Tiziana Tampieri, "International Arbitration and Impartiality of Arbitrators—The Italian Perspective", *Journal of International Arbitration*, Vol. 18, 2001.

28. Susan D. Franck, "The Liability of International Arbitrators: a Comparative Analysis and Proposal for Qualified Immunity", *New York Law School Journal of International and Comparative Law*, Vol. 20, 2000.

29. Andrew T. Guzman, "Arbitrator Liability: Reconciling Arbitration and Mandatory Rules", *Duke Law Journal*, Vol. 49, 2000.

30. David I. Bristow, Q. C., Jesmond Parke, "The Gathering Storm

of Mediator & Arbitrator Liability", *Dispute Resolution Journal*, Vol. 55, 2000.

31. Jimmy M. Muyanja, "A Note on Arbitration and Criminal Liability in Uganda", *Journal of International Arbitration*, Vol. 16, 1999.

32. Tamara Oyre, "Professional liability and judicial immunity", *Arbitration*, Vol. 64(1), 1998.

33. Jason Yat Sen Li, "Arbitral Immunity: a Profession Comes of Age", *Arbitration*, Vol. 64(1), 1998.

34. Mark A. Sponseller, "Redefining Arbitral Immunity: A Proposed Qualified Immunity Statute for Arbitrators", *Hastings Law Journal*, Vol. 44, 1993.

35. Christian Hausmaninger, "Civil Liability of Arbitrators—Comparative Analysis and Proposals for Reform", *Journal of International Arbitration*, Vol. 7, Issue 4, 1990.

36. Guillermo Aguilar Alvarez, "The Challenge of Arbitrators", *Arbitration International*, Vol. 6, 1990.

37. Dennis R. Nolan, Roger I. Abrams, "Arbitral Immunity", *Industrial Relations Law Journal*, Vol. 11, 1989.

38. Eric Robine, "The Liability of Arbitrators and Arbitral Institutions in International Arbitrations under French Law", *Arbitration International*, Vol. 5, 1989.

39. David J. Branson, "Ethics for International Arbitrators", *Arbitration International*, Vol. 72, 1987.

(三)外文网站

1. Accessed November 16, 2016. https://www.uncitral.org/pdf/chinese/texts/Arbitration/ml-arb/ml-arbc.pdf.

2. Otto L. O. de Witt Wijnen, Natalie Voser & Neomi Rao (for the

Working Group) Background Information on the IBA Guidelines on Conflicts of Interest in International Arbitration, Accessed December 1, 2016. http:// www. ibanet. org/images/downloads/_ Background% 20Information. pdf.

3. María Pilar Perales Viscasillas and Universidad Carlos Ⅲ de Madrid, Liability Insurance in Arbitration: The Emerging Spanish Market and the Impact of Mandatory Insurance Regimes, Accessed December 10,2016. http:// kluwerarbi-trationblog. com/blog/2014/01/08/liabilityinsurance-in-arbitration-the-emerging-spanish-market-and-the-impact-of-mandatory-insurance-regimes/.

4. CNA Insurance, Generic Amendment Samples, Accessed December 11, 2016. http://www. mybar-insurance. com/ Content/Downloadables/CNA_Each_Claim_Deductible. pdf.

5. CNA Insurance: Endorsed by the New York State Bar Association, Specimen Policy, 2010, Accessed December 11, 2016. http://www. mybarinsurance. com/Cont-ent/Down-loadables/CNA _ Sample_Policy. pdf.

6. Ben H. Sheppard Jr, A New Era of Arbitrator Ethics for the United States: The 2004 Revision to the AAA/ABA Code of Ethics for Arbitrators in Commercial Disputes, Accessed December 13, 2016. http://arbitration. oxfordjournals. org/content/21/1/91.

7. Olanike S. Odewale: A Comparative Appraisal of the Process of Removal of Arbitrators, Accessed December 21, 2016. https://www. academia. edu/4134431/A_comparative_appraisal_of_the_process_of_removal_of_arbitrators.

缩略表

AAA	美国仲裁协会 (American Arbitration Association)
ABA	美国律师协会 (American Bar Association)
ASA	瑞士仲裁协会 (Swiss Arbitration Association)
CAM	米兰国际商事仲裁中心 (Camera Arbitrale Milano)
CEPANI	比利时仲裁与调解中心 (Belgian Centre for Arbitration and Mediation)
CIETAC	中国国际经济贸易仲裁委员会 (China International Economic & Trade Arbitration Commission)
DIS	德国仲裁中心 (German Institution of Arbitration)
HKIAC	香港国际仲裁中心 (HK International Arbitration Center)
IBA	国际律师协会 (International Bar Association)

ICC	国际商会 (International Chamber of Commerce)
ICSID	解决投资争端国际中心 (International Center for Settlement of Investment Disputes)
JAMS	美国司法仲裁调解服务有限公司 (Judicial Arbitration and Mediation Services, Inc.)
JCAA	日本商事仲裁协会 (Japan Commercial Arbitration Association)
LCIA	伦敦国际仲裁院 (London Court of International Arbitration)
LMAA	伦敦海事仲裁员协会 (London Maritime Arbitrators Association)
SCC	瑞典斯德哥尔摩商会仲裁院 (Arbitration Institute of Stock Holm Chamber of Commerce)
SIAC	新加坡国际仲裁中心 (Singapore International Arbitration Center)
UNCITRAL	联合国国际贸易法委员会 (United Nations Commission on International Trade Law)
VIAC	维也纳国际仲裁中心 (Vienna International Arbitral Center)
WIPO	世界知识产权组织 (World Intellectual Property Organization)

后记

2006年武汉大学国际法硕士毕业之后就进入高校,工作稳定、生活安稳,但人生不止眼下的生活,还有诗和远方的田野。对学术的追求让我平淡的生活有了一丝色彩,感谢宋连斌老师,让我有机会回母校攻读博士学位,学术之门再次向我打开。在母校攻读博士期间,虽然老师已调离到中国政法大学任教,但仍不忘对我进行学术上的指导,教导我如何培养问题意识。在跟老师学习的过程中,我开始慢慢领悟如何培养学术研究的问题意识,虽汗颜自己在学术研究上的驽钝,但我一直在努力提高自己。

本书是基于我的博士学位论文修改而成的。在论文的写作过程中,老师倾心倾力指导,为我收集到我国台湾地区“仲裁法”的相关资料和最新的“立法”与案例资料,帮助我厘清论文思路,不厌其烦地指出论文每稿中存在的具体问题。“饮其流时思其源,成吾学时念吾师”,在博士学位论文顺利完成且得以出版之际,谨向我尊敬的导师宋连斌老师致以诚挚的谢意和崇高的敬意。博士学位论文答辩之时,幸蒙黄进、肖永平、何其生、郭玉军、刘仁生老师们的指教,他们的宝贵意见,为我进一步完善本书的架构提供了源流。

武大的国际私法名家辈出、源远流长,能在这个平台学习、训练学术思维是我人生最难得的机会,至今心中仍铭记着10年前在硕士开学典礼上韩德培先生对我们的谆谆教诲。虽然先生已乘鹤西去,但每次看到法学院门前先生的雕像和国际法所挂着的先生的题词(敬业乐群),仍感觉先生的精神永远留存在这里。国际私法导师组的黄进老师、肖永平老师、郭玉军老师、何其生老师、杜志华老师、徐祥老师、乔雄兵老师、甘勇老师、梁雯雯老师,对学生温和宽厚、循循教导,虽然自身工作繁忙,但仍对学生的专业学习、论文指导倾注心血。还有国际法大家庭的曾令良老师、余敏友老师、杨泽伟老师、黄德明老师、张湘兰老师、李仁真老师、聂建强老师、张庆麟老师、漆彤老师、张辉老师、邓朝晖老师等,学养深厚、治学严谨、关爱学生、温和谦逊,令我如沐春风,倍感温馨。数载教诲,师恩难报,这是我人生中非常重要的4年,我有幸能够接触到这些不仅传授我知识、学问,而且从更高层次指导我人生与价值追求的良师。他们使我坚定了人生的方向,获得了不断进行学术钻研的动力,留下了学校生活的美好回忆。

本书的资料收集也得益于2015年暑期我到德国马普所的短期访学项目。当拿到项目的邀请函时,心中无比激动,平生第一次踏出国门,不免有些紧张。所幸遇到周园师妹认识的杜如益师弟,素未蒙面就到汉堡机场接机,帮我拿行李到房东家,让我安顿下来,如此古道热肠让我十分感激。虽然在汉堡只待了短短的两个月,但在这段时间里感受到不一样的风土人情。马普所的 Halsen-Raffel 女士详细地为我介绍了馆藏信息,带我熟悉各个文献所藏之地,特意指出国际商事仲裁的藏书地点,方便我以后进行查找。闲暇之余,如益师弟带我和南大的张仁善老师熟悉了汉堡大学的环境,参观了汉堡大学法学院和亚非图书馆,看到这么多藏书时,真的被书本所具有的魔力所折服。

春去春又来,岁月稍纵即逝。此时,回头想想这段短暂的求学路,时而喜悦，时而惆怅。感谢命运的安排，让我有幸结识了许多良师益友。

本书漫长的写作过程让我更体会到了应当懂得感恩。真心感谢我的同事和领导，他们非常支持我读书写作，并分担了大量的工作，这是对我莫大的鼓励；真心感谢我的先生，时刻给予我鼓励；真心感谢我的家人，她们为我分担了日常家务琐事，给予我充裕的时间进行学术研究；还要感谢我可爱的乖女儿，她是我的贴心小棉袄，很体贴，不打扰我进行写作。本书最终能够得以顺利出版，要感谢我的工作单位——江西科技师范大学提供出版资助，也要感谢导师宋连斌老师的推荐和法律出版社财经分社沈小英社长的关怀以及刘晓萌编辑的辛勤努力。

人在旅途犹如大海中一叶扁舟，每每在困难时都能遇到贵人帮助，心中无比感激，在此，向所有帮助过我的人献上我最诚挚的谢意！

彭丽明

2017 年 4 月 25 日

图书在版编目(CIP)数据

仲裁员责任制度比较研究 / 彭丽明著. —北京：法律出版社,2017

ISBN 978 -7 -5197 -1417 -8

Ⅰ.①仲… Ⅱ.①彭… Ⅲ.①仲裁—对比研究 Ⅳ.①D915.704

中国版本图书馆 CIP 数据核字(2017)第 227595 号

仲裁员责任制度比较研究
ZHONGCAIYUAN ZEREN ZHIDU BIJIAO YANJIU

彭丽明 著

策划编辑 沈小英
责任编辑 沈小英 刘晓萌
装帧设计 李 瞻

出版 法律出版社
总发行 中国法律图书有限公司
经销 新华书店
印刷 北京京华虎彩印刷有限公司
责任校对 王晓萍
责任印制 吕亚莉

编辑统筹 财经出版分社
开本 720 毫米×960 毫米 1/16
印张 15.75
字数 210 千
版本 2017 年 9 月第 1 版
印次 2017 年 9 月第 1 次印刷

法律出版社/北京市丰台区莲花池西里 7 号(100073)
网址/www.lawpress.com.cn
投稿邮箱/info@lawpress.com.cn
举报维权邮箱/jbwq@lawpress.com.cn
销售热线/010 -63939792
咨询电话/010 -63939796

中国法律图书有限公司/北京市丰台区莲花池西里 7 号(100073)
全国各地中法图分、子公司销售电话：
统一销售客服/400 -660 -6393
第一法律书店/010 -63939781/9782 西安分公司/029 -85330678 重庆分公司/023 -67453036
上海分公司/021 -62071639/1636 深圳分公司/0755 -83072995

书号:ISBN 978 -7 -5197 -1417 -8 **定价**:48.00 元
(如有缺页或倒装,中国法律图书有限公司负责退换)